지역 살리기
거침없이 피보팅하라

지역 살리기,
거침없이 피보팅하라

초판 1쇄 인쇄일 2023년 3월 25일
초판 1쇄 발행일 2023년 4월 5일

지은이 노근호
펴낸이 양옥매
디자인 표지혜 송다희
교   정 김민정
마케팅 송용호

펴낸곳 도서출판 책과나무
출판등록 제2012-000376
주소 서울특별시 마포구 방울내로 79 이노빌딩 302호
대표전화 02.372.1537 **팩스** 02.372.1538
이메일 booknamu2007@naver.com
홈페이지 www.booknamu.com
ISBN 979-11-6752-282-5 (03340)

지역 살리기 거침없이 피보팅 하라

◆ 노근호 지음 ◆

책과나무

2021년 7월 초 우리나라는 개발도상국에서 선진국으로 지위가 격상됐다. 이러한 지위 변경은 1964년 유엔무역개발회의(UNCTAD) 설립 이래 처음이다. 아시아에선 일본이 유일했던 선진국 반열에 한때 최빈국이었던 대한민국이 올라선 것이다. 우리나라는 이렇게 성장, 발전했다.

그렇지만 지역에서는 이러한 비약적 변화의 모습을 찾기 어렵다. 수도권 인구 비중이 전국의 50%를 넘었고 비수도권은 저출산·고령화, 청년층 유출로 인한 지방소멸 및 지방대학 문제에 직면해 있다. 소득·일자리, 교육·문화·복지·의료서비스 등의 지역 간 격차가 확대되고 있다.

우리나라는 대통령 5년 단임제로 인해서 5년마다 새로운 정부가 출범하고 지역 정책이 변화해 왔다. 2003년 출범한 참여정부는 지역에 대해 '수도권 일극 집중과 지역 간 불균형 심화'라는 문제의식을 안고 있었다. 이로부터 4개 정부는 각기 다른 지역 정책목표를 제시하면서 지역 문제 해결을 위해 노력해 왔다.

결과적으로 정부 정책은 현 지역의 실상에서 유의미한 효과를 발휘하지 못한 것으로 평가된다. 정권 교체기마다 등장한 '지방 중심 시대' 연관 공약과 정책들은 지방소멸을 막기에 역부족이었다는 뜻이다. 지방소멸이 '수도권 일극 체제'의 공간 구조와 깊게 연결돼 있어 지역 문제를 파편적이 아니라 총체적으로 다뤄야 한다는 교훈을 얻을 수 있다.

과거 '국가 간 경쟁 시대'를 넘어서 '지역 간 경쟁 시대'를 맞고 있는 요즘 국가별 각자도생의 생존 싸움은 코로나19 이후 넥스트 노멀로 급부상한 '지역화'에 방점이 찍히고 있다. 이코노미스트의 커버스토리였던 '생존 비즈니스'(The business of survival)라는 키워드가 지역 문제 해결을 위해 소환되어야 할 상황이다.

이 책은 지역 문제에 대한 다양한 고민을 담고 있다. 지역혁신 거점 기관에 종사하며 지역 산업 정책 확산의 촉진자(Facilitator), 지역 및 광역의 혁신가(Innovator), 산학연 연계 강화의 구축자(Builder), 정부의 지역 정책 성과를 높이는 전문가(Specialist), 정부 정책 변화에 대응하는 중재자(Arbitrator) 역할을 자임하면서 지역의 난제들을 풀고자 성찰했던 고뇌의 산물이다.

새로운 정부 출범과 민선의 등장은 늘 정책 기조 및 예산배정 우선

지역 살리기, 거침없이 피보팅하라

순위의 변동을 가져왔다. 이로써 재정 자립이 어려운 비수도권은 상호 간, 때론 수도권과 비수도권 간 중앙정부 공모 사업 유치를 위해 치열한 경쟁을 겪어왔다. 무수히 차별화 전략에 몰두했다.

많은 기업이 차별화를 외치고 있지만, 실상은 경쟁할수록 제품들이 유사해지면서 기업경쟁력은 계속 약화한다는 '진화의 역설'은 현재 중앙정부의 공모 사업에 총력을 기울이는 전국 지자체에게 주는 경영학자의 엄중한 경고다.

서로 지역 간 경쟁하면서 성장하는 것처럼 보이지만 실상은 비슷해지는 현상에 대한 따끔한 질책이다. '차별화는 전술이 아니다. 일회성 광고 캠페인도 아니다. 진정한 차별화란 새로운 생각의 틀이다. 새로운 눈으로 세상을 바라보는 태도다'라고 강조하는 세상 경영법에서 해법을 찾아야 한다.

오늘날 우리 사회를 관통하는 키워드는 '불평등'과 '양극화'다. 우리나라의 최대 난제인 수도권과 비수도권 간 양극화 문제를 재정립하고 과감한 해결 방법을 제시해야 한다. 아직도 인구, 자본, 일자리, 사회서비스가 수도권으로 빨려드는 현상은 완화되지 않고 있다. 이를 위해서 거대 담론으로 접근하는 사회 문제 해결 방식은 지양돼야 한다. 추상적인 이론 영역에서 실용적·미시적으로 바뀌어야 한다. 그런 조그마한 계기를 만들고자 한 결과물이다.

이 책의 특징은 2012년부터 2023년 1월까지 매달 기고했던 경제 칼럼을 근간으로 하고 있어서 특정 연도 및 달을 중심으로 기술되어 있다는 점이다. 2012년부터 충북지역 일간지인 중부매일에 매달 한 편씩 기고한 경제 칼럼을 위주로 하면서 중앙일간지인 중앙일보, 전자신문, 매일경제 등에 실었던 생각과 대안들을 묶어서 발간하게 되었다.

크게는 지역 균형발전, 지역 산업 진흥, 지역 기업 육성, 기술경제·경영 등의 네 범주 안에서 시의성 있는 정책 변화와 기술 동향 및 인물들을 토대로 지역 문제, 특히 충북의 현안 해결을 위한 정책 제언들이 담겨 있다.

이 기간은 이명박 정부(2008년~2013년), 박근혜 정부(2013년~2017년), 문재인 정부(2017년~2022년), 윤석열 정부(2022년~현재)와 민선 5기(2010년~2014년), 민선 6기(2014년~2018년), 민선 7기(2018년~2022년), 민선 8기(2022년~현재)에 걸치고 있다.

따라서 정부 및 민선 출범과 이에 따른 정책 변화를 전제로 하면 흥미 있는 주제와 해결책이 되겠지만, 그렇지 않다면 칼럼별 주제 선정 배경과 인용 자료가 현시점에서 볼 때 이미 흘러간 과거로 인식될 수 있다는 점이다. 목차상 연도의 역순으로 즉 앞부분부터 최근 자료에서 과거 자료순으로 정리되어 있다는 것에 대해 독자들의 양해를 구한다.

다만 시시각각으로 변하는 정책 환경과 어려워지는 지역 문제를 현장 경험을 바탕으로 충북과 광역 그리고 국가 전체에 대해 고민했던 결과물로서, 미흡하지만 하나의 사례로 받아들여지길 소망한다. 충북 위주의 논리와 전략들이 타 지역에 좋은 시사점이 될 수 있기를 기대한다.

30여 년 사회 활동하는 동안 묵묵히 옆을 지켜준 사랑하는 아내와 가족, 저자의 얕은 지식이 풍성하고 알차도록 자양분이 되어주신 산학연관 각계각층의 전문가, 그리고 여러 기관에서 저자와 함께 현안 해결을 위해 노력하면서 실천적 통찰력을 제공해준 동료들에게 감사의 마음을 표한다.

이 책이 발간되기까지 매달 경제 칼럼을 기고할 수 있도록 지면을 할애해 주신 중부매일과 본 책이 출간될 수 있도록 애써주신 책과나무 출판사 여러분께도 깊은 감사의 마음을 전한다.

'우리가 직면한 문제들은 그것을 발생시켰던 당시와 같은 사고방식으로는 해결할 수 없다'는 알베르트 아인슈타인의 명언을 되새기며⋯⋯.

2023년 3월

노근호

PART 1

글로벌 산업과 지역 산업의 패러다임 전환
(2022년~2023년)

PART 2

4차 산업혁명과 AI 융합 지역특화산업(2021년)

PART 3

팬데믹 위기의 기술혁신과 산업 경쟁력(2020년)

PART 4

지역 경제 활성화 정책과 전략(2019년)

PART 7

인공지능의 대두와 지역 회생의 열쇠(2016년)

PART 8

지역 미래 산업의 현안과 위기(2015년)

PART 9

창조 경제의 진화와 인재들의 역할(2014년)

PART 10

정부 정책 변화와 지역 산업 모델(2012년~2013년)

글로벌 산업과 지역 산업의 패러다임 전환

(2022년~2023년)

2022년은 3월 대통령선거와 6월 지방선거가 동시에 치러진 '정치의 해'였다. 2022년에 윤석열 정부와 민선 8기가 출범했다. 따라서 2022년과 2023년의 칼럼 소재는 대통령인수위원회가 발표하는 정책 방향을 중심으로 새 정부의 지역 정책과 지역균형발전 정책 관련이 많았다. 매년 초에 개최되는 'CES'와 'MWC'도 다뤘다. 충북 맞춤형으로는 주력산업인 시스템 반도체 패키징, 충북형 '체인지업 그라운드' 조성의 필요성에 대해 제언했다.

'新기술 · 新일상 · 新시장'을 넘어

충북 경제가 순항 중이다. 최근 통계청이 발표한 '2021년 지역소득 (잠정)' 자료를 따르면 경제성장률 6.4%로 세종(7.2%)에 이어 2위를 기록했다. 전국 평균은 4.2%였다. 2019년, 2020년의 전국 평균 2.2%, −0.6%보다 낮은 1.7%, −1.5%에서 벗어나 반전에 성공한 것이다.

이러한 성장세는 광업 · 제조업(11.7%)이 이끌었다. 전국 17개 시 · 도 중에서 충북처럼 광업 · 제조업이 선두에서 지역내총생산을 견인하는 경우는 없다. 지역 내 산업비중 면에서 광업 · 제조업이 충북(49.1%)보다 높은 울산(60.9%), 충남(53.3%)은 4.9%, 6.7%에 그치고 있다. 그만큼 충북의 제조 기반이 튼실하다는 증거다.

한국무역협회 충북지역본부는 충북의 11월 수출액이 전년 동기 대비 3.1% 증가했다고 밝혔다. 전월 수출(−0.1%)이 마이너스로 돌아선 지 한 달 만에 다시 성장세를 회복했다. 특히 전국이 14.1% 대폭

지역 살리기, 거침없이 피보팅하라

하락한 상황에서 거둔 실적이어서 더욱 돋보였다. 전국 17개 광역지자체 중 수출 증가율은 다섯 번째, 무역수지는 네 번째로 높았다. 이를 종합하면 충북 경제의 회복력이 다른 지역에 비해 우수하다는 것을 의미한다.

그런데 2023년의 경제 환경은 녹록지 않아 보인다. 얼마 전 전국경제인연합회의 매출액 1천 대 기업 중 12대 수출 주력 업종을 대상으로 한 '2023년 수출 전망 조사'에서는 수출이 2022년 대비 0.5% 증가에 그칠 것으로 전망됐다. 2023년 경제성장률이 1%대 저성장에 머물 것이라고 점쳐지는 가운데 한국 경제의 버팀목 역할을 하는 수출마저 역성장으로 돌아선다면 국가 경제는 물론 지역 경제도 큰 어려움에 봉착할 것이라 예상된다.

최근 정부는 거시경제 안정과 민생경제 회복, 민간 중심 활력 제고에 중점을 두는 '2023년 경제정책 방향'을 발표했다. 우리 경제·사회가 체질 개선이 지연되면서 성장잠재력이 갈수록 낮아지고 과도한 규제 등으로 도약을 위한 동력이 약화됐다고 진단했다.

주목되는 것은 성장 정책의 패러다임을 바꾸는 '新성장 4.0 전략'이다. 그간의 성장 경로인 농업(1.0), 제조업(2.0), 정보기술 산업(3.0)에 이어 미래산업(4.0) 중심으로 재편하겠다는 것이 취지다. 新기술(미래기술 확보), 新일상(디지털 전환), 新시장(전략산업 초격차 확대) 등 3대 분야에서 국가적 도전 과제 해결을 위한 15대 프로젝트를 발굴·추진할 계획이다. 이를 통해 초일류 국가로 도약하고 국민소득 5만 달러 시대를 앞당긴다는 것이 목표다.

新기술 분야는 미래형 모빌리티·우주탐사·양자 기술·미래 의료 핵심기술 · 에너지 신기술 등에서 신성장 동력을 확충하기 위한 것이며, 新일상 분야는 내 삶 속의 디지털 · 차세대 물류 · 탄소 중립 도시 · 스마트 농어업 · 스마트 그리드 등 디지털 기술 혁신을 일상 속 체감 가능한 변화로 연결해 국민 삶의 질을 높이는 것이 목적이다.

新시장 분야는 초격차 확보와 신격차 창출로 글로벌 신시장을 선점하기 위해서, 반도체 · 바이오 · 관광 · 콘텐츠 · 빅딜 수주 릴레이 관련 프로젝트를 진행한다. 눈여겨봐야 할 것은 기존 산업별 · 정부 주도 성장 전략에서 범부처 · 민관 협업 방식으로 국가 성장 전략을 업그레이드하겠다는 의지를 표명하고 있다는 점이다.

정부가 대내외 여건 악화로 인한 경기 둔화와 사회 · 인구구조 변화에 따른 잠재 성장률 저하를 극복하기 위해 내세운 새로운 성장 전략은 지역 산업 정책 수립에 시사하는 바가 크다. 우선은 그동안 산업별로 분절되고 부처별로 나뉜 추진 방식을 체계적 · 종합적 지역 성장 전략으로 변모시키는 일이다.

지역 주력산업을 재정의하고 성장 잠재력 확충을 위한 구조개혁 · 체질 개선 준비를 서둘러야 한다. 양호한 반도체 · 이차전지 · 바이오 헬스 · 모빌리티 · 에너지 등의 제조기반을 확대 재생산하는 맞춤형 전략을 짜야 한다. '新기술 · 新일상 · 新시장'을 넘어 새롭게 도약하는 민관 협치형 지역 경쟁력 강화 방안 논의를 심도 있게 시작해야 한다.

역경을 이겨내는 회복력을 키울 때다

연말이 되면 지나온 한해를 정리하면서 또한 새해를 준비하는 마음에 분주해지기 마련이다. 내년에 대해 기대감과 함께 두려움이 엄습하기도 한다. 특히 올해처럼 다음 해인 2023년을 바라보는 경기 예측이 부정적일수록 압박감은 배가된다.

얼마 전 한국은행은 '수정 경제전망'을 발표하면서 내년 국내총생산(GDP) 성장률을 1.7%로 예상했다. 지난 8월 전망치(2.1%)보다 0.4%포인트 하향 조정한 것이다. 연말을 앞두고 국내외 경기 상황에서 호재가 별로 없다는 의미다.

세계적 경기 둔화와 그로 인한 수출 부진을 주요 요인으로 꼽았다. 내년 하반기 이후 대외 불확실성이 줄어들면서 침체에서 점차 벗어날 것으로 내다봤다. 이러한 우려 속에 소비자 심리와 기업 체감 경기도 나빠지고 있다.

이맘때면 또 다른 관심거리가 내년의 이슈와 트렌드를 살펴보는 것이다. 올해도 대형 서점의 베스트셀러 종합 순위 상위에서 '트렌드 코리아 2023'을 찾을 수 있다. 내년 10대 트렌드의 핵심어는 'RABBIT JUMP'다. 2023년 계묘년을 맞아 검은 토끼의 해에 더 높은 도약을 꾀한다는 뜻이라고 설명한다.

열 가지 트렌드는 경제·사람·기술의 세 가지 축으로 유형화됐다. 한국 사회의 방향성 전환과 불황에 따른 시장 변화, 새로운 세대 등장과 가치관 변화, 기술 진보에 의한 유통과 공간 변화가 그것이다.

최근 우리 사회에서 가장 두드러진 변화의 하나로 '전형성'이 사라지는 것을 들었다. 평균 주변에 수가 제일 많고 중심에서 멀어질수록 빈도가 줄어드는, 완만한 종 모양의 이른바 '정규분포' 개념이 무너지고 있는 양상을 나타낸다.

소득·소비 양극화가 사회 갈등의 원인이 되기도 하고, 극과 극을 넘나들면서 '승자독식' 시장을 출현시키는 '평균 실종'(Redistribution of the Average), 불황을 겪으면서 전에는 생각지도 못했던 기술들이 인간 생활을 편리하게 하는 것을 넘어 생존에 필수 불가결한 요소로 등장하는 '선제적 대응기술'(Unveiling Proactive Technology)이 포함됐다.

한국개발연구원(KDI)이 '경제개발 5개년 계획 60주년'을 기념해 경제전문가 405명과 20대 이상 일반 국민 1천 명을 대상으로 한 설문조사 결과, 전문가 97%, 국민 96.3%가 '한국 경제가 위기 상황'이라고 답했다. 전문가들의 49.9%는 '매우 큰 위기 상황'이라고 진단했다.

산업연구원(KIET)이 발표한 '2023년 경제·산업 전망'(2022년 11월) 보고서를 보면, 내년 국내 13대 주력산업 수출액은 자동차(2.5%)·조선(42.4%)·2차전지(17.3%)·바이오 헬스(6.5%)를 제외하고 일반기계·철강·정유·석유화학·섬유·정보통신기기·가전·반도체·디스플레이 등 9개 산업이 부진한 실적을 거둘 것으로 평가됐다. 우울한 뉴스가 이어지고 있다.

산업연구원은 고물가·고금리·고환율의 '3고(高)' 현상과 팬데믹 상황, 우크라이나 전쟁 관련 불확실성, 주요국 통화 정책 기조, 금융시장 불안, 무역적자 지속이 내년 한국 경제에 중요한 변수가 될 것이라고 분석했다.

2023년의 엄중한 시장 환경은 누구도 피해갈 수 없을 것으로 보인다. 그 와중에도 우리를 둘러싼 트렌드는 더욱 빠르게 변화할 것이다. 자신의 기술과 브랜드와 상품을 재정의함으로써 고객들이 미처 생각지 못한 즐거움을 제공해야 한다. 대체 불가능하고, 지금보다 더 새롭고 매력적이면서 다채로운 '뉴디맨드 전략'(New Demand Strategy)이 필요하다.

이를 극복할 혜안으로 역경을 통해 단련 과정을 견디고 큰일을 이룬다는 맹자(孟子)의 '천강대임(天降大任)'론과 장기적 유연성 및 회복 탄력성을 중시하는 관점을 되새겨 봄 직하다.

산학연관 협력, 어떻게 할 것인가

지난 11월 2일부터 3일간 교육부가 주최하고 한국연구재단이 주관하는 '2022 산학협력 엑스포'가 열렸다. 이번 행사의 주제는 '동행하는 산학협력, 미래로 연결하는 플랫폼'이다. 그간의 성과를 공유하고 산학협력 공감대 확산과 더 나은 활동을 다짐하는 자리였다.

산학협력은 시대를 막론하고 그 중요성을 인정받아왔다. 정부는 2004년부터 다양한 지원 사업을 통해서 산학협력 강화에 힘썼다. 2012년에는 기존 유사 사업을 통합해 산학협력 친화형으로 체질 개선을 지원하는 '산학협력 선도대학 육성사업'(LINC) 개편이 이루어졌다.

그러나 그동안의 노력에도 불구하고 산학연협력 국제경쟁력 미흡과 산업계가 필요로 하는 우수 인재의 공급 수준 부족이 꾸준히 제기됐다. 이에 따라 신산업·신기술 분야 미래 인재 양성과 공유·협업 체계 강화로 산학연협력 혁신 생태계를 구축하고자 하는 '3단계 산학연협력 선도대학 육성사업'(LINC 3.0)이 올해 시작됐다.

충북연구원의 '충북지역 산학협력 실태조사'(2021년 12월) 보고서에서는 산학협력 활성화를 저해하는 요인으로 산학협력에 대한 구성원들의 인식 및 책임감 결여, 기술공급자들의 전문성에 대한 신뢰 부족과 수혜기업 역량 미흡, 공급자 중심의 사업 추진, 성과 보상 지원체계 부실 등을 꼽고 있다. 아직도 지역의 산학협력이 본궤도에 이르지 못했다는 의미다.

지금은 일반적인 산학 연계 인력 양성과 연구개발, 산학 간 인력 교류 형태의 협의 개념에서 지역 사회 문제 해결을 포함하는 산학연관협력으로 확대되고 있다. 대표적으로 지역 인재 교육-취·창업-정주의 선순환적 양성체계 마련에 중점을 두는 '2022년 지자체-대학 협력기반 지역혁신사업'(RIS)을 들 수 있다.

RIS 사업은 학령인구 감소 및 지역 인재 유출로 인한 지역소멸 위기를 극복하기 위해 지자체-대학 등이 연결된 지역 혁신 플랫폼 구축에 초점을 맞추고 있다. 학생에게는 폭넓은 학업의 장을, 기업과 대학에는 인력 수급 원활화를, 지역에는 인구 감소에 의한 소멸 위기에서 벗어날 기회를 제공한다.

이 또한 시행착오를 겪고 있는 것으로 나타났다. 최근 감사원에서 발표한 '인구구조변화 대응 실태Ⅳ'(교육·일자리 분야)(2022년 2월)

자료를 보면 대학과 지역 일자리 연계 분야에 대해 분석한 결과, 교육부 관련 사업들이 지역 수요에 대한 논의 부족으로 실제 지역 수요가 존재하는 학과들을 충분히 지원하지 못했고, 해당 학과들의 정원 감축도 상대적으로 더 많았다고 지적했다. 결국, 지방대학 특성과 지역사회 수요, 미래 산업 방향이 긴밀히 정합되지 않는 허점을 드러낸 것이다.

전문가들은 학문·산업 간 경계가 희미해지는 '빅블러'(big blur) 시대를 견인할 '뉴칼라'(new collar) 육성에 산업 현장과 학교, 지역 사회의 협업은 절대적이라고 강조한다. 불확실성이 높을수록 정량적 예측은 어렵다. 산학연관 협력 주체 간 소통 부재와 동기 부여 미흡을 해소하면서 집단지성을 통해 해법을 찾아야 한다.

초연결·초융합·초지능 시대에 맞게 공급자 중심에서 기업 위주의 수요자 중심으로, 과제 중심에서 사람 중심으로 전환을 모색해야 한다. 기존의 독점적 권한, 낮은 가성비 같은 낡은 시스템을 버리고 거론된 저해 요인 개선을 서둘러야 한다.

4차 산업혁명을 정의한 클라우스 슈밥 세계경제포럼 회장은 '혁명의 폭과 깊이와 속도는 역사상 전대미문일 것'이라고 주장한 바 있다. 현재 대변혁의 파고를 돌파하기 위해 정책 변화 속도를 더욱 높여야 한다. 인구절벽과 학령인구 감소라는 '정해진 미래'를 이겨낼 '헤쳐갈 지혜'를 모아야 할 때다.

지역 중소기업이 살아야 지방소멸 막는다

중소벤처기업부가 발표한 '2020년 기준 중소기업 기본 통계'(2022.7)에 따르면 전체 기업의 99.9%가 중소기업이다. 또한, 종사자 수의 81.3%, 매출액의 47.2%를 차지한다. 충북의 경우, 2019년 대비 증감률에서 중소기업 수는 전국 평균 5.7%와 비슷한 5.6% 증가했으며 종사자 수는 1.5%와 비교해 2.8%, 매출액은 0.7%에 비해 1.9% 늘어나는 등 양호한 성장세를 보여주고 있다.

최근 국제경제 환경이 심상치 않다. 얼마 전 국제통화기금(IMF)은 '세계경제전망'(WEO)에서 내년 경제성장률을 종전 2.9%에서 0.2%포인트 내린 2.7%로 전망했다. 1월 3.8%, 4월 3.6%, 7월 2.9%에 이어 세 번째로 하향 조정한 것이다.

우리나라에 대해서도 종전 2.1%에서 2.0%로 0.1%포인트 내렸다. 직전 전망치를 0.8%p 낮춘 데 이어 3개월 만에 또다시 조정했다. 세계 경제에 '폭풍 구름'(storm clouds)이 몰려오고 있다는 경고에 대비가 필요한 시점이다.

중기중앙회가 중소기업 500곳을 대상으로 한 조사 결과, 현 상황에 대해 중소기업 10곳 중 7곳이 '위기'라고 인식하는 것으로 나타났다. 그중 22.5%는 '별다른 대응 방안이 없다'고 답했다. 지금의 경제 위기가 최소 1년 이상 이어질 것으로 예상하며 생산비·인건비 등 원가 절감 계획을 세우거나(51.7%·복수 응답), 신규 시장개척(36.9%)을 준비하고 있다고 밝혔다.

지역 살리기, 거침없이 피보팅하라

한국경제연구원은 한계기업 수에서 '19년 대비 '21년 기준으로 중견 및 대기업(15.4%)보다 중소기업(25.4%)이 더 큰 폭으로 늘고 있다고 지적한 바 있다. 국가 경제의 중심이자 지역 경제에서 중추적 역할을 담당하는 중소기업들에게 위기가 닥치고 있다. 중소기업들이 생존을 장담할 수 없는 난관에 직면했다.

글로벌 대기업 삼성전자가 2030년 세계 주요 생산기지를 무인공장으로 전환하려는 것은 저출산·고령화로 인해 인력난이 심화하면 인건비가 올라 비용 부담이 커질 가능성을 고려한 조치다. '인구절벽'에 대비해 생산성을 높이면서도 인력 의존도를 낮춰 지속 가능한 생산 시스템을 구축하려는 시도이다. 대기업의 대처도 빨라지고 있다.

디지털 경제의 도래와 디지털 전환은 전체 사회 영역에서 패러다임 변화를 이끌고 있다. 주요 선진국들은 국가·사회적 현안에 대한 대응 전략의 하나로 스마트 제조 혁신 정책을 수립·경쟁하고 있다. 그 중심에 스마트 생산 체계를 적용한 스마트 공장이 있다.

충북은 스마트 공장 구축률 5.9%로 광역시·도 중 1위(2021.12월 기준)를 달성하였으며 스마트 공장 구축 진입 성장 사다리 사업인 소기업형 스마트 공장 지원 사업을 자체 발굴·추진하는 등 제조 기업의 스마트화에 앞장서는 지역이다.

최근 인공지능, 빅데이터, 디지털 트윈이 적용된 최고 수준의 스마트 공장 구축을 지원하는 '케이(K)-스마트등대공장' 지원 대상에 총 15개 업체 중 충북 소재 기업이 3곳 선정되면서 성공 사례를 만들고 있다.

그런데 스마트 공장 관련 예산이 올해의 3분의 1 수준으로 대폭 삭

감돼 지역 중소기업 제조 혁신의 마중물이 끊기는 것 아니냐는 불안
감이 팽배한 실정이다. 기술 패권 경쟁이 치열해지면서 국운을 걸어
야 하는 상황에서 초격차 기술 확보 및 공급망 확충, 소·부·장 국산
화로 국내 경제의 체질을 개선하기 위해서는 스마트 제조 혁신이 꼭
필요하다.

대안을 찾기 어려운 지역 중소기업들은 더욱 절박하다. 스마트 공
장 구축 기업들은 작업 환경 개선과 함께 생산성·매출 증가, 인력
채용 확대 등 선순환을 경험하는 중이었다. 스마트 공장 관련 예산이
되살아나 지역 중소기업이 살고 지방소멸을 막는 계기가 되길 기대
한다.

스마트 공장이 소멸 위기 지역 경제 되살린다

최근 국제통화기금(IMF)은 '세계경제전망'(WEO)에서 내년 세계 경
제성장률을 종전 2.9%에서 0.2%포인트 내린 2.7%로 전망했다. 우리
나라에 대해서도 직전 2.1%에서 2.0%로 0.1%포인트 하향 조정했다.
이는 내년 글로벌 경기 침체 가능성을 예고하는 강력한 신호다.

중소기업중앙회가 중소기업 500곳을 대상으로 최근 경제 상황을 조
사한 결과, 중소기업 10곳 중 7곳이 '위기'라고 인식했다. 안타까운
것은 그중 22.5%는 '별다른 대응 방안이 없다'고 답했다. 경제 위기가
최소 1년 이상 이어질 것이라 예상하는 가운데 생산비·인건비 등 원

가 절감 계획(51.7% · 복수 응답)을 최우선으로 준비하고 있다고 답했다.

최근의 경제 환경은 중소기업들에게 더욱 심상치 않다. 한국경제연구원은 지난해 기준 한계기업은 2019년 대비 중견 및 대기업(15.4%)보다 중소기업(25.4%)이 더 큰 폭으로 늘고 있다고 지적한 바 있다.

한국은행 충북본부가 매달 발표하는 '기업 경기 상황' 결과에는 올해 1월부터 9월까지 가장 큰 애로 사항으로 인력난 · 인건비 상승이 항상 꼽혔다. 지역 경제의 최대 걸림돌인 셈이다.

저출산 · 고령화와 지방소멸, 지방대학 위기 및 지역 인재 유출 문제에 직면한 지역의 인력난 · 인건비 상승에 대한 해법은 디지털 대전환 흐름에 올라타는 것뿐이다. 이 같은 대전환엔 대기업들이 앞장서고 있다.

삼성전자가 2030년 글로벌 주요 생산 기지를 무인공장으로 전환하려는 것은 인구절벽에 의해 생산가능인구가 계속 줄어드는 상황에서 생산성을 높이면서 인력 의존도를 낮추는 생산 시스템 구축을 의도하는 것이라 할 수 있다.

디지털이 세상의 모든 것을 급격히 바꾸고 있다. 변화 속도는 상상을 초월한다. 디지털 경제 도래와 디지털 전환은 사회 전 영역에서 패러다임 변화를 이끌고 있다. 스마트 제조 혁신의 핵심은 스마트 생산 체계를 적용한 스마트 공장이다.

이와 관련해 중소벤처기업부 스마트 공장 보급 · 확산 사업 예산이 올해의 3분의 1 수준으로 삭감된 것은 재고돼야 한다. 기술 패권 경쟁이 치열해지면서 국운을 걸어야 하는 지금 초격차 기술 확보 및 공급망 확충, 소부장(소재·부품·장비) 국산화 등 국내 경제 체질을 개선하기 위해서는 스마트 제조 혁신이 필수적이다.

그간 스마트 공장 사업의 효과는 수치로 입증된다. 현장의 중소기업 최고경영자들은 기입 생존을 위해 스마트 공장 도입이 불가피하며 스마트 공장이 중소기업의 미래라고 강조한다.

특히 디지털 전환 관련 기업은 소규모·신생 기업이 상당 부분을 차지하고 있고 이들의 70% 이상이 수도권에 집중되면서 수도권·비수도권 간 편차가 매우 크다는 산업연구원의 연구 결과를 주목해야 한다. 지역 중소기업이 스마트 공장 사업에 목을 매는 이유다. 스마트 공장이 지역 중소기업을 살리고 지방소멸을 막는 묘책이 돼야 한다.

복합 경제 위기 시대, 지역의 선택

최근 국제 경제 기구들의 세계 경제 진단이 매우 어둡다. 세계은행(WB)은 고물가를 잡기 위한 각국 중앙은행의 기준금리 인상 정책이 내년 세계 경제를 경기후퇴 국면으로 몰아넣을 수 있다고 경고했다. 특히 신흥국과 개발도상국들에 '파괴적인 결과'를 초래할 수 있음을 부각시켰다.

국제통화기금(IMF)도 이에 가세해 물가 상승세가 가파르고 공급망 차질은 여전하며 금융 환경 경색이 심각하다고 지적했다. 대안으로 세계은행은 물가안정을 위한 소비 감소보다는 생산 증대 방안을 제시하면서 투자 확대와 생산성 향상 조치를 주문했다.

코로나19 사태라는 전대미문의 충격, 우크라이나 전쟁에서 비롯된 공급망 혼란과 에너지난 등 갖가지 위기가 복합적으로 작용하면서 세계 경제 환경은 불확실성에 휩싸여 있다. 어떤 충격이 한 번에 그치지 않고 반복적으로 꼬리를 물면서 악순환이 증폭되는 양상이다.

우리나라 경제도 예외는 아니다. '고물가 · 고금리 · 고환율'의 '3고(高)' 상황 속에서 최악의 무역적자를 기록하는 등 복합적 경제 위기에 봉착했다. 더욱 곤혹스러운 것은 미국이 반도체, 배터리에 이어 바이오산업에서도 미국 내에서 관련 제품을 생산하는 기업에 특혜를 주는 '자국 보호주의' 정책을 연이어 발표하고 있다는 점이다.

문제는 이른바 '메이드 인 아메리카'(Made in America)의 대상인 'BBC'(바이오, 배터리, 반도체칩) 분야가 우리나라의 핵심 전략산업이라는 데 있다. 또한, 충북이 애지중지 육성해온 주력산업이기도 하다.

반도체의 대중국 수출 통제와 첨단 산업 투자 제한, 미국에서 생산되고 일정 비율 이상 미국 내에서 제조된 배터리와 핵심 광물을 사용한 전기차에만 보조금 혜택 제공, 미국에서 발명된 생명공학을 미국에서 제조하도록 하는 행정명령 등은 그동안 글로벌 밸류 체인에 적극 가담한 국내 및 지역 기업들에게 청천벽력 같은 소식이다.

주목되는 것은 미국의 논리다. 일자리를 창출하고, 더 강력한 공급망을 구축하며, 미국 가정을 위해 가격을 내릴 것이라고 장담하면서 세계 어떤 곳에도 의존할 필요가 없다고 강변하고 있다. 그 이유를 경제 안보에서 찾고 있다.

미·중 패권 갈등이 치열한 가운데 중국을 견제하기 위한 극단적 선택이라 하더라도 미국 제조업의 부활만을 외치는 것은 초강대국으로서 궁색하기만 하다. 눈여겨봐야 할 또 다른 변수는 중국이 취할 보복수위다. 이에 따라 세계 경제의 향배가 결정될 것이기 때문이다.

국가별 각자도생의 생존 경쟁이 심화하고 있다. 다국적 컨설팅 전문회사 맥킨지가 코로나19 이후 넥스트 노멀로 꼽았던 '지역화'의 의미를 되새겨야 한다. 이코노미스트의 커버스토리에 등장했던 '생존 비즈니스(The business of survival)'도 상기해야 한다.

소규모 개방형 경제구조를 가진 우리나라는 늘 지정학적 리스크를 안고 있었다. 전문가들은 처방으로 수출입 다변화, 공급망 안정화 등 체질 개선과 경제 패러다임 전환을 내놨다. 중요한 것은 복합 경제 위기 시대를 대비하는 인식의 대전환이다.

얼마 전 출판된 미국 프린스턴대학교 마커스 브루너마이어 교수의 저서 '회복 탄력 사회'에서 해답을 얻을 수 있다. 과거와 달리 현재 처한 불확실성이 너무 크고 복잡한 까닭에 효율성 위주의 '적기 대응 전략'보다는 장기적 유연성과 회복력을 중시하는 '비상 대응 전략'의 상시화를 조언했다.

지금 상황은 엄중하지만 그렇다고 모든 국가와 지역, 기업에 위기가 닥치는 것은 아니다. 오히려 난관이 슬기롭게 극복되도록 '기정학(技政學)'을 토대로 돌파구를 만들어야 한다. 국가 및 지역의 이익을 담보할 수 있는 정교한 준비가 요구되는 시점이다.

지역 살리기, 거침없이 피보팅하라

지역에서 '괜찮은 일자리' 만들기

최근 한국은행 충북본부가 발표한 '2022년 8월 충북지역 기업 경기 조사 결과'에는 지역 기업들의 힘든 경영 상황이 단적으로 드러났다. 애로사항으로 제조업은 인력난·인건비 및 원자재 가격 상승을, 비제조업은 인력난·인건비 상승과 불확실한 경제 상황을 들었다.

제조업의 경우 전월 대비 인력난·인건비 상승 요인 비중이 7.5%p 높아진 반면 수출 부진 비중은 6.4%p 감소했다. 지역의 인력난이 여전함을 보여주는 증거다. 일자리 문제는 노동시장 전반의 변화 추이와 세부 정책 과제의 세심한 설계 및 실행이 조화를 이뤄야 실마리를 풀 수 있는 난제 중의 난제로 꼽힌다.

얼마 전 이재용 삼성전자 부회장은 경영 일선으로 복귀한 후 차세대 반도체 R&D단지 기공식 참석을 첫 대외 행사로 삼았다. '첫째도, 둘째도, 셋째도 기술'이라는 점을 강조하면서 반도체 초격차에 대한 의지를 다졌다.

특히 글로벌 반도체 기술 경쟁이 '인재 전쟁' 양상으로 치달으면서 반도체·배터리·바이오·디스플레이 등 첨단산업 인재의 선제적 확보 중요성을 역설하고 인재에 대한 투자는 아끼지 말라고 주문한 것으로 알려졌다.

인재 구하기는 지역에서도 힘든 과제가 되고 있다. 전문가들은 지방소멸 원인을 비수도권의 인구 유출 및 감소와 함께 청년층이 매력을 느끼는 괜찮은 일자리가 부족하여 젊은이들이 떠나는 악순환에서 찾고 있다. 결국, 지역에 양질의 일자리를 만드는 것이 젊은 층을 지역에 안착시키고 지방소멸을 막는 해법인 셈이다.

이와 관련해서 지난 5월 한국경영자총협회가 MZ 세대((1984~2003년생) 구직자 1천 명을 대상으로 한 괜찮은 일자리 인식조사 결과는 많은 시사점을 주고 있다. 이들이 평가한 가장 중요한 요소는 '워라밸'(일과 삶의 균형, 66.5%)이었다. 근무 지역은 수도권(50.7%), 연봉은 3천만 원대(50.9%)가 가장 많았다.

근무 지역으로 재택근무 등 업무 형태가 다양화하면서 '위치는 상관없다'는 응답이 37.7%나 됐다. 일반적으로 수도권 거주자일수록 수도권에서 일하는 것을 우선했지만, 지방 거주자는 위치에 따른 선호도가 비교적 적었다.

기업 규모에 대해서는 '중요하지 않다'는 응답이 29.1%로 가장 높았다. 중소기업 취업 의사를 물었더니 응답자의 82.6%가 '취업할 의향이 있다'고 답변했다. 응답자의 절반이 넘는 60.0%는 '괜찮은 일자리라면 비정규직이라도 취업할 수 있다'고 밝혔다.

이 같은 조건들을 충족하면서 괜찮은 일자리가 많아질 것으로 전망한 산업부문은 'IT · 정보통신'(35.4%), '환경 · 에너지(배터리 포함)'(20.4%), '바이오 · 헬스'(11.5%), '반도체'(10.3%), '문화 콘텐츠'(10.1%) 순이었다.

국제노동기구(ILO)가 제시한 괜찮은 일자리 기준인 '고용 안정성', '높은 임금', '자아실현 가능' 등과 확연히 다른 관점을 발견할 수 있다. 워라밸을 추구하고 실리를 중시하며 공정에 민감한 MZ 세대의 특징을 엿볼 수 있다. 괜찮은 일자리 창출을 위한 지역 중소 · 중견 기업 관련 시책 수립에 유용한 자료로 활용될 것으로 보인다.

'지역 인재 양성 → 취업·창업 → 인재 유출 방지(유입 촉진) → 인력난 해소'의 선순환 체계를 만들기 위해 기업의 이윤과 사회적 가치라는 파이를 동시에 키우는 '파이코노믹스'(Pieconomics) 전략을 새롭게 모색해야 한다. MZ 세대들이 선호하는 튼실한 지역 주력 산업군을 토대로 '환경-사회-지배구조'에 근거한 'ESG'(Environmental · Social · Governance) 경영을 전 지역으로 확산해 나가야 할 시점이다.

충북이 시스템 반도체 패키징의 중심인 이유

새 정부 들어서 '반도체는 국가 안보 자산이고 우리 산업의 핵심이다.'라는 말이 자주 인용되고 있다. 이는 세계가 반도체 패권 전쟁 중이라는 상황을 반영한다. 특히 반도체는 전략기술 위주의 신국제 질서 부상을 의미하는 기정학(tech-politics) 시대의 요체로 꼽힌다.

얼마 전 조 바이든 미국 대통령이 우리나라에 오자마자 삼성전자 반도체 공장으로 달려간 것이 그 방증이다. 최근 미국 의회에서 미국 반도체 업계에 520억 달러(약 68조 원)의 보조금 지원을 골자로 하는 '반도체·과학법'(Chips and Science Act)이 통과됐다. 이 법안은 고급 일자리 창출, 공급망, 생산 비용 절감에 기여하고 미국의 국가 안보 이익을 보호할 것으로 기대되고 있다. 세계 각국이 파격적인 지원책을 동원해 반도체 산업 육성에 혈안이 될 정도로, 인공지능(AI), 빅데이터,

6G, 자율주행 자동차, 바이오, 배터리 등 4차 산업혁명의 근간이다.

정부의 반도체 산업 육성 의지는 '반도체 초강대국 달성 전략' 수립으로 나타났다. 반도체 단지 인프라 구축 지원, 반도체 기술 개발(R&D)·설비 투자에 대한 세제 혜택, 반도체 인력 양성, 시스템 반도체 점유율 확대, 소재·부품·장비 자립화율 확대 등의 내용이 담겼다.

그런데 반도체 산업 육성 정책이 수도권과 지방 간 격차 확대 우려로 이어지는 것은 바람직하지 않다. 반도체는 국내총생산(GDP)의 6%, 전체 수출의 20%를 차지한다. 따라서 반도체를 하나의 산업으로만 보는 것은 단견이다. 반도체 산업의 국제경쟁력 확보와 함께 지역균형발전을 도모할 수 있는 묘책을 찾아야 한다.

우선 반도체 투자는 속도가 생명인 만큼 지역의 역점 사업과 정부의 육성 방안을 조화시킬 수 있는 과제를 발굴, 조기에 성과를 창출해야 한다. 충북은 지난 1월 과기정통부 국가연구개발사업 예비타당성 조사 대상 사업으로 '시스템 반도체 첨단 패키징 플랫폼 구축' 사업이 선정되어 현재 예타 본심사가 진행 중이다. 2019년부터 준비해왔으며 첨단 패키지·테스트 일괄 공정 장비 구축과 공정 기술 고도화 R&D를 추진하는 사업이다. 미래 신성장동력으로서 반도체 초강대국 달성의 시금석이 될 것이다.

한편 메모리 반도체 세계 1위라는 명성과는 달리 시스템 반도체의 주요국 대비 경쟁력은 취약한 편이다. 첨단기술 확산과 함께 고성능, 초소형 반도체 수요가 폭증하면서 패키징의 중요성이 부상하고 있다. 삼성전자와 SK하이닉스가 대규모 국외 투자를 모색 중이다. 국내 거점으로서 전국 2위의 반도체 생산액과 종사자 수, 전국 5위의 사업체 수를 보유한 대표적 집적지인 충북의 생태계 활용을 적극 검토해야 한다.

또한, 정부는 일본의 수출 규제를 반면교사로 삼아 반도체 공급망에서 소·부·장의 핵심 전략기술을 확대하여 미래 공급망 변화에 선제적으로 대응하고, 추격형·국산화 기술 개발에서 시장 선도형 기술 개발로 전환해 나갈 계획이다. 이와 관련해서 스마트IT 부품·시스템 분야의 지능형 반도체와 스마트 에너지 연구를 선도하는 충북 강소연구개발특구 및 이차전지 기술 혁신 지원체계 확립과 우수 전문 인력 확보 등을 추진하고 있는 이차전지 소·부·장 특화단지의 기능을 접목할 수 있을 것이다.

아울러 반도체를 중심으로 디스플레이, 배터리, 미래 모빌리티, 로봇, 바이오 등 첨단 산업과의 선순환적 동반성장을 유도하는 '반도체 플러스 산업 전략'은 충북 오창의 방사광가속기를 통해 소재·부품 산업의 원천 기술 개발 목표를 달성할 수 있다.

충북은 이미 'K-반도체 전략'(2021.5)에서 판교·용인과 연결되면서 'K-반도체 벨트 완성'의 한 축이었다. 충북의 후공정 생태계를 테스트 베드로 하여 경기·수도권과 상호연계하는 국가 시스템 반도체의 상생 방안 마련이 시급하다.

충북형 '체인지업 그라운드' 조성이 필요하다

미국의 글로벌 창업 생태계 평가기관인 '스타트업 지놈'(Startup Genome)은 세계에서 가장 매력적인 스타트업 환경을 갖춘 도시 순위를 매년 발표한다. 전 세계 100개국 280개 도시를 대상으로 한 2022년 '글로벌 창업 생태계 보고서'에 따르면 서울은 280개 도시 중 글로벌 Top 10에 선정됐다. 작년 16위에서 6단계 상승했다.

서울은 '19년에는 30위권 밖에 있었으나, '20년 20위, '21년 16위로 올라서면서 꾸준히 순위를 높여왔다. 서울의 창업 생태계에 대한 가치 평가는 '20년 47조 원에서 올해 223조 원으로 2년 사이 4배 이상 성장했다.

글로벌 창업 생태계 순위는 1위 실리콘밸리(미), 공동 2위 뉴욕(미)·런던(영), 4위 보스턴(미)이며, 글로벌 Top 20 내 아시아 도시로는 베이징(5위), 상하이(8위), 서울(10위), 도쿄(12위), 싱가포르(18위)가 포함됐다.

서울이 경쟁력 있는 글로벌 벤처 거점으로 부상하는 것은 국가적으로 매우 희망적임이 틀림없다. 그런데 그 이면에는 간과할 수 없는 그늘이 있음을 부인할 수 없다. 수도권이 지역의 유망 창업자와 스타트업들을 블랙홀처럼 빨아들이고 있기 때문이다. 최근 감사원 자료에서는 지방소멸의 원인으로 청년층의 수도권 집중을 들고 있다는 점도 유념해야 한다.

새 정부가 발표한 '지역균형발전 비전 대국민 발표' 자료(2022. 5.

4)를 보면 우리나라의 극심한 지역 간 격차 및 양극화 현상이 세계 최고 수준으로 상식의 영역을 넘어서며, 지역민들의 상대적 박탈감과 소외감이 팽배하다고 지적한다. 비수도권 주민들은 기회의 균등, 정의가 부재하다고 인식하는 것으로 나타났다.

이를 개선하기 위해 공정·자율·희망의 균형발전 3대 가치 아래 주요 과제로 '중앙집권체제에 의한 정치·경제·사회·문화 권력의 수도권 일극 집중 현상 해소', '지방발전을 통한 국가 경제의 재도약', '공간적 정의 구현을 통한 국민통합'을 꼽았다. 이제는 지역 살리기를 위한 거침없는 '방향 전환'(pivoting)이 시급한 때다.

대덕 특구 기반의 과학기술 전문매체인 '대덕넷' 이석봉 대표는 수도권 국토 면적 11.8%에 인구 절반이 사는 문제가 난제 중 난제라고 진단하고, '수도권과 지방의 격차' 타파가 시대정신이라고 언급한 바 있다.

이 같은 관점에서 주목하는 곳이 포항 포스텍(POSTECH)에 위치한 '체인지업 그라운드'다. 지난해 830억 원을 들여 조성한 창업 공간으로서 포스코(POSCO)의 '제철 보국', '교육 보국'에 이은 '벤처 보국'의 이상을 실현하겠다는 의지가 담겨 있다.

포스코는 2019년에 모은 청년창업지원 1조 자금을 활용하여 포항을 4차 산업혁명의 교두보로 만들 계획이다. 신소재, 배터리, 스마트 시티, 빅데이터, 인공지능, 바이오 등 철강 이후를 준비하고 있다. 포스텍 박사 30% 창업, 연구실 DB 구축, 글로벌 마케팅의 연결고리를 공고히 하겠다는 구상이다. 그 요람이 '체인지업 그라운드'다.

체인지업 그라운드가 표방한 캐치프레이즈는 '또 하나의 태평양 밸리'(Another Pacific Valley)라는 담대한 목표다. 실리콘밸리를 겨냥한 과감한 도전장이다. 체인지업 그라운드를 눈여겨보는 이유는 비수도권의 이러한 공간들이 수도권 일극 집중 해소를 위한 전환점이 될 것으로 기대하는 까닭이다.

기술 패권 시대에 지역 발전에서 과학기술은 필수적이다. 결국, 지역 성장을 위해서는 과학기술 기반 산업 및 벤처 캐피털·엔젤 투자, 액셀러레이터가 투자할 창업 생태계를 튼실하게 해야 한다. 지역의 지식 생태계와 비즈니스 생태계를 촘촘히 잇고, 지역맞춤형 아이템과 전략을 지속적으로 견인할 충북형 '체인지업 그라운드' 조성이 절실하다.

불가능을 상상하라

최근 개최된 한미 양국 정상회담의 의제는 경제·기술 동맹으로 요약된다. 경제 안보를 중심으로 새로운 한미 관계를 구축하고 세계 공급망·첨단 과학기술 등에서 소통하고 협업할 방침이다. 글로벌 포괄적 전략 동맹으로 발전시켜 나간다는 구상이다. 특히 인공지능(AI), 양자(퀀텀), 바이오 등 핵심 첨단기술 협력 강화가 예상된다.

기술 패권 시대를 맞아 '기정학(技政學)'이라는 용어가 회자 되고 있다. 그동안 지리적 환경과 정치적 관계를 나타냈던 '지정학(地政學)'이 자주 쓰였다면 전략기술 위주의 신국제 질서 부상을 의미하는 신조어가 대세다. 미·중 간 기술 패권 경쟁이 격화하면서 전 세계는 새로운 연대와 동맹을 통해 국가 생존을 건 싸움을 시작한 것이다.

지난달 말 대통령직인수위원회 과학기술교육분과는 과학기술·디지털 선도 국가의 비전을 실현할 국정 과제로 '국가 전략기술 초격차 R&D 및 디지털 국가 전략'을 추진해 나가기로 했다고 밝혔다.

초격차 전략기술로는 반도체·디스플레이, 이차전지, 차세대 원전, 수소, 5G·6G, 미래 전략기술로는 바이오, 우주·항공, 양자, AI·모빌리티, 사이버보안 등이 후보로 제시됐다. 그러나 반도체·디스플레이, 이차전지 등 일부를 제외하면 기술 수준이나 종합 경쟁력이 선진국들과 비교해 뒤처지고 있다는 평가여서 우려를 낳고 있다.

이러한 정세 변화와 관련하여 의미 있는 자료가 발표됐다. 얼마 전 특허청은 '발명의 날'(5월 19일)에 즈음하여 국민이 뽑은 '대한민국 내일을 바꿀 10대 발명 기술'을 선정했다. 1위 AI, 2위 로봇, 3위 미래차 순이었으며 수소(4위), 에너지(5위) 등이 뒤를 이었다. 바이오, 우주·항공, 신소재, 배터리, 반도체 기술이 10위 안에 포함됐다.

국민이 선택한 유망 기술 1위 AI를 육성하기 위한 각국의 노력은 치열하다. 미국, 중국, 캐나다 등 세계 주요국에서는 자국의 지역 내 AI 테스트 베드 및 연구 거점을 확보하기 위해 진력하고 있다.

정보통신정책연구원(KISDI)에서 발간한 '글로벌 AI 클러스터의 성공 요인 분석' (자료에 따르면,) 자료를 보면, 미국에는 실리콘밸리가 인접한 샌프란시스코, 뉴욕, 시애틀, 보스턴에 빅테크 기업이 주도하는 튼실한 생태계가 구축되어 있다. 중국은 베이징, 상하이, 저장성, 광둥성 등 전국에 걸쳐 강력한 하향식 AI 클러스터를 조성하고 있다.

캐나다에는 토론토, 몬트리올, 에드먼턴, 밴쿠버에 우수 인재와 연구소가 집적되어 있다. 이들 AI 클러스터의 성공 요인은 최우수 인재 확보, '국가 AI 연구소'를 통한 경쟁력 제고, 클러스터 내 강건한 생태계 구축 등으로 정리된다.

무엇보다도 이를 견인할 인재 양성과 혁신 기업 육성이 가장 큰 현안이다. 세계적 클러스터를 이끄는 혁신 기업 성장의 토대는 '발명'과 'IP'(지식재산)다. 아마존 창업자이면서 혁신의 아이콘인 제프 베이조스는 154건을 발명했다.

제프 베이조스는 그의 저서 '발명과 방황'에서 유난히 실패를 강조했다. 심지어 아마존은 실패하기에 세상에서 가장 좋은 장소이며 마음껏 실패하는 중이라고 자랑한다. 그 과정에서 아마존 경영의 상징이 된 '식스 페이저(six pager)'가 활용됐다.

고객에게 잘못된 정보나 제품을 제공하지 않기 위해 직원들은 사업 기획 초기부터 화려한 프레젠테이션 도구가 아닌 텍스트로 된 6장짜리 보고서를 만들어야 한다. 이러한 인적 경쟁 절차는 아마존 성장의 밀알이 됐다. 변화를 위한 첫걸음은 '생각의 근육'을 키우는 일이다. 창의적 사고 능력, 실패를 두려워하지 않는 용기, 실패에 굴하지 않고 새로운 가치를 찾아내는 뚝심 등이다. 불가능을 상상하는 발칙한 탐색과 도전에서 시작해야 한다.

지역 살리기, 거침없이 피보팅하라

지역균형발전의 '패러다임 전환'을 주목한다

지난달 27일 제20대 대통령직인수위원회 지역균형발전특별위원회는 '지방 발전을 통한 국가 경제의 도약'을 강조하며 지역균형발전 15개 국정 과제를 발표했다. 가장 눈에 띄는 것이 '기회발전특구'(ODZ, Opportunity and Development Zone)다.

파격적인 세제 혜택과 규제 특례로 기업들의 지방 이전을 촉진하고 일자리를 창출하겠다는 계획이다. 지방자치단체가 직접 ODZ를 선택하고 기업이 원하는 규제를 모두 푼다는 점에서 기존 특구와 차별성이 있다고 설명했다.

'진정한 지역주도 균형발전', '혁신성장기반 강화를 통한 일자리 창출', '지역 고유 특성 극대화' 등의 약속과 함께 지역균형발전의 패러다임 전환을 선언하고 자유민주주의와 시장경제 철학 위에서 풀어나갈 것임을 천명했다.

'패러다임'(paradigm)은 1962년 토마스 쿤(Thomas Kuhn)의 저서 '과학혁명의 구조'에 처음 등장한 용어로 한 시대 사람들의 견해나 사고를 근본적으로 규정하는 인식 체계, 사물에 대한 이론적 틀을 의미한다. 기존 패러다임으로 설명할 수 없는 것들이 많아지고 기본 가정들이 도전을 받게 되면 새로운 패러다임을 통해 극복된다는 논리다. 새 정부가 현재의 지역 문제에 대해 역발상에 의한 과감한 돌파가 필요한 것으로 인식하고 있다는 방증이다.

우리나라는 대통령 5년 단임제로 인해 정권이 바뀔 때마다 국정 기조는 물론 지역 정책의 방향과 전략에서 큰 변화를 겪어 왔다. 하지만 정부의 정책은 효과를 발휘하지 못한 것으로 평가된다.

수도권 인구 비중이 전국의 50%를 넘어섰고 청년층의 수도권 집중은 여전하다. 2010년대 들어서는 여성들의 수도권 유입이 빠르게 증가하고 있다. 이는 산업구조와 노동시장의 변화에 기인한다. 4차 산업혁명의 핵심인 정보통신산업이 발전하면서 관련 고부가가치 서비스업을 선호하는 청년층과 여성들에게 제조업·남성 위주의 비수도권 산업구조와 일자리는 매력적이지 못하기 때문이다. 그런 만큼 지방소멸은 더욱 심화하고 있다.

결론적으로 정권 교체기마다 등장한 '지방 중심 시대' 연관 공약과 정책들은 지방소멸을 막기에 역부족이었다는 뜻이다. 전문가들은 지방소멸이 '수도권 일극 체제'의 공간 구조와 깊게 연결돼 있어 지역 문제를 파편적이 아니라 총체적으로 접근하기를 주문한다.

해외 연구 동향에 따르면, 지역 정책은 주요 수단을 기준으로 사람 기반 정책(people-based policy), 공간 연계 정책(spatially connective policy), 장소 기반 정책(place-based policy)으로 나뉜다. 또한, 시장 시스템만으로 지역균형발전이 자동적으로 이루어질 수 없다는 주장이 설득력을 얻고 있다.

따라서 신정부는 우선 장소보다 사람에 초점을 둔 사람 기반 정책을 추진하되, 공간 연계 정책이 사람 기반 정책을 적절하게 보완할 수 있다는 점과 직접적으로 장소를 대상으로 하는 장소 기반 정책의 유효성 등을 감안해 정책조합(policy mix)을 구성해야 할 것으로 보인다.

그간 새 정부의 국정 비전들이 효과성 면에서 미흡하게 평가됐던 결

지역 살리기, 거침없이 피보팅하라

과를 교훈으로 삼아야 한다. 기존 추진 정책과 신규 정책 간 연계성 부족, 중앙 부처 간 칸막이 운영, 정책 조정 및 통합 기능 불충분 등의 지적을 간과해서는 안 된다.

지방자치단체의 권한과 재정력을 대폭 강화해 지자체가 주도적 역할을 하도록 하겠다는 공약이 이행되려면, 중앙–지방 간 수평적 관계를 기반으로 단기적 정책실험이 아닌 중장기적 협력계획 수립, 각 부처 관련 예산을 통합한 지역 자율 단일예산제도(single pot budget) 도입 등의 담대한 시도가 요구된다. 중요한 것은 색다른 국정 비전이 아니라 확고하고 지속적인 지역균형발전에 대한 굳건한 의지다. 관건은 실행력이다.

'사이언스 리터러시'가 지역 경쟁력이다

4월은 '과학의 달'이다. 올해로 55주년을 맞는 이번 과학의 달에는 '미래를 향한 도전과 혁신, 국민과 함께하는 과학기술 · ICT!'를 주제로 다양한 이벤트들이 선보일 예정이다. 또한, UN이 지정한 '지속 가능한 발전을 위한 기초과학의 해 2022'를 기념하여 4월 11일부터 15일까지 기초과학 진흥 주간으로 진행한다.

각 지역에서는 과학 문화 랜선 체험 콘텐츠, 과학과 예술이 결합한 과학 융합 공연, 우수 과학 도서 저자와 함께하는 프로그램 등을 통해 과학기술의 역할과 중요성, 사회적 가치를 체험하는 시간이 될 전망이다.

코로나19 확산, 기후 위기, 디지털 대전환의 급격한 변화에 직면한 지금은 '과학기술에 대한 소양'(Science Literacy)을 더욱 필요로 한다. 과학기술이 세상을 지배하는 기술 패권 시대에 쏟아지는 각종 정보를 투명하게 공유하고 신뢰하는 것이 출발점이기 때문이다.

현대의 최고 지성으로 꼽히는 역사학자 유발 하라리(Yuval Noah Harari)는 코로나19 확산과 관련한 기고문에서 시민의 소양으로 '과학기술 정보력'과 '자기 동기부여', 두 가지를 강조한 바 있다.

얼마 전 스페인 바르셀로나에서 막을 내린 'MWC 2022'에서는 '신기술 패권'(New Tech Order)을 테마로 디지털 전환 이후 차세대 기술로 부상한 AI·가상화폐·메타버스, 기후 위기와 디지털 격차 등 기술이 해결해야 할 범지구적 문제가 논의됐다. 디지털 정보의 이해·선택·가공·활용을 토대로 새로운 지식을 창출하는 통합적 능력(디지털 리터러시)은 생존의 원천이 되어가고 있다.

그간 충북의 과학기술 혁신역량은 꾸준히 향상되어왔다. 한국과학기술기획평가원이 발표한 '2020년 지역 과학기술혁신 역량 평가'에 따르면 전국 17개 시도 중 2013년 11위에서 2020년 6위로 크게 높아지면서 '혁신 일반 지역'에서 '혁신 추격 지역'으로 상향 조정되었다. 최근 7년간 혁신역량지수 연평균 성장률 면에서 서울·경기·대전 등 상위권 지역(4~5%)과 비교해 충북은 10.1% 증가하면서 괄목할 발전을 거뒀다.

반면 중분류 상의 교육·문화 항목은 상대적으로 미흡한 것으로 드러났다. 중학교·일반 고등학교 교원 수 대비 이공계(수학·과학)

교원 수 비중, 중학교 · 일반 고등학교 학생 수 대비 이공계(수학 · 과학) 교원 수 비중, 창의 과학 교실 강좌 수 등에서 11~14위에 머물렀다.

따라서 지금의 결과는 지원제도 · 인프라 부문과 연구개발 활동을 통한 경제적 성과 및 지식 창출을 측정하는 부문에 의존해서 얻은 과실인 셈이다. 과학기술 변화가 가속화하면서 사회 · 문화적 수용성과 대응력이 지역 발전의 핵심 요소로 등장했다. 과학적 소양의 차이와 디지털 격차를 줄이면서 균형된 잠재력을 극대화하는 전략이 요구된다.

충북에는 이차전지 소 · 부 · 장 특화단지와 강소연구개발특구가 지정되면서 성과를 내고 있다. 다목적 방사광가속기 구축은 과학기술 혁신의 선도 지역으로 발전하는 계기를 제공해주고 있다.

이를 더욱 고도화하는 차원에서 충청북도는 KAIST 오송 바이오메디컬 캠퍼스타운 조성과 첨단산업 맞춤형 AI(인공지능) 영재고 설립을 대통령직인수위원회에 건의하고 나서 주목된다. 진천군 · 음성군이 AI 영재고등학교 설립 · 운영을 위해 협력하기로 했다. 충북의 인적자원 확보와 교육 · 문화 환경을 진일보시킬 것이라 예상된다.

과학은 세상을 이해하는 방법이다. 사이언스 리터러시는 디지털 시대의 필수조건뿐만 아니라 과학적 사고에 기반한 지역 사회의 합리적 공감 능력 확충이라는 사회적 자본으로서도 큰 의미가 있다. 사이언스 리터러시가 곧 지역 경쟁력이다.

'CES 2022' vs 'MWC 2022'

매년 초 미국 라스베이거스와 스페인 바르셀로나에서는 최첨단 기술의 향연이 펼쳐진다. 코로나19 대확산으로 인해 2~3년 만에 재개된 'CES 2022'와 'MWC 2022' 전시 행사가 그것이다. 전 세계 가전업계 및 모바일 산업의 신기술과 신제품 흐름을 가장 일찍 살펴볼 수 있어서 언제나 관심의 대상이다.

CES를 개최하는 CTA(미국 소비자 기술협회)의 게리 샤피로 회장은 'CES 2022에는 산업을 재구상하고, 헬스케어, 농업, 지속 가능성 등 글로벌 문제에 대한 해결책을 제시하는 기술이 모두 모였다'고 밝혔다. '이번 행사를 통해 미래를 다시 정의하고 세상을 더 나은 곳으로 만들 혁신 제품을 체험할 수 있다'는 소감을 덧붙였다. 'Together for Tomorrow'가 슬로건이었다.

CTA 분석에 따르면 올해 등록한 참관객 중 약 55%가 기업 대표, 임원, 디렉터 등 의사결정 권한을 가진 계층이며 Fortune 글로벌 500 리스트에 속한 기업 중 절반에 가까운 210개 기업이 참가한 것으로 나타났다. 여전히 전 세계 유수 기업의 구성원들이 찾는 중요한 행사임을 증명한 것이다.

'연결성의 촉발'이 주제인 'MWC 2022'에서는 진화하는 이동통신 기술 기반의 연결성 확장과 산업 간 융합, 즉 '비욘드 모바일'이 키워드였다. 특히 이동통신 기술과 차량, 드론의 융합에 관심이 집중됐다. '신기술 패권'(New Tech Order)을 테마로 디지털 전환 이후 차세대 기술로 떠오른 AI · 가상화폐 · 메타버스, 기후 위기와 디지털 격차 등 기술이 해결해야 할 범지구적 문제가 논의됐다.

올해 MWC 행사에서 가장 주목받은 것은 '메타버스'였다. 가상 세계에 현실을 구현한 다양한 기술과 솔루션이 등장했다. 지난 2019년 5G 상용화 당시 급부상했던 가상 · 증강현실(VR · AR)을 아우르는 메타버스 생태계가 확장 중이다.

중소벤처기업부는 이번 'CES 2022'에서 국내 벤처 · 창업 기업 74개 사가 혁신상(Innovation Awards)을 받았다고 발표했다. 혁신상은 전시회를 주최하는 CTA가 미래를 선도할 혁신 기술과 제품에 수여하는 상으로서 지능형 가전 가구, 모바일 기기 등 27개 부문에서 총 404개 사, 574개 제품이 선정됐다.

국내 기업 제품은 173개(30.1%)였다. 한 기업이 두 개 이상의 제품에서 혁신상을 받은 경우가 있어 기업 기준으로는 89개 사가 수상했다. 이 중 약 83.2%를 차지하는 74개 사가 벤처 · 창업 기업이고, 60개 사가 업력 7년 이내 창업 기업으로 나타났다. 전체 혁신상 수상 기업 404개 사를 기준으로 할 때 약 22%를 우리 창업 기업들이 차지한 것이다.

이번 CES 혁신상 수상 업체들의 범주를 보면 헬스 · 웰니스(13.23%), 차량 지능(7.81%), 스마트 홈(6.94%) 부문이 높은 비중을 차지하고 있으며 드론과 무인 시스템, 로보틱스, 모바일 애플리케이션, 지속가능성, 차량 지능, 가상현실(VR) · 증강현실(AR) 등도 점차 높아지고 있다.

코로나 팬데믹의 엄중한 상황에서 열렸던 'CES 2022'와 'MWC 2022'가 막을 내렸다. 'Unlocking the Possibility of You'(당신의 잠재력

을 일깨워라), 'Experience the Future Firsthand'(먼저 미래를 경험하라)
라는 현수막 아래 전 세계에서 몰려들었던 혁신 스타트업의 전사들이
각국으로 흩어졌다.

각 분아의 최첨단 기술들은 하루가 다르게 진화하고 있어 내년 초
행사에는 더욱 업그레이드된 제품과 서비스가 출현할 것이다. 2023
년 행사에서 충북의 초격차 기술로 무장한 더 많은 유망 기업이 저력
을 발휘하고 미래 가능성을 확인할 수 있기를 소망한다.

지역의 디지털 대전환 로드맵이 필요하다

얼마 전 영국의 BBC는 '우크라이나에서 대통령은 진짜 전쟁을, 부
총리 겸 디지털혁신 장관은 디지털 전쟁을 이끌고 있다'고 보도했다.
러시아와의 사이버 전쟁에서 상당한 성과를 거두고 있는 디지털혁신
장관은 평소 '기술은 탱크에 맞서는 최고의 해결책'이라고 주창해 온
것으로 알려졌다.

우크라이나-러시아 전쟁은 이전과 전혀 다른 양상을 띠고 있다.
'이코노미스트'는 '상업용 위성과 소셜미디어로 인해 투명한 전쟁의 시
대가 열렸다'고 진단했다. 디지털 혁명을 이끄는 빅테크(Big Tech) 기
업들의 역할이 한몫하고 있다. 디지털 네트워크의 초연결 세상을 보
여주는 단면인 셈이다.

지난달 28일(현지 시간)부터 나흘간의 일정으로 세계 최대 모바일

산업 전시회인 'MWC 2022'가 스페인 바르셀로나에서 열렸다. 올해 주제는 '연결성의 촉발'(Connectivity Unleashed)이었다. 모바일·통신 기술과 융합한 인공지능(AI)·메타버스 등의 다양한 제품·서비스가 출현해 큰 관심을 모았다.

이 행사에서 임혜숙 과학기술정보통신부 장관은 '미래는 비욘드 (Beyond) 5G 등 고도화된 통신 기술을 토대로 혁신적 디지털 기술이 결합해 가상 융합공간의 신대륙을 개척하는 디지털 대항해 시대가 될 것'이라고 강조했다.

전 세계 '대전환'(Deep Change)이 가속화하고 있다. 디지털 전환의 핵심 기술인 AI, 빅데이터, 자율주행, 사물인터넷, 블록체인 등에 의 해 주도되고 있다. 이 과정에서 기존 경제·사회·문화·교육 시스템 이 모두 바뀌고 있다.

우리나라는 2020년 8월 '디지털 기반 산업 혁신성장 전략' 및 2021 년 7월 '한국형 뉴딜 2.0' 정책 수립과 2021년 12월 '산업 디지털 전 환 촉진법' 제정으로 디지털 전환을 지원하는 제도적 틀을 마련했다. 그러나 디지털 전환에 필요한 디지털 기술 역량은 주요국보다 미흡한 것으로 평가되고 있다.

최근 산업연구원의 발표 자료에 따르면, 디지털 전환 관련 기업은 소규모·신생기업이 상당 부분을 차지하고 있고 이들의 70% 이상이 서울, 경기를 포함한 수도권에 집중되면서 수도권·비수도권 간 편차 가 매우 큰 것으로 확인됐다.

또한, 얼마 전 대한상공회의소가 수도권 이외 지역에 소재한 기업 513개 사를 대상으로 '최근 지역 경제 상황에 대한 기업 인식'을 조사한 결과 68.4%가 '지방소멸에 대한 위협을 느낀다'고 답했다. 수도 권과 비수도권 간 불균형이 심화했다고 응답한 비율은 57.9%로 나 타났다. 지역 경쟁력 강화를 위한 정책과제로 '지역별 특화산업 육 성'(55.0%)이 최우선으로 꼽혔다.

산업 분야에서는 관련 데이터를 디지털 기술과 접목해 제품·서비 스 혁신이나 새로운 비즈니스모델 창출이 가능하다. 더욱이 전통 산 업의 패러다임 변화를 촉발할 수 있어서 공간적·산업적 파급력은 매 우 클 것으로 예상한다. 현재 비수도권의 위기의식을 산업 데이터 축 적 및 활용을 통한 지역 산업 혁신 전략으로 해소해야 한다.

디지털이 세상의 모든 것을 급격히 바꾸고 있다. 변화 속도는 기하 급수적으로 증가하고 있다. 디지털 전환을 외면하는 국가, 지역, 기 업, 시장은 더 이상 미래가 없다. 디지털 방식으로 생각하고 행동하 는 것만이 살길이다.

'디지털 포용'과 '디지털 격차' 등 긍정적·부정적 영향을 포괄하는 지역의 디지털 대전환 로드맵을 마련해야 한다. 지역의 산업적·기업 적 특성과 디지털 기술 역량을 감안한 맞춤형 디지털 전환 촉진 정책 이 요구된다. 머뭇거리지 말고 과감히 시작해야 한다.

지역 정책, 무엇을 준비해야 하나

올해 3월 대통령선거와 6월 지방선거를 앞두고 이른바 '정치의 계절'

이 시작됐다. 대선판의 열기가 매우 뜨겁다. 초박빙의 안갯속 정국이다 보니 모든 현안이 묻히는 상황이다. 대선이 과열되면서 지방선거가 소홀히 취급되는 것 아니냐는 볼멘소리도 들린다. 대선 이슈에 가려져 제대로 부각되지 않고 있지만, 더욱 심화하고 있는 지역 간 불균형과 성장 격차 문제는 결코 간과할 수 없는 사안이 틀림없다.

우리나라는 대통령 5년 단임제로 인해서 5년마다 새로운 정부가 출범하고 지역 정책이 변화해 왔다. 이에 따라 지역 정책 수단들이 중층적 구조와 단절성 문제를 안고 있는 것이 사실이다. 대선 전략으로 급하게 만들어진 지역 선심성 공약 때문에 지역들이 일희일비하고 있는 현재 상황도 그 맥을 같이 한다.

지난해 말 산업연구원에서 발간된 보고서 '한국 지역 정책의 변천과 시사점'에 따르면, 2000년대 이후 4개 정부에 대한 전문가 의견조사(FGI)에서도 지역 정책의 불연속성, 조정·통합 기능 부족, 중앙 주도 방식의 한계, 모니터링 및 평가체계 미흡 등이 지적됐다.

지역 정책을 국정 과제로 위상을 높이고 본격적으로 추진한 것은 참여정부였다. 2003년 출범한 참여정부는 지역에 대해 '수도권 일극 집중과 지역 간 불균형 심화'라는 문제 의식을 갖고 있었다. 4개 정부는 각기 지역 정책 목표로 '다핵형·창조형 선진 국가 건설', '일자리와 삶의 질이 보장되는 경쟁력 있는 지역 창조', '국민 행복과 지역 희망', '지역 주도의 자립적 성장 기반 마련' 등을 제시하면서 지역 문제 해결을 위해 노력해 왔다.

그러나 지역의 모습은 좀처럼 개선되지 않고 있다. 수도권 인구 비중이 전국의 50%를 넘었고 비수도권은 저출산·고령화, 청년층 유출로 인한 지방소멸 및 지방대학 문제에 직면해 있다. 코로나19 장기화로 지역 경제력이 급격히 약화하고 있다. 소득·일자리, 교육·문화·복지·의료 서비스, 혁신역량에서 지역 간 격차가 지속·확대되고 있다.

그간 국내 지역 정책의 흐름에서 볼 때, 신정부 출범을 계기로 많은 변화가 예상된다. 정책 목표·수단·대상 등 정책 내용과 정책 집행 방식이 바뀔 것이다. 전문가들은 향후 지역 정책의 목표·전략 구성에 대해 삶의 질 향상(34.2%), 지역 경쟁력 제고(32.4%), 지역 균형 발전(30.3%), 기타(3.1%)를 바람직한 정책조합(policy mix)으로 추천하고 있다. 주변 환경 변화를 면밀히 살피면서 지역 정책의 방향 재정립을 모색해야 할 시점이다.

국회의 입법 활동도 눈여겨봐야 한다. 지난달 11일 경제 안보 확보와 첨단산업 지원을 위한 '국가 첨단전략산업 경쟁력 강화 및 육성에 관한 특별조치법'과 초광역 협력사업을 지원하기 위한 '국가균형발전 특별법 일부 개정 법률안'(수정안)이 본회의를 통과했다. 이들은 차기 정부의 지역 정책에서 중심 역할을 할 것으로 보인다.

전 세계 코로나19 상황은 엄중하지만, 글로벌 빅테크 기업들의 혁신에 대한 열정은 식지 않고 있다. 2년 만에 오프라인 공간에서 열린 'CES 2022'에서 확인된 것처럼 특히 메타버스, AI, 모빌리티, 헬스, 위성 분야에서 역동적 진화가 이뤄지고 있다는 평이다.

2022년에 대해 주목할 만한 해석들이 등장했다. 우리나라 주요 선거에 의한 정치적 변수 외에 민간과 정부, 정치를 망라한 '대한민국 대전환의 원년'이 될 것이라는 견해와 디지털 전환이 시작됐다는 의미에서 '뉴노멀의 원년'이라는 언급이 그것이다.

　시사점을 정리하면 국내외적으로 급속한 변화를 마주하고 있으며 이에 대응할 혜안을 지역 차원에서 모아야 한다는 것이다. 국가·지역은 물론 기업과 개인도 과거 역사로부터 얻을 수 없는 해답을 구해야 한다는 시그널이다. 새로운 아이디어를 객관식에서 찾으려 하지 말고 주관식으로 풀어야 한다는 뜻이기도 하다. 어차피 세상에 정답은 없으니까.

PART 2

4차 산업혁명과
AI 융합 지역특화산업

(2021년)

지방소멸 위기를 극복하기 위해 돌파구를 찾고자 하는 주제들이 많았다. 인공지능(AI)·메타버스 핵심 기술을 통한 지역 발전 견인, 2021년 10월 누리호의 성공을 계기로 한 '뉴 스페이스' 시대 대응 등을 다뤘다. 글로벌 빅테크 기업의 혁신 아이콘인 제프 베이조스와 일론 머스크로부터의 시사점도 소재였다. 충북 맞춤형으로는 디지털 대전환(DX) 시대를 선도하는 신대륙 개척, 일자리 창출 전략을 제시했다.

충북, 이제 날자

아마존 창업자 제프 베이조스는 어린 시절 발명가였다고 회고한다. 그가 선망하던 영웅은 토머스 에디슨과 월트 디즈니였다. 1969년 7월 다섯 살 때 아폴로 11호의 닐 암스트롱이 달 표면을 걷는 장면에서 느낀 흥분감을 지금도 열정의 원천으로 삼고 있다고 밝혔다. 또한 '스타 트랙' 전편을 빠짐없이 기억하는 광팬으로 만든 계기이기도 했다.

제프 베이조스의 고등학생 시절은 여전히 우주 탐험에 집착하는 괴짜 소년이었다. 고등학교 졸업생 대표로 했던 고별사를 '우주, 그 마지막 개척지에서 만납시다.'로 끝맺었다. 그의 우주관은 확고하다. 태양계 최고의 행성인 지구를 보호하기 위해서 우주로 가야 한다는 논리다. 지구는 유한하고 세계 경제와 인구가 계속 확장·증가한다면 우주 진출이 유일한 해답이라고 주장한다.

지난 10월 21일 누리호가 하늘로 날아올랐다. 그 결과를 놓고 성공과 실패 사이에서 논란이 분분하다. 마지막 단계인 위성을 목표 궤도에 안착시키지 못해 비롯된 것이지만 독자적 발사체의 발사 성공만으로도 대단한 성과임은 분명하다.

현재 위성을 자력 발사하는 능력 보유국은 러시아, 미국, 유럽(프랑스 등), 중국, 일본, 인도, 이스라엘, 이란, 북한 등 9개 나라다. 이 가운데 1톤 이상 실용급 위성을 자력 발사할 수 있는 나라는 이스라엘, 이란, 북한을 제외한 6개국뿐이다.

우주 역사에서 최초 발사체의 성공률이 30%가 채 되지 않는다. 누리호처럼 순수 발사체를 자체 개발한 국가도 러시아 · 미국 · 유럽(프랑스) 3개국뿐이어서 우리나라가 4번째인 셈이다. 이것이 누리호 발사가 인정받아야 하는 충분한 이유다.

지금은 '뉴 스페이스' 시대다. 정부 주도에서 민간 기업이 선도하는 패러다임으로 전환됐다. 이번 누리호는 민 · 관 협력의 산물이었다. 그간 산업 생태계 조성과 산업체 역량 강화에 힘입은 300여 개 기업이 참여했고 주력 30여 개 기업에서만 약 500명이 동참했다. 산업체 보유 기술, 인력 및 인프라 등을 활용하면서 총사업비의 80% 수준인 약 1조 5천억 원을 산업체에서 집행했다.

문재인 대통령은 얼마 전 열린 '2021 서울 국제 항공우주 및 방위산업 전시회'(ADEX) 개막식 축사에서 항공우주 분야의 높은 잠재력을 언급하고 특히 도심항공교통(UAM) 분야를 가파르게 성장할 분야로 꼽았다. 우리나라의 반도체 1위, 자동차 4위, 기계 6위 등 튼실한 기반 산업을 토대로 항공우주 분야를 2030년대 초까지 '세계 7대 강국'으로 육성하겠다고 천명했다. 방위산업은 지난해 세계 6위의 방산 수출국으로 도약했다. 4년 전보다 네 단계 뛰었다. 혁신에 강한 우리나라는 이제 빠른 추격자에서 미래 선도자로 나설 때임을 강조했다. 지역 밀착 방산혁신클러스터 조성과 부품 국산화 지원도 거론됐다.

충북의 미래 먹거리는 항공우주 및 방위산업과 관련이 깊다. 충청북도는 충북경제자유구역청과 함께 UAM 산업 전략을 수립 중이다. UAM 특화단지 조성을 통해 청주국제공항 배후 부지에 개인용 비행체(PAV)의 생산과 유지 보수, 통신 등과 연관된 연구개발 역량을 한데 모을 계획이다. 국내 지자체 간 UAM 산업 선점 경쟁은 이미 불붙었다.

세계 방산시장은 인공지능, 드론, 로봇 등 4차 산업혁명 기술과 함께 크게 변화하고 있으며 인공위성 및 발사체는 정밀 소재, 센서, 제어 기술 등이 융합된 첨단 기술의 결집체다. 이들은 첨단 소재 · 부품 · 장비를 담당하는 중소기업의 제조 능력과 직결된다.

충북의 이차전지 소부장 특화단지와 강소연구개발특구, 충북국방 벤처센터의 역할과 활약이 기대된다. 이들 과제는 원대한 비전으로서 지역의 총체적 역량에 좌우되기 때문에 실현이 힘들고 오래 걸릴 수 있다. 그래서 지금 세대가 충북의 비상을 촘촘히 준비해야 한다.

우리는 정말 무엇을 모르는 걸까?

2005년 '사이언스' 125주년 기념호 첫 장의 스페셜 이슈 제목은 '우리는 무엇을 모르는가?'였다. 125주년을 기념하여 125가지 질문에 대해 순위를 매겼다. '우주는 무엇으로 만들어졌는가?', '의식의 생물학적 기제는 무엇인가?' 등이었다.

10년이 지난 2015년 영국의 주간지 '이코노미스트'는 표지 특집 기사를 내면서 새로운 인류를 '포노 사피엔스'(Phono Sapiens)로 명명했다. 스마트폰을 신체 일부로 사용하는 신세대가 인류 표준으로 부상하면서 문명에 대한 관점 차이가 신·구세대 간 극명해지고 있다.

2016년은 인류에게 사고 대전환의 계기를 마련해준 해였다. 스위스 다보스에서 열린 세계경제포럼에서 '4차 산업혁명 시대' 개막이 선언됐고 세계 최대 가전 박람회인 'CES 2016'에서는 '혁신 이후의 혁신'이 기조연설 주제였다. 이세돌 9단과 구글 인공지능(AI) 프로그램 '알파고'의 바둑 대결에서 AI가 승리하면서 온 세상이 충격에 빠지기도 했다.

코로나19 확산은 변동성, 불확실성, 복잡성, 모호성 등 이른바 '부카'(VUCA) 상황을 더욱 심화시켰다. 얼마 전 화이자의 최고 경영자 앨버트 불라는 1년 이내에 우리가 정상적인 생활에 복귀할 수 있을 것으로 내다봤다. 그러나 그 이후 전망에 대해서는 '우린 정말 모른다. 데이터를 기다려 볼 필요가 있다'면서 얼버무렸다.

최근 외국 언론의 호평이 이어지고 있는 '오징어 게임'은 2008년 기획 당시 투자자나 배우들로부터 호응을 얻지 못했다. 굉장히 낯설고 기괴하고 난해하다는 평을 들었기 때문이다. 10년이 지난 지금 살벌한 서바이벌 이야기가 어울리는 세상으로 변한 것이다. 이에 대해 황동혁 감독은 '시대가 바뀌었다'고 짧게 정리했다.

금융정보업체 에프앤가이드가 주요 증권사들의 올 3분기 상장사 경영 실적 전망치를 종합 분석한 결과 지난해 같은 분기보다 49.34% 늘어난 것으로 집계됐다. 한국은행은 '2021년 2분기 기업 경영 분석' 자료를 통해 외부감사 기업의 매출이 1년 전보다 18.7% 증가했다고 발표했다. 통계 작성이 시작된 2015년 이후 증가율이 가장 높았다. 반면 얼마 전 전국경제인연합회는 경제협력개발기구(OECD) 회원국 내 자산총액 500억 원 이상 기업들을 대상으로 조사한 결과 영업이익으로 이자를 못 내는 한계기업 비중이 네 번째로 크다고 밝혔다. 국내 기업·업종 간 양극화가 심화하고 있다는 증거다.

오늘날 인류는 한 번도 경험해 보지 못한 새로운 시대를 살아가고 있다. 경제·사회·문화 모든 영역에서 '예측 불가능성'과 '불균등'으로 숱한 혼돈을 겪고 있다. 문제는 우리가 모르는 것이 거대하고 어려운 공식이나 이론들이 아니라 우리가 숨 쉬고 살아가는 세상 대부분 원리라는 점이다.

뇌과학자인 KAIST 김대수 교수는 '뇌 과학이 인생에 필요한 순간'이라는 저서를 통해 인생 최고의 뇌 과학 질문들은 나이를 먹으면서 점차 사라지는데 이는 뇌를 의심하지 않고 내가 아는 것이 전부라는 착각에 빠져버린 결과라고 진단한다. 대상에 대해 미미한 지식일지라도 뇌가 '안다는 느낌'을 만드는 까닭이다. 안다는 느낌이 알아갈 기회를 막는 셈이다.

2019년 노벨 경제학상을 수상한 부부 개발경제학자 아비지트 배너지, 에스테르 뒤플로는 저서 '힘든 시대를 위한 좋은 경제학'에서 우리가 의지할 수 있는 유일한 수단을 신중하게 살피고, 복잡성에 대해 인내심을 갖고 우리가 무엇을 알고 있으며 무엇을 알 수 있는지를 솔직하게 인식하는 것이 문제 해결의 첩경임을 강조한다.

지금의 '부카'(VUCA) 상황 극복을 위해서는 먼저 '아는 느낌'을 내려놓는 결단이 필요하다. 호기심을 자극해서 창의력을 강화하는 훈련도 요구된다. 창의성은 특별한 재능이 아니라 생존을 위한 기본 소양이다. 현재의 역경에서 배운 지혜를 발전의 도구로 삼아야 한다.

충북의 신대륙을 찾아서

얼마 전 충청권의 4개 지자체는 대덕연구개발특구 연구기관과 공동으로 충청권 인공지능(AI) · 메타버스 신사업을 추진한다고 밝혔다. 대덕 특구를 중심으로 인공지능과 메타버스 핵심 기술을 연구 · 개발하고 각 지자체에서 실증 · 확산해 나가는 생태계를 구축할 계획이다. 이는 충청권 메가시티 구상을 실현할 대담한 도전이다.

정부 정책 흐름과도 일맥상통한다. 지난해 12월 초에는 관련 부처 합동으로 가상 융합기술(XR)을 활용해 새로운 경험과 경제가치 창출을 선도해 나갈 '가상 융합경제 발전 전략'이 발표됐다. 올해 7월 과학기술정보통신부는 디지털 뉴딜 2.0의 주요 정책 방향에서 초연결 신산업 육성의 키워드로 메타버스, 블록체인, 클라우드를 꼽았다.

작년 10월 엔비디아의 창업자 겸 최고경영자 젠슨 황은 '미래 20년은 공상과학영화(SF)에서 보던 일이 벌어질 것이다. 메타버스가 오고 있기 때문이다(The Metaverse is coming)'라고 하면서 '메타버스 시대'의 도래를 예고했다. 메타버스는 '인터넷(웹)의 다음 버전', '일종의 소우주가 될 것'이라는 언급도 등장했다.

현재 메타버스가 대세다. 메타버스 산업의 성장세가 부각되자 재테크 시장에서도 빠르게 반응하고 있다. 스티븐 스필버그 감독의 영화 '레디 플레이어 원'(2018)은 메타버스에 대한 관심을 증폭시키는 데 한몫했다. 영화 속 '오아시스'라는 2045년 배경의 가상 세계가 불과 4년 만에 현실이 되고 있다.

메타버스 시장은 확대일로다. 한 글로벌 통계 전문업체는 2025년에 2천969억 달러(약 342조여 원)까지 커질 것으로 전망했다. 미국의 마케팅 에이전시인 PMX는 2025년까지 세계 명품 시장 고객의 45% 이상을 MZ 세대가 차지할 것이라고 예상한다.

'이코노미스트'에 따르면 200만 명으로 추정되는 플랫폼 로블록스 내 게임, 디자인 개발자 중 6분의 1은 이 게임 내에서 수입을 올리는 것으로 나타났다. 지금까지 로블록스 세계 안에서 5천만 개의 게임이 제작됐으며 100만 번 이상 플레이 된 블록버스터도 탄생했다.

1992년 미국의 SF 소설가 닐 스티븐슨의 '스노 크래시'(Snow Crash) 란 작품에서 처음 사용됐던 메타버스가 최근 급부상한 계기에 대해 다양한 의견이 존재한다. 코로나19로 인한 '일상의 온라인(비대면)화' 영향, MZ 세대의 '멀티 페르소나(부캐릭터)', '자아실현'에 대한 흥미와 열광 등이 거론된다.

그래서 메타버스는 10대 혹은 게임 산업의 전유물이라는 인식이 아직 강하다. 메타버스를 가상현실(VR) · 증강현실(AR)과 혼동하기도 한다. 그러나 메타버스는 그보다 훨씬 큰 개념이다. 구체적으로 인프라(5G, 6G, 클라우드 등), 하드웨어(VR HMD, AR 글래스, 반도체, 디스플레이 등), 소프트웨어·콘텐츠(개발 엔진, 시각 특수효과, 디지털 트윈 등), 플랫폼(제페토, 로블록스, 포트나이트 등)으로 구성된 IT 기술들의 집합체라 할 수 있다.

주목해야 할 것은 관련 기술의 발전에 따라 펼쳐질 무한한 확장 가능성이다. 이에 따라 돈 쓰는 곳에서 돈 버는 공간으로 관점이 급격히 바뀌고 있다. 메타버스가 상상을 현실로 바꾸고 있는 만큼 새로운 환경에 맞는 지역 역량 강화가 시급하다. 특히 취업 문제로 힘든 젊은이들에게 신박한 일자리를 제공하는 '기회의 땅'이 될 수 있다. 'N잡러'도 가능하다.

위대한 성취에는 로드맵이 없다. X레이, 페니실린 등은 획기적인 발견이지만 어떤 목적을 갖고 시작한 결과물은 아니었다. '호모 데우스'(HOMO DEUS)의 저자 유발 하라리 이스라엘 히브리대 교수는 '인류의 미래는 결국 인간 자신의 선택 여하에 달려 있다'고 강조한다. 또 하나의, 상상의 신세계가 열리고 있다. 디지털 신대륙은 기존 문명과 확연히 다를 것이다. 충북의 신대륙을 찾아서 출발해야 할 시점이 목전에 다가왔다.

한국의 위상 변화와 충북의 역할

지난 7월 초 우리나라는 개발도상국에서 선진국으로 지위가 격상됐다. 이러한 지위 변경은 1964년 유승자독식엔무역개발회의

(UNCTAD) 설립 이래 처음이다. 이전에도 이에 걸맞은 대우를 받긴 했지만, 국제사회로부터 선진국으로 인정받은 것은 쾌거가 아닐 수 없다. 아시아에선 일본이 유일했던 선진국 반열에 한때 최빈국이었던 대한민국이 올라선 것이다.

그렇지만 대전환기에 직면한 지금의 글로벌 경제 환경은 녹록지 않다. 4차 산업혁명으로 글로벌 가치사슬 구조가 급변하고 있고 코로나19로 인해 전 세계가 심각한 경제 위기에 봉착해 있기 때문이다.

얼마 전 대한상공회의소가 국내 수출기업 300개 사를 대상으로 '글로벌 경쟁 상황 변화와 우리 기업의 대응 실태'를 조사한 결과 대다수 수출기업의 경쟁 심화, 시장 점유율 하락, 마진율 감소 등 '3중고'를 겪는 것으로 나타났다. 요즘 수출 실적이 느는 추세지만 코로나19 기저 효과와 반도체 경기 호조에 가려진 국내 기업의 고충을 여실히 드러냈다.

반면 적극적으로 디지털 기술을 활용해 선제적 혁신을 추진하거나 새로운 기회를 창출하려는 노력은 미흡했다. 코로나19 사태 이후 주목받는 '온라인 플랫폼 구축·연계'는 29.4%, 디지털 전환의 핵심 기술인 '빅데이터'와 'AI' 관련 응답은 28.0%, 16.7%에 그쳤다.

글로벌 경제 흐름은 지역 경제 판도도 흔들고 있다. 정부의 국가균형발전 정책 추진에도 불구하고 지역 경제 침체와 수도권·비수도권 간 불균형 발전이 지속되고 있다. 비수도권 경제 위기는 기존 주력산업의 경쟁력 약화에서 출발, 연관 산업과 주변 지역으로 확대되면서 국가 경제 전반의 성장 저하를 야기하고 있다. 따라서 지금의 상황 변화를 토대로 그간 지역 산업 정책의 틀을 다시 들여다볼 필요가 있다.

4차 산업혁명과 코로나19 팬데믹은 정부의 역할을 부각시키고 있다. 4차 산업혁명은 디지털 기술과 네트워크 효과가 수확 체증이 가능한 생산 구조를 만들어 승자 독식을 강화한다. 코로나19 확산으로 감염병 관리와 백신 확보를 둘러싼 국가별 능력 차이가 적나라하게 노출됐다. 이에 따라 국가·지역·기업 간 불균등·불평등이 고착화하면서 미래 세대에 온전히 전가될 위험성이 커졌다.

인공지능, 반도체 등 4차 산업혁명의 핵심 기술들을 둘러싼 미·중 마찰 격화와 2년 전 일본의 핵심 소재 수출규제 사례는 '군사', '경제'에서 '과학기술' 중심으로 패권이 대이동하고 있다는 방증이다. 결론적으로 지역과 기업이 혁신 성장을 위한 미래 과학기술 투자에 나서도록 제도적·정책적 방안을 마련하는 것이 긴요함을 시사한다.

최근 충북은 우리나라의 과학기술 중심지로 급부상하고 있다. 정부가 신산업으로 육성하고 있는 BIG3(미래차, 바이오 헬스, 시스템 반도체)의 VIP 행사가 두 차례 청주(오창, 오송)에서 개최됐다. 지난해 유치한 다목적 방사광가속기는 국가 및 지역 R&D를 뒷받침할 핵심 연구 인프라다. 전국 유일의 이차전지 소재 부품 장비 특화단지와 강소연구개발특구는 연구 성과를 기술 사업화·활성화하는 혁신 거점이다.

충청권 광역생활경제권은 수도권 일극 집중을 억제하면서 비수도권 소멸 위기를 풀어 갈 '길항 지역'(countervailing region)으로 인식되고 있다. 충북은 새로운 국가균형발전 전략으로 등장한 충청권 메가시티 구상에서 스마트 네트워크의 결절지 역할을 해야 한다. 또한, 국가적 과제인 탄소 중립과 기후 위기에 선제 대응하는 과학기술의 산실이 되어야 한다.

이제 선진국 대한민국은 더 많은 책임과 의무를 부여받게 될 것이다. 더불어 충북은 유능한 강소지역으로 거듭나 국가 경제를 견인해야 한다. '우리가 직면한 문제들은 그것을 발생시켰던 당시와 같은 사고방식으로는 해결할 수 없다'는 알베르트 아인슈타인의 명언을 새겨야 할 시점이다.

인공지능(AI)에서 지역 산업 육성 해법을 찾다

인공지능(AI) 기술 진화와 양질의 데이터들이 융합돼 만들어내는 신세계가 화려하게 펼쳐지고 있다. 실제 사람처럼 말하고 각종 교육 강의를 진행할 수 있는 'AI 강사'가 등장할 것으로 전망된다. 디지털 휴먼의 활용 범위가 에듀테크 산업으로 확장하면서 나타날 결과다. 엔터테인먼트 시장에는 AI 기반 음성 기술이 빠르게 확산하면서 인간만큼 자유자재로 랩을 구사하는 'AI 래퍼'도 탄생했다.

우리나라와 마찬가지로 AI 기술 개발을 선도하는 국가들이 AI 산업 육성을 주요 국가 전략으로 삼는 것은 AI가 바이오 헬스, 반도체, 국방, 보안 등 다양한 분야에서 널리 활용되는 범용 기술(General Purpose Technology)이기 때문이다. 지역 산업 육성의 새로운 성장 모멘텀과 디지털 전환을 위한 해법도 AI에서 찾을 수 있다.

그러나 산업 기술로서 AI의 중요한 역할과 달리 국내 기업의 AI 도입은 부진한 편이다. 올해 초 한국개발연구원(KDI)의 'AI에 대한 기입체 인식 및 실태조사' 결과에 따르면 대상 기업체 중 3.6%만 AI 기술과 솔루션을 도입했다. 이 가운데 대기업이 대부분(91.7%)을 차지했으며 업종별로는 서비스업(55.6%)과 제조업(36.1%) 중심이었다.

AI 기술 도입 효과는 매우 양호하다. AI 기술을 도입한 기업체의 77.8%는 경영 성과에 도움이 됐다고 평가했다. 도입 후 기업 매출액은 평균 4.3%, 인력은 평균 6.8% 증가한 것으로 나타났다. AI 기술은 '의료·건강'(31.4%) 산업에 가장 큰 파급 효과가 있을 것이라 예상됐다. 뒤를 이어 '교통'(19.4%), '통신·미디어'(15.3%), '물류·유통과 제조'(10.4%) 순이었다.

한편 AI 도입의 가장 큰 걸림돌로 '기업 수요에 맞는 AI 기술 및 솔루션 부족'(35.8%)이 꼽혔다. 이에 따라 기업 수요에 맞는 AI 기술 개발과 테스트 베드 구축의 필요성이 제기됐다. 이 같은 기업체들의 수요에 기반을 둔 지역 산업 육성 시책이 지난 5월 24일 과학기술정보통신부와 충청북도, 정보통신산업진흥원이 개소식을 연 AI 융합 지역특화산업 지원을 위한 솔루션 개발 '실증랩'이다.

총면적 261㎡ 규모의 실증랩은 특화산업 관련 기업에서 제공한 다양한 데이터를 가공·학습하고 AI 솔루션을 개발할 수 있도록 조성됐다. 수요 기업이 보유한 데이터 보호를 위해 물리적 보안 시설과 각종 보안 시스템을 철저하게 설계·구비했다.

지역 안팎의 AI 기업들은 그동안 영업 비밀 등을 이유로 확보가 어렵던 산업 현장 데이터를 학습·활용해 AI 기술력을 향상시키고 이를 토대로 신시장 개척에도 나설 예정이다. AI 개발 컨소시엄은 AI 융합 기술 구현을 위한 데이터 진단 컨설팅, 데이터 수집·가공 등을 지원하며 데이터 학습과 알고리즘 개발 및 실증 작업을 수행한다.

충북지역 내 바이오헬스 산업과 스마트 정보기술(IT) 부품 산업 분야의 총 12개 수요 기업들은 총 7천500여만 건과 2만 5천 테라바이트(TB) 이상의 데이터를 구축해 왔다. 이 양질의 데이터는 공급 기업들이 실증랩 안에서 AI 융합 솔루션 개발에 활용하게 된다. AI 융합 실증랩 운영을 통해 2021년 약 3천만 건(바이오헬스 산업 추가 데이터 14.6GB, 스마트 정보기술(IT) 부품 산업 추가 데이터 4.3TB)의 데이터 확보가 목표다.

수요 기업들의 AI 솔루션 실증 세부 과제가 실현되면 지역특화산업 육성의 새로운 전기가 마련될 것이다. 설비관리 효율화, 제품 품질 제고, 제조 비용 절감으로 생산성은 3% 이상 높아지게 된다. 매출 증대·일자리 창출 등의 가시적 성과도 기대된다.

얼마 전 과기정통부는 국내 AI 기술과 산업 발전의 촉진제가 될 AI 학습용 데이터를 순차적으로 공개한다고 발표했다. 그간 미흡하던 '데이터 개방 등 AI 인프라 구축' 상황이 개선되고 있다. 한국형 디지털 뉴딜 정책의 일환으로 시작한 'AI 융합 지역특화산업' 지원 사업이 국가 디지털 대전환의 시금석이 되길 희망한다.

비슷하면 지는 거다

'비슷하면 지는 거다'는 문영미 하버드대 경영대 교수가 펴낸 책,

'디퍼런트'(Different)에서 동일함이 지배하는 시장을 주도하는 사람들의 세상 경영법을 설명하는 소제목이다. 많은 기업이 차별화를 외치고 있지만, 실상은 경쟁할수록 제품들이 유사해진다고 주장한다.

특정 카테고리가 성숙할수록 그 범주 안의 브랜드와 제품이 늘고 제품 간 차이는 좁아진다. 아주 열성적인 소비자 외에는 차별화를 실감할 수 없게 돼버리는 것이다. 이러한 '진화의 역설'을 거치면서 기업경쟁력은 계속 약화한다고 경고한다.

더욱더 치열하게 경쟁할수록 기업들은 차별화에서 멀어지고 닮아가면서 자기 파괴적 악순환을 거듭하는 까닭이다. '차별화는 전술이 아니다. 일회성 광고 캠페인도 아니다. 진정한 차별화란 새로운 생각의 틀이다. 새로운 눈으로 세상을 바라보는 태도다'라고 강조한다.

'디퍼런트'는 2011년에 출판됐다. 그때는 2000년대 후반 미국에서 촉발된 금융위기가 전 세계로 파급되면서 큰 혼란을 겪은 직후였다. 1929년 경제 대공황에 버금가는 수준이었다. 문 교수는 풍요의 시대가 저무는 것을 목격하면서 향후 비즈니스 세계가 추구해야 할 '다름'을 살펴야 한다는 절실함에서 책을 썼다고 피력했다. 새삼 이 책에 눈길이 가는 것은 그 상황과 지금이 비슷하다고 느껴지기 때문이다.

미국 뉴욕타임스 칼럼니스트 토머스 프리드먼은 코로나19 사태를 기점으로 BC(Before Corona)와 AC(After Corona)로 인류사를 나눌 수 있다는 견해를 밝힌 바 있다. 지난해 말 국내 한 경제일간지와의 인터뷰에서 '지정학적 팬데믹(9 · 11테러), 금융 팬데믹(글로벌 금융위기), 생물학적 팬데믹(코로나19 사태)에 이어 생태학적 팬데믹(기후위기)이 초래될 것'이라고 주장했다. 앞으로 '거대한 창의적 파괴의 시대'가 될 것으로 내다봤다. '창의적 파괴'란 급속한 디지털 혁신을 의미한다.

팬데믹 1년은 디지털화 5년을 앞당길 것이라는 예측대로 국내 시장이 요동치고 있다. 플랫폼 기업 카카오·네이버가 코스피 시가총액 3, 4위에 등극했다. 인터넷 은행들이 직원 채용을 늘리는 반면 전통의 시중 은행들은 인원 감축에 나설 계획이다. 유통업계의 온·오프라인 경계가 무너지면서 유통업계가 대혼돈에 빠져들고 있다. 온라인 배달 시장 규모가 오프라인 외식 시장을 넘어서면서 속도전이 거세다.

정부가 발 빠르게 나섰다. 얼마 전 기획재정부는 관계부처 합동으로 코로나19 사태를 겪으며 취약해진 경제 체질을 개선하기 위한 '2021년 하반기 경제정책 방향'을 발표했다. 각국 간 경쟁에서 뒤지지 않기 위해서다. 또한, 각 지자체는 4차 산업혁명과 포스트 코로나19 시대의 경제·사회 구조 전환과 기후 위기 등 정책 환경 변화에 선제적으로 대응하기 위해 지역맞춤형 미래 20년 발전 전략을 수립하고 있다.

여기서 명심해야 할 것은 경제 주체들이 점점 '차별화의 대가'가 아니라 '모방의 대가'가 되어가고 있다는 지적을 되새기는 일이다. 이광형 KAIST 총장은 한국에 일류 대학이 없는 이유가 교수·학생·국민 모두 일류 의식이 없기 때문이라고 일갈했다. 다른 나라 대학과 차별화된 연구를 위해 남을 모방하지 말아야 하며, 세상에 없는 문제를 찾아 연구함으로써 다른 사람이 따라오게 해야 세계 일류 대학이 나올 수 있다고 강조한다. 문영미 교수와 생각의 결이 같다.

무엇보다도 치열한 경쟁 속에서 차별화가 이뤄진다고 생각하는 도식적인 생각에서 벗어나야 한다. 각국 및 지역 간, 기업 간 경쟁할수록 비슷해진 사례들을 눈여겨봐야 한다. 새로운 생각의 틀에 맞는 가치를 실천해야 한다. '넘버원'(No.1)을 넘어 '온리원'(Only One)이 되라는 문 교수의 경구를 새겨야 할 때다. 너무 익숙해지면 지는 거니까.

지역특화산업이 AI 장착하고 진화한다

지난달 특허청은 미국의 한 인공지능(AI) 개발자가 AI를 발명자로 표시한 국제 특허 출원에 대해 수정 요구서를 보냈다고 밝혔다. 우리나라 특허법과 관련 판례는 자연인만을 발명자로 인정하고 있기 때문이다.

우리나라에 앞서 유럽과 미국 및 영국 특허청도 같은 결정을 내렸다. 이들 사례는 현재 AI가 인간처럼 특허법상 발명자가 될 수는 없지만 인정해야 할 시점이 가까워졌음을 의미한다.

4차 산업혁명의 핵심 기술인 AI 발전 속도는 매우 빠르다. 지금까지 사람이 인공지능을 구축했다면 이제는 AI가 스스로 발전하는 단계에 진입했다. 슈퍼컴퓨터로 100년 걸릴 연산이 양자 컴퓨터 시대에선 100초면 가능할 수 있다. AI의 고도화와 이를 촉매로 한 혁신은 더욱 가속화될 전망이다.

최근 임베디드 운영 체제 시장을 선도하는 '윈드리버'가 미국·중국

경영진을 대상으로 코로나19가 기술 결정에 미치는 영향을 조사한 바로는, 대상 기업 45%는 실시간 데이터에 잘 대응하고자 데이터 기반의 AI 등 디지털 기술 투자를 늘렸다고 응답했다. 코로나19로 인해 기업들의 투자 우선순위가 바뀌고 있음을 알 수 있다.

국내 기업들도 마찬가지다. 대표적인 통신업체와 e-커머스 플랫폼 기업은 통신사 네트워크 및 빅데이터, AI 기술을 토대로 한 바이오 헬스케어 분야 투자 협력을 강화한다고 발표했다. 한 제약 회사는 미국 바이오 기업과 함께 빅데이터 플랫폼이나 AI를 통해 최적의 항암 신약 후보 물질을 탐색하는 연구개발에 나섰다.

4차 산업혁명의 성공 비결로 AI 기술 확보, 양질의 데이터 그리고 이들의 유기적 융합이 꼽힌다. 지난 5월 24일 과학기술정보통신부와 충청북도가 개소식을 열었던 AI 융합 지역특화산업 지원을 위한 솔루션 개발 '실증랩'이 주목받는 이유다.

본 사업은 정부가 추진하는 디지털 뉴딜의 대표 과제인 인공지능 융합 프로젝트(AI+X) 중 하나로, AI를 생산 공정 등에 활용하여 지역 산업 혁신을 지원하는 사업이다. 이로써 참여 기업들의 설비 관리 효율화, 제품 품질 제고, 제조 비용 절감으로 생산성을 3% 이상 높여서 매출 증대 · 일자리 창출 등 지역 경제활력 제고에 기여할 것으로 예상한다.

이날 4개 수요 기업은 사업 참여를 계기로 기술 도입을 위한 데이터 구축, 자동화 및 지능화 솔루션 개발에 2023년까지 총 1천748억 원을 투자한다고 밝혔다. 본 사업비 130억 원을 마중물로 해서 13배에 이르는 기업 투자를 이끌어내는 성과를 거둔 것이다.

얼마 전 발표된 산업연구원 자료를 보면, 우리나라 산업의 활력 또는 역동성을 보여주는 구조변화지수가 2010년대에 들어와 1970년대의 절반 이하 수준으로 하락한 것으로 나타났다. 산업 전반의 생산성 향상을 위해서는 인적자본 확충 및 무형자산 투자 확대, 융합 관련 규제 완화, IT 인프라 구축을 통해 물적 투입의 한계를 극복하면서 코로나19 등 급속한 경제 환경 변화를 정책에 적극적으로 반영해야 한다고 제언했다.

특히 비수도권의 경쟁력 약화는 지역 주력산업이 침체하고 신성장 산업 발전이 지체되면서 양질의 일자리가 줄어드는 것이 원인이다. 4차 산업혁명과 코로나19로 인한 제조 · 서비스업 생산 및 수요, 라이프 스타일, 지역 산업 패러다임 등의 변화에 대응하는 새로운 성장 전략이 시급히 요구된다.

이번 '실증랩' 개소는 충북의 지역특화산업에 AI를 장착하고 지역혁신 모델을 찾아가는 출발점이면서 비수도권 지역맞춤형 산업기반 조성의 시금석이 될 것이다. 또한, 4차 산업혁명 시대에 지역별 신성장 산업 육성의 전초기지로서 국가균형발전에 기여할 것이다.

제프 베이조스의 꿈

오늘을 사는 현대인들이 늘 주목하고 닮고 싶은 인물 중에는 아마존의 CEO 제프 베이조스와 테슬라의 CEO 일론 머스크가 있다. 빌 게이츠, 마크 저커버그, 스티브 잡스 등과 함께 4차 산업혁명 시대의 대표 인물이자 이름이 곧 기업이고 브랜드인 창업가들이다.

세계 부호 순위에서 1, 2위를 다투는 억만장자이면서 '우주 전쟁' 또는 '우주 굴기'라는 키워드를 통해 끊임없이 일반인의 지적 호기심을 자극하는 혁신의 아이콘들이다.

제프 베이조스와 일론 머스크는 공통점도 있지만, 개성이 뚜렷해서 호사가들의 입방아에 자주 오르내리곤 한다. 둘 다 아이큐가 좋은 천재 기업가로 알려졌으면서도 성격과 스타일, 기업 운영 면에서는 매우 달라 자주 비교 대상이 된다.

아마존과 테슬라라는 테크 기업을 성공적으로 이끌고 있으나 그다음 행보에서는 치열하게 맞부딪치고 있다. 2000년에 베이조스가 우주 벤처 기업 '블루 오리진'을 세운 후 2002년 머스크는 '스페이스X'를 설립했다. 그런데 먼저 세계 최고의 민간 우주 기업으로 등장한 것은 후발 주자 '스페이스X'다.

2015년 머스크는 '스타링크'라는 위성 인터넷 프로젝트를 시작했다. 수만 개의 인터넷 위성을 지구 궤도에 띄워 인터넷 접속이 어려운 오지 사람들까지 수십억 명을 하나로 연결하는 사업이다. 베이조스도 2019년 같은 목표의 '카이퍼'를 출범했다. 결국, 2020년 베이조스가 자율 주행차 스타트업 죽스(Zoox)를 인수하자 심기가 뒤틀린 머스크는 그를 '카피캣'(따라쟁이)이라고 조롱하기도 했다.

특히 제프 베이조스는 뛰어난 경영 성과만큼이나 올해 3분기에 최고 경영자(CEO)직을 내려놓겠다는 '깜짝 퇴진'으로 시장을 놀라게 했다. 아마존의 지난해 4분기 매출이 전년 대비 44% 증가하면서 사상

치음 1천억 날러 매출 실적을 발표한 날이었다.

경제 전문 방송 CNBC는 그의 업적 중에서 '데이 원'(Day 1)을 강조하는 '아마존 웨이'(Amazon Way) 정립을 가장 위대한 유산으로 뽑았다. 데이 원은 비즈니스에 임하는 자세와 사고방식이며 끊임없이 발명하고 호기심을 가져야 한다는 마인드셋이다. 반면 '데이 투'(Day 2)는 정체 상태에서 서서히 퇴보하다가 괴롭고 고통스러운 쇠락으로 이어지는 파국을 의미한다.

베이조스의 데이 원 정신을 지켜나가는 14가지 가치의 아마존 리더십, 즉 아마존 웨이는 고객 최우선주의를 표방한 '고객 집착'(Customer Obsession), 단기적 실적이 아닌 장기적 가치에 중점을 두는 '주인 의식'(Ownership) 등으로 명료하게 정리됐다.

주요 언론에서는 베이조스의 은퇴 선언 이후 진로에 대해 여러 가지 전망들을 내놨다. 많은 이들은 본인이 직접 쓰고 최근 발간한 책 '제프 베조스, 발명과 방황'에서 해답을 찾는다. 유년기부터 우주를 가슴에 품었던 까닭에 민간 우주 기업 '블루 오리진'에 안착할 것으로 예상한다.

그는 어린 시절 발명가였다고 회고했다. '끊임없이 발명하세요. 그리고 아이디어가 처음에 말도 안 되는 것처럼 보인다고 절망하지 마세요. 방황하는 것을 잊지 마세요. 호기심이 여러분의 나침반이 되도록 하세요'라고 지금도 직원들을 다독인다.

상상에는 한계가 없다. 상상은 도전의 출발점이다. '미래는 예측하는 것이 아니라 상상하는 것'이라고 앨빈 토플러는 강조했다. 아마존을 넘어 우주로 향하는 제프 베조스의 꿈은 아직도 진행형이다.

충청권이 메가시티 추진의 핵심이다

충청·대전·세종(충대세)을 아우르는 민간 차원의 메가시티 논의가 본격화됐다. 지난달 말 (사)충대세희망도시포럼이 주관한 '2021 CDS(충대세) Mega-City' 관련 행사가 성황리에 개최됐다. '지역균형발전과 혁신의 바람으로 미래 충청 100년을 설계하다'라는 제목이었다.

지난해 충청권 4개 시도는 상생과 공동 발전을 위한 충청 메가시티 구축에 합의했으며, 이번 달 초 시도 연구원과 함께 '충청권 광역생활경제권 전략 수립'을 위한 공동 연구 착수 보고회를 열었다. 오는 11월까지 충청권 메가시티 구축과 발전을 위한 비전 및 목표, 핵심 분야별 발전 전략, 실행계획을 마무리할 예정이다.

이에 대한 보완으로 각계 민간 전문가들이 모여서 충청·대전·세종의 새로운 미래를 이야기하는 첫걸음을 뗀 것이다. 이번 행사는 지자체와 지역민들이 공감대를 형성하고 방향성을 공유하는 과정으로서 매우 중요한 의미가 있다.

현재 메가시티나 행정 통합 추진은 비수도권을 중심으로 가장 뜨거운 주제로 부상했다. 수도권 인구가 50%를 넘어섰고 지역은 인구 감소로 소멸 위기에 직면했다. 지역내총생산(GRDP) 52.0%, 신용카드 사용액 72.1%, 1천 대 기업 본사 75.4%가 수도권에 집중됐다. 특히 젊은이들이 수도권으로 몰리고 있다. 젊은 인재들이 떠나는 비수도권은 희망이 없다.

코로나19 확산 이전보다 더 빠르게 수도권으로 집중되고 있는 지금은 백약이 무효인 상황이다. 심각한 지역 간 불균형을 극복하기 위해 지역 주도의 다양한 시도들이 이어지고 있는데 충청권과 부·울·경 (부산, 울산, 경남) 메가시티 논의가 순조롭게 진행되고 있다. 반면 행정 통합으로 접근했던 대구·경북과 광주·전남은 지지부진한 실정이다.

한편으로 우려의 목소리가 없는 것은 아니다. 행정력 낭비만 가져오는 것 아니냐는 지적과 정부 정책지원이 불확실하다는 의견이 표출됐다. 이에 대해 정부는 국가균형발전을 시급한 과제로 인식하고 각 지역의 경쟁력과 비전을 심어주는 메가시티 추진에 힘을 실어줄 방침이다. 얼마 전 대통령 소속 자치분권위원회와 국가균형발전위원회는 '메가시티 지원 범부처 TF'를 출범시키고 다양한 협력 방식 논의에 체계적으로 대응하면서 맞춤형 지원 방안을 마련하고 있다.

우리나라의 권역별 제반 여건은 사뭇 다르다. 초광역 균형 발전 전략이 지속 가능한 성장을 이루는 첩경이라 해도, 주요 목표, 핵심 전략, 협력 사업 도출 등에서 차이가 있을 수밖에 없다. 결국, 권역별 메가시티 조성은 바둑 용어인 '착안대국(着眼大局) 착수소국(着手小局)', 즉 대승적으로 멀리 생각하고 작은 실적들을 꼼꼼히 쌓아서 큰 성공을 이끄는 전략에서 해법을 찾아야 할 것이다.

충청권의 주변 환경은 타 권역에 비해 양호하다. 최근 대통령 직속 국가균형발전위원회가 중소벤처기업진흥공단·한국생산성본부와 공동으로 수도권에 있는 2,188개 중소기업에 대해 설문조사를 한 결과 가장 선호하는 이전 지역은 충청권(57.9%)이었다. 이어 부산·울산 · 경남(27.3%), 광주 · 전라(16.2%), 대구 · 경북(14.0%) 순이다. 이는 입지, 교통 · 물류, 인력 확보 등에서 비교 우위에 있음을 입증한 것이다.

충청권 메가시티 구상은 인구 증가 추세, 산업 · 행정 · 인적 자원 기반 및 네트워크, 역사 · 문화적 정체성 등에서 부족함이 없다. 성공의 요체는 정부가 상향식 · 지역 주도의 유연한 메가시티 조성을 과감히 지원해야 한다는 점이다. 일례로 기존 경부축 중심의 불균형 발전 대안으로 '강호축' 발전 전략을 발굴 · 제시했던, 충북이 주장하고 있는 충청권 광역 철도망 노선의 청주 도심 통과 논란에 대해 지역 수요를 적극 반영하는 결단이 필요하다. 충청권이 메가시티 추진의 핵심 권역으로서 지역 발전은 물론 국가균형발전의 버팀목이 되길 기대한다.

지방을 살리려면

통계청이 발표한 '2월 산업 활동 동향'에 따르면, 전산업 생산은 전월 대비 2.1% 증가, 전년 동월 대비 0.4% 증가했다. 광공업 생산은 전월 대비 4.3% 늘었다. 한국은행의 발표 자료에는 3월 제조업 및 비제조업 업황 기업경기실사지수(BSI)가 각각 89와 77로 전월보다 7p, 5p 상승한 것으로 나타났다. 경제심리지수(ESI)는 101.3으로 전월 대비 4.7p 높아졌다.

지역 살리기, 거침없이 피보팅하라

수치상으로 코로나19 사태로 인한 경제적 상처가 봉합되는 느낌이다. 하지만 긴장을 풀기에는 아직 이르다. 회복 양상이 일부에 집중되면서 불균형이 심화하고 있기 때문이다.

오늘날 우리 사회를 관통하는 키워드는 '불평등'과 '양극화'다. 경제지표 내에서 확인되는 부문별·업종별 양극화, 수출과 내수의 양극화, 구직난과 구인난의 고용 양극화, 디지털과 아날로그의 양극화 등 코로나19 여파가 전 분야를 혼돈으로 내몰고 있다.

세계경제포럼(WEF·다보스포럼)의 '2021년 글로벌 리스크 보고서'에서는 코로나19가 인적·경제적으로 막대한 비용을 초래했고 빈곤과 불평등을 줄이기 위한 수년간의 노력을 후퇴시켰다고 언급했다. 다보스포럼은 '위대한 복귀'(The Great Reset)를 핵심 의제로 설정하고 코로나19 극복을 위한 새로운 글로벌 협력 모델을 공유할 계획이다.

이 시점에서 우리나라의 최대 난제인 수도권과 비수도권 간 양극화 문제를 재정립하고 과감한 해법을 찾아야 한다. 아직도 인구, 자본, 일자리, 사회서비스가 수도권으로 빨려드는 현상은 완화되지 않고 있다.

포스트 코로나 시대의 양극화 해소를 위해서 거대 담론으로 접근하는 사회 문제 해결 방식은 지양돼야 한다. 추상적인 이론 영역에서 실용적·미시적으로 바뀌어야 한다. 그런 차원에서 대한상공회의소 회장 취임을 앞둔 최태원 SK그룹 회장이 대한상의 내 지역경제팀을 만들어 지역 간 양극화 문제 해결에 힘쓰겠다고 밝힌 것은 대단히 긍정적이다.

4차 산업혁명 기술의 발달과 코로나19로 가속화되는 원격 및 재택근무 활성화, 타인에게 휘둘리지 않는 자신만의 라이프 스타일을 중시하는 가치관 확산 등은 지역 사회에 신선한 변화를 가져다줄 전망이다.

오랫동안 물질주의가 만연했던 우리나라에 탈(脫) 물질주의를 수용한 밀레니얼 세대가 본격적으로 사회에 진출하면서 그 경향이 확산하고 있다. 뉴 노멀 시대에 삶의 질, 개방성, 도시 문화를 즐기는 선진국형 트렌드가 주목받고 있는데 바로 '로컬 지향'이다.

연세대 모종린 교수는 저서 '머물고 싶은 동네가 뜬다'에서 로컬 비즈니스 성공 모델을 3가지로 정리했다. 첫 번째는 앵커 스토어 비즈니스다. 앵커 스토어는 혁신성, 지역성, 문화성을 바탕으로 그 지역의 랜드마크가 되는 것을 추구한다. 두 번째는 라이프 스타일 비즈니스다. 단순한 '물건'이 아니라 라이프 스타일을 팔아야 한다. 세 번째는 인프라 비즈니스다. 특정 공간에 얽매이지 않고 미디어, 유통, 이커머스 등 로컬 크리에이터들에게 인프라 서비스를 제공하는 방식이다. 3가지 비즈니스모델의 경쟁력은 지역성과 콘텐츠다.

충북의 경우 캐나다의 저명한 도시학자 리처드 플로리다(Richard Florida)가 핵심 자원으로 강조했던 '창조 계급' 측면에서 매우 양호하다. 서울연구원 자료에는 2010~2017년 동안 충북 창조 계층 인력의 연평균 증가율이 전국 평균 1.6%의 두 배에 이르는 3.2%로 나타났다.

그간 국가 산업 유치를 위해 지역들이 치열하게 경쟁했던 수도권 중심의 산업 사회 틀에서 벗어나 지역의 '킬러 아이템'을 개발하고 지역내에서 선순환하도록 하는 '스몰 비즈니스', '마이크로 타운' 구축 전략을 시급히 마련해야 한다. 로컬 지향은 글로벌 현상이다. 다양성과 창의성을 시대정신으로 받아들이는 밀레니얼과 Z 세대의 등장은 로컬의 미래를 밝게 한다. 지방의 지속 가능한 내일을 열어갈 대전환의 기회를 잡아야 한다.

창업 생태계 조성이 경제 회복의 희망이다

최근 우리나라와 미국에서 경기 논쟁이 한창이다. 쟁점은 인플레이션과 스태그플레이션 간의 판단 차이에서 기인한다. 현대경제연구원은 발표 자료를 통해 현 단계에서 저성장·고물가를 의미하는 스태그플레이션을 논하기 어려우나 그 가능성을 배제하기 어렵다고 밝혔다. 반면 일부 전문가들은 스태그플레이션으로 해석하기에 무리가 있다고 주장한다.

요즘 미국 경제학계에서는 인플레이션 가능성을 둘러싸고 대표 학자들 간 논쟁이 벌어졌다. 오바마 정부의 국가경제위원회 위원장이었던 로렌스 서머스 교수는 대규모 재정 부양책으로 인해 인플레이션 압력이 발생할 수 있다고 우려했다. 그러나 노벨 경제학상 수상자 폴 크루그먼 교수는 인플레이션보다 스태그플레이션이 더 심각해 보인다고 되받아쳤다.

코로나19에 대응하는 부양책은 보통과 확연히 다르고, 경기 과열 가능성도 있지만, 불황 위험이 훨씬 크다는 점에서 시장 수요 확대에 부응하는 기업들의 투자 의욕 고취를 강조한다. 포스트 코로나 시대의 신(新)제품·서비스를 창출하는 혁신 기업이 중요해지는 이유다.

이러한 관점에서 주목되는 것은 정보기술(IT)업계에서 성공 신화를 이룬 최고경영자들이 재산을 사회에 환원하겠다는 약속이다. 미국에서는 거액의 '기부왕'이 심심찮게 등장했지만, 한국에서는 유례를 찾아보기 힘들 정도로 파격적이다. 이들에게서 많은 시사점을 찾을 수 있다.

우선 자수성가로 축적한 부(富)를 자연스레 사회에 환원하는 새로운 '노블레스 오블리주'의 첫걸음이라 할 수 있다. 김범수 카카오 의장과 김봉진 우아한형제들 의장의 '재산 절반' 기부 금액은 각각 최소 5조 원, 5천500억 원에 달한다. 이들의 나이가 한창 일할 40~50대 젊은 기업인들이라는 점이 남다르다. 과거 재벌들이 가지고 있었던 행태와는 사뭇 다른 행보여서 더욱 이목을 끈다.

또한, 4차 산업혁명 시대의 목적의식과 시대정신이 뚜렷하다. '여러 참여자를 연결해 생태계를 만드는 플랫폼 사업의 성과는 기업가나 주주뿐 아니라 참여자, 그리고 우리 사회가 나누는 것이 옳다고 생각했다'는 이재웅 쏘카 이사회 의장의 발언은 이를 웅변한다. 플랫폼 경제에 편입돼 사는 현대인들이 유념해야 할 교훈이다.

한편 자라나는 청소년들에게 성공의 롤 모델을 보여주는 긍정적 사례라 할 수 있다. IT 분야의 젊은 부자 중에는 명문 대학 졸업자가 아닌 경우도 많다. 창의적으로 사고하고 호기심으로 무장해 숱한 난관을 극복한 도전 정신의 산증인들이다. 무엇보다 이용자 편에 서서 세상의 불편함을 해결하려는 실천가들이다. 청소년들에게 미래 좌표의 폭을 넓혀줬다는 측면에서 대단히 교육적이다.

중소벤처기업부의 최근 발표 자료를 보면 코로나19에도 혁신 벤처·창업 기업은 고용을 크게 늘린 것으로 나타났다. 2020년 한 해 동안 벤처 기업은 약 5.3만 명, 벤처 투자받은 기업은 약 1.3만 명 고용이 증가했다. 이 중 35% 이상은 만 30세 미만 청년이었고 43% 이상은 여성이었다. 청년과 여성 취업의 관문인 셈이다. 충북은 벤처 투자 규모가 17개 시도 중에서 8위(1.3%)인데 비해, 2019년 대비 2020년 고용 증가 순위는 6위(2.0%)로 상대적으로 고용 창출력이 양호한 것으로 분석됐다.

충북은 '사회적 책임'과 '선한 영향력'의 가치를 솔선수범하는 창업가가 양성되도록 건강한 창업 문화 진흥책을 준비해야 한다. 벤처·창업 기업을 선호하는 젊은 인재들의 역외 유출을 방지하고 여성의 경제 참여를 확대하여 경제 회복의 전기로 삼아야 한다. '대한민국에 없는 회사', '300년을 이어갈 기업'을 만들겠다는 당찬 창업가들이 후배 기업가를 육성하는 선순환의 창업 생태계 조성은 경제 활성화는 물론 인구감소를 막는 첩경이 될 것이다.

코로나19 이후, 공간 재편은 시작됐다

지난해 말 미국 경제 전문 통신사 블룸버그는 '코로나19 이후 세계 경제에서 영원히 바뀐 10가지'를 소개했다. 경제적 측면을 중심으로 로봇의 확대와 화이트칼라 직종의 재택근무 정착, 글로벌 불평등 심화 등을 꼽았다. 영원히 바뀔 것인지 확신할 수 없지만, 이 변화는 상당 기간 유지될 가능성이 크다고 밝혔다.

지난해 5월 기준으로 미국 국내총생산(GDP)의 3분의 2는 재택근무자들에 의해 창출됐다는 자료를 인용하면서 '사무실 근무 체제'에 의존해온 직종(상업용 부동산과 식당·카페, 교통서비스 등)에 대한 부정적 영향과 화상회의 시스템 업체 '줌'(Zoom)으로 대표되는 새로운 산업의 등장을 대비해서 설명하고 있다.

실리콘밸리의 상징과도 같은 휴렛 패커드(HP), 테슬라, 오라클이 텍사스로 이전하면서 그 이유에 관심이 집중됐는데 실리콘밸리의 높은 생활비와 부동산 가격, 각종 세금과 규제 등이 거론된다. 스마트폰과 모바일, 클라우드와 인공지능 열풍이 불면서 세계의 인재와 부를 빨아들이는 블랙홀이 됐지만, 전국 최고 수준의 주거 비용, 늘어난 출퇴근 시간 등으로 삶의 질이 하락했다. 이러한 현상은 일본 도쿄에서도 감지된다. 도쿄 인구 감소와 함께 특히 20~30대 젊은이들이 '도쿄의 꿈'을 포기하고 이탈하고 있다.

코로나19로 인해 미국의 산업 허브가 재편될 조짐을 보이고 탈실리콘밸리, 탈뉴욕이 잇따르면서 이를 활용한 도시마케팅도 등장했다. 얼마 전 미국 경제잡지 '포브스'는 여러 중소도시와 주 정부들이 현금 지급 프로그램을 내세우며 외지인들의 전입을 독려하고 있다고 보도했다.

오클라호마주 2대 도시인 털사시의 경우 지난해 시작한 '털사 리모트 프로그램'(Tulsa Remote Program)을 통해 타 도시의 재택근무자들이 거주지를 옮기면 이주비 명목으로 현금 1만 달러(약 1천100만 원)를 지급하고 있다. 한편 파이낸셜타임스(FT)에 따르면 재택근무가 가능한 '디지털 노마드'들을 대상으로 바베이도스는 1년짜리 재택근무 비자를 발행했다.

코로나19 이전의 인구이동과 공간 구조와는 사뭇 다른 방향이 전개되고 있다. 코로나19 확산으로 많은 사람이 모일수록 좋은 공간이라는 도시의 근본 공식이 흔들리면서 공간 구조가 급속히 재편될 것이라는 견해가 우세하다.

인구절벽과 지방소멸 문제는 우리나라의 가장 심각한 사안이다. 2020년을 기점으로 '인구 데드크로스' 발생했고 수도권 인구가 비수도권 인구를 역전해 지역 공동화 현상이 심화하고 있으며 베이비붐 세대의 고령층 진입이 본격화되고 있다.

통계청의 '2020년 국내 인구이동통계 결과'에 의하면 충북은 세종, 경기 등과 함께 전입자가 전출자보다 많아 순 유입을 보인 6개 시도 중 한 곳이다. 10대와 20대를 제외한 전 연령층에서 순 유입됐다. 주된 전입 사유로 주택 문제가 꼽히는데 충북은 직업 때문이었다. 그만큼 일자리가 상대적으로 양호하다는 증거다. 또한, 충북은 경제 위기에 대한 회복 탄력성이 우수한 것으로 나타났는데 제조업 비율, 상용근로자 비율 등과 상관관계가 높았다.

인구구조 변화와 이동요인을 고려한 맞춤형 인구 유입정책을 모색해야 할 시점이다. 코로나19를 계기로 도심은 여러 개의 부도심으로, 밀집구조는 다핵구조로 바뀌는 공간 자체의 변화가 예상되는바 여기서 새로운 기회를 찾아야 한다. 우선 충북 전 지역은 비즈니스 패턴의 진화에 맞춰 디지털과 클라우드 기술을 매개로 공간 연결성을 강화해야 한다.

과학기술을 선도할 수 있는 데이터 기반의 융·복합 연구 활성화를 위해 원로 과학자와 전문 인재들을 위한 정주 환경도 고민해야 한다. 신기술·신산업 창출을 위한 실증 테스트 베드도 필요하다. 공간 재편에서 얻어진 새로운 지역 가치를 알리는 장소 마케팅도 요구된다.

충북형 일자리 창출 전략

고용 한파가 매섭다. 예측은 했지만 얼마 전 통계청의 '2020년 12월 및 연간 고용동향' 발표 결과는 공포감을 느끼게 한다. 지난해 연간 취업자 21만 8천 명 감소는 외환위기 이후 최대 폭이다. 취업자 수가 줄어든 것은 글로벌 금융위기 이후 11년 만이다. 일시 휴직자 43만 명 증가는 1980년 관련 통계 작성 이래 가장 많다. 취업자는 60세 이상을 제외하고 모든 연령대에서 감소했지만, 청년층에게는 더욱 혹독했다. 지난해 12월 기준으로 체감실업률(확장실업률)은 5.2%p 높아진 26.0%에 달했다.

충북의 경우 다른 지역과 달리 상대적으로 나은 편이다. 지난해 총 취업자 수는 89만 명으로 1만 명 증가했다. 고용률 63.2%, 실업률 3.2%는 전국의 60.1%, 4.0%와 비교해 고용률은 높고 실업률은 낮은 수치다. 전문가들은 제조업 중심의 산업구조와 IT · BT 등 다양한 미래 성장산업 분포에 기인하는 것으로 진단한다.

코로나19의 전 세계 확산은 글로벌 경제를 블랙홀처럼 빨아들였다. 지난해 회자된 '일시 해고'(Furlough), '필수 인력'(Key Worker), '자가 격리'(Self-isolate), '사회적 거리 두기'(Social Distancing), '코로나 블루' 등의 단어에서 침체한 경제 상황이 여실히 묻어난다. 고용 위기는 전 세계 국가의 보편적 현상이었다.

향후 백신 · 치료제로 회복 모멘텀이 가시화되겠지만, 국지적인 코로나19 재확산 가능성을 간과할 수 없다. 코로나19로 인한 위기는 과거와 분명히 다르다. 따라서 코로나 이전을 토대로 한 '준거 의존성'(reference dependence)에서 벗어나 코로나 이후에 맞는 새로운 기준을 설정해야 한다. 이제 반전을 준비해야 할 시점이다.

노벨경제학상 수상자인 라스 피터 핸슨 미국 시카고대 교수는 코로나19를 극복하려면 새로운 기업을 창출하는 정책이 중요하다고 언급했다. 포스트 코로나 시대엔 기존 기업의 정상화뿐만 아니라 새로운 제품 · 서비스를 창출하는 혁신 기업이 중요해지는 만큼 기존 정책과는 다른 발상의 전환이 필요하다는 점을 강조한 것이다.

매년 초에 열리면서 최신 산업 · 기술 트렌드를 살펴볼 수 있는 '국제전자제품박람회'(CES)는 유용한 시사점을 준다. 'CES 2021'의 새로운 화두는 '디지털 전환'을 넘어선 '문명적 전환'(Civilizational Transformation)이었다. 기존 산업에 디지털을 입혀서 업그레이드하는 것이 아니라 인간사회를 움직이는 에너지, 도시, 데이터 지배구조, 인프라를 대개조하는 거대 담론으로 이어지고 있다.

이번에도 국내 대표 기업의 제품들은 기술력과 혁신성을 인정받았다. 중소벤처기업 20개 사가 혁신상을 받았다. 중기부의 '2020년 벤처 기업 정밀 실태 조사' 결과에서 그 저력이 확인됐다. 벤처 기업에서 일하는 정규직 고용인원은 4대 그룹 전체보다 10만 명 이상 더 많았다. 4대 그룹의 5.6배에 달하는 근로자를 새로 채용했다.

벤처 기업의 총매출액은 삼성에 이어 재계 2위 수준이었다. 매출액 대비 연구 개발비 비중은 4.9%로 대기업 1.7%보다 3배 가까이 높았다. 벤처 기업이 신규 고용 창출과 일자리 안정, 매출 면에서 우리나라 경제의 주역으로 등장한 것이다. 여기서 해법을 찾을 수 있다.

충북의 일자리 창출 전략은 견고한 제조업 기반과 폭넓은 신성장동력산업이 포진된 '충북 프리미엄'을 최대한 살려야 한다. 새롭게 열리는 '문명적 전환'에 대비해 산업·고용정책의 개선이 아니라 전면적인 '빅 피처'(Big Picture)를 그려야 한다. 그래서 노동 절약형 기술 진보와 노동 친화적 산업 간 조화를 이루도록 해야 한다. 제조업과 서비스업을 동반 성장시킬 수 있는 '서비스 중심 제조업 성장전략'을 마련해야 한다. MZ 세대들의 활동 폭을 넓혀주기 위해 벤처성공의 꿈을 키울 수 있도록 매력적인 창업 생태계를 조성해야 한다.

PART 3

팬데믹 위기의
기술혁신과 산업 경쟁력
(2020년)

2020년은 코로나19가 본격적으로 확산하면서 불안감이 최고조에 달한 해였다. 이와 관련해서 중요성이 강조된 ICT 기술, '초격차'와 '초협력' 등이 주제였다. 위기를 기회로, 혁신, 지역 살리기, 포스트 코로나, 코로나 블루와 같은 초미의 관심사들이 소재가 됐다. 충북 맞춤형으로는 국방벤처센터 성공전략, 빅데이터 거버넌스, 산업구조 변화, 지역 과학기술 대응 등에 대해 대안을 제시했다.

올해의 위기를 내년의 기회로 삼아야 한다

연말쯤이면 흥미로운 것 중 하나가 올해의 단어나 문구를 찾아보는 일이다. 한 해 동안 사람들 사이에 회자 되면서 그해의 상징으로 받아들여지기 때문이다. 얼마 전 영국의 콜린스 사전이 '봉쇄'(Lockdown)를 '2020 올해의 단어'로 선정했다. 콜린스는 봉쇄를 '여행이나 상호작용, 공공 공간에 대한 접근이 엄격히 제한되는 것'으로 정의했다.

국내 최대 이커머스 기업 이베이코리아는 올해 쇼핑 키워드로 '코쿤'(COCOON)을 꼽았다. 이베이코리아는 코쿤을 코로나(COrona), 걱정(COncern), 온라인(ONline) 등 3개 단어로 조합하고, 코로나19 영향으로 야외 활동이 위축된 채 집안에만 갇혀 있는 우리 모습을 누에고치(코쿤족)에 비유한 것이다. 페이스북 화제의 키워드 중 하나는 코로나19 극복을 위한 '집콕'(Stay Home) 문화였다. 이들은 2020년과 떼려야 뗄 수 없는 단어가 됐다.

최근 제롬 파월 미국 중앙은행(Fed) 의장은 앞으로 몇 달간 경제 상황이 매우 어려울 수 있다며 현재의 경기하강에 대해 '우리 생애에서 가장 혹독하다'고 진단했다. 그러나 코로나19 백신 관련 소식을 긍정적으로 평가하고 내년 경제 회복을 견인할 것으로 전망했다.

우리나라를 대표하는 경제연구원장과 경제 · 경영학회장들은 코로나19 대유행의 장기화를 우려하면서 2022년 전후에야 한국 경제가 그 이전 상태로 복귀할 수 있을 것으로 내다봤다. 코로나19 타격에 우리 경제의 기초체력이 약해져서 이르면 내년 하반기부터 회복이 시작될 것으로 판단하고 있다.

사회 전체가 불안과 공포에 떨고 있는 지금 가장 빠르게 이를 떨쳐내는 곳이 주식시장이다. 코로나19로 연일 폭락하던 증시는 연말에 가파른 오름세를 보이면서 코스피 · 코스닥 모두 고점을 돌파 중이다. 주가는 기업가치의 합이다. 시장은 늘 좋은 기업을 찾고 그 미래 가치에 투자한다. 이는 우리 기업이 위기에 강하다는 것을 보여주는 사례라 할 수 있다.

국내의 한 경제주간지가 스타트업 투자자(엑셀러레이터, VC)를 대상으로 설문 조사한 결과, 팬데믹 상황에서도 우리나라 창업 생태계 펀더멘털은 건강하다는 의견이 다수였다. 대기업도 하지 못하는 수많은 일자리를 만들어내고 다양한 인재 배출의 통로가 됐다고 분석했다. 2021년 유망 분야로 바이오 · AI · 이커머스와 SW · 데이터 분석 등이 꼽혔다.

정부도 발 빠르게 내년과 그 이후를 준비하고 있다. 얼마 전 정부는 디지털 뉴딜 성공의 초석이 될 '가상 융합경제 발전 전략'을 발표했다. 코로나19를 계기로 비대면 전환이 가속화되면서 VR · AR을 포괄하는

'가상 융합기술'(XR)이 일상과 산업구조 혁신을 이끌며 경제성장의 새로운 동력이 될 것으로 보고 있다. 가상 융합경제 선도국가 실현을 비전으로 2025년까지 가상 융합경제의 경제적 파급효과 30조 원 달성, 세계 5대 가상 융합경제 선도국 진입이 목표다.

충북경제는 상대적으로 양호한 흐름을 나타내고 있는데 그만큼 제조기반이 튼실하다는 증거다. 지금의 고용 위기 속에서도 지난 11월 기준 충북 고용률은 69.7%로 지난해 같은 달보다 1.4%p 상승했다. 수출 상위 10대 지자체 중 11월까지 누적 수출금액이 전년도 금액을 넘은 곳은 충북이 유일하다. 전체 수출에서 차지하는 충북 비중이 작년 4.1%에서 4.8%까지 확대됐다.

'가상 융합경제 발전 전략'의 정책 수단들은 충북의 내실 있는 제조·바이오·의료산업 경쟁력을 한 단계 도약시킬 것이라 예상된다. XR 기술은 하드웨어, 소프트웨어, 인공지능(AI), 광학, 게임엔진, 그래픽스, 콘텐츠를 아우르는 종합기술로 인정받는다. 불확실성이 높은 상황이지만 내년 이후를 내다보는 선제적 대안 마련이 필요한 때다. 올해의 경제 위기가 조기에 종식되고 내년의 강한 반등과 신속한 회복을 기대한다.

리스크 없는 혁신은 없다

지난 10월 24일 상하이의 '2020 와이탄 금융 서밋'에 알리바바 창업자 마윈이 기조 연설자로 등장했다. 이 자리에서 '리스크 없는 혁신은 없다'는 취지로 발언했다. 평범함에 감춰진 비범함을 소유한 마윈 전 회장의 개혁적 철학을 읽을 수 있어서 전 세계 주목을 받았다.

현재까지 마윈 전 회장의 일생은 평범하지만 드라마틱한 반전으로 요약된다. 어릴 적부터 공부에 취미가 없던 마윈은 삼수 끝에 항저우 사범대학 영어교육과에 합격하고 영어 강사로 사회생활을 시작했다.

능숙한 영어 실력을 갖춘 마윈은 인터넷에 눈을 뜨면서 1999년 1월 B2B 전자상거래 기업 알리바바를 창업했다. 단돈 50만 위안(약 7천만 원)으로 시작한 알리바바는 상거래, 디지털 미디어, 엔터테인먼트, 클라우드 컴퓨팅 및 결제와 금융 서비스업 등을 영위하는 알리바바그룹으로 성장한다. 핵심인 상거래 사업은 B2C 서비스인 티몰(Tmall), C2C 서비스인 타오바오(Taobao)를 주력으로 연 매출 100조 원에 이른다.

마윈은 2003년 거래 플랫폼인 타오바오를 만들어 미국 '이베이'와 경쟁할 때, '이베이가 대양의 상어일지 몰라도 나는 장강의 악어'라며 자신감을 내비쳤다. '2005 부산 APEC CEO 서밋'에서 당시 마윈 알리바바닷컴 사장은 '3년 안에 이베이를 이기고, 야후를 인수하고, 구글 사업을 중단시키겠다'고 호언장담했다. 대부분의 사람들은 허세로 받아들였다.

오늘날 아시아 온라인 유통시장을 장악했다. 중국을 '현금 없는 사회'로 탈바꿈시킨 일등 공신이다. 디지털 사회를 주무르면서 청년들에게 꿈과 희망을 전파하는 혁신의 아이콘이다. 일부 지역에서는 마윈을 재물신으로 섬기기도 한다.

그뿐만이 아니다. 마윈이 이룩한 '중국 굴기'를 토대로, 송나라 때 수도였으며 당시 세계 경제 중심 도시였던 마윈의 고향 항저우는 스마트도시로 변해가고 있다. 알리바바가 입지하면서 그 주변은 첨단 IT기지, 거대한 스타트업의 거점으로 탈바꿈했다. 일종의 '마윈 효과'에 의해 창업 열풍이 불면서 중국의 실리콘밸리로 급부상했다.

도시 자체가 거대한 알리바바 생태계로 변했다. 이곳에서는 '위챗페이'가 아닌 '알리페이'로 결제하는 것이 일상화됐다. '2020 중국 가장 행복한 도시' 선정 결과 항저우는 '신시대 디지털 관리 모범 도시'로 지정됐다.

지금도 마윈 전 회장은 중국을 비롯한 세계의 여러 문제는 혁신을 통해서만 해결할 수 있다고 외치고 있다. 이 세상에 위험 없는 개혁은 없고 반드시 시행착오가 따르기 때문에 실수하지 않는 것이 중요한 것이 아니라 실수를 하더라도 보완해서 혁신을 지속할 수 있어야 한다고 주장한다. 혁신은 주로 시장·대중·청년에게서 나오는 관계로 변화가 빠르고, 기차역을 관리하는 방식으로 공항을 관리할 수 없듯이 어제의 방식으로 미래를 관리해서는 안 된다고 일갈한다. 미래를 향한 특히 중국 변화를 열망하는 마윈의 간절함이 읽힌다.

세계 각국의 경쟁은 나날이 치열해지고 있다. 얼마 전 충북에서는 '2회 충북 창업페스티벌'을 열고 '충북창업포럼'을 발족했다. 지역에만 머물지 않고 우리나라 창업 생태계의 산실로 자리매김할 계획이다. 충북과 대전·세종·충남 등 충청권 4개 광역지자체가 '메가시티' 조성을 추진하기로 했다. 4개 시·도는 수도권 집중 및 일극화에 대응하기 위해 인구 550만 명을 넘는, 글로벌 경쟁력을 갖춘 '메가시티'로

지역 살리기, 거침없이 피보팅하라

육성 · 발전시키겠다는 포부를 밝혔다.

무에서 유를 창조한 마윈 전 회장은 미래는 규제 능력 경쟁이 아닌 혁신 경쟁임을 분명히 하고 있다. 책임과 깊은 고민을 전제로 미래와 청년 그리고 다음 세대를 위한 시스템을 만들어야 한다고 강조한다. 지역의 새로운 구상에 앞서 새겨봐야 할 파괴적 혁신가의 경구다.

지역 살리기, 거침없이 피보팅(pivoting) 하라

새해를 준비해야 하는 매년 이맘때면 내년의 이슈와 트렌드를 전망 책들이 각광받는다. 그중 하나가 '트렌드 코리아' 시리즈다. 올 어김없이 대형 서점의 베스트셀러 종합 차트에서 '트렌드 코리아 2021'은 연속 1위를 기록하고 있다.

2021년 10대 트렌드 키워드는 'COWBOY HERO'다. 날뛰는 소를 마침내 길들이는 멋진 카우보이처럼 팬데믹 위기를 헤쳐나가기를 바라는 희망을 담았다고 설명한다. 특히 '브이노믹스'(V-NOMICS)에 주목했다. 바이러스(Virus)의 첫 알파벳에서 비롯된 단어로 '바이러스가 바꿔놓은 경제'를 뜻한다.

10대 키워드 중 B는 '거침없이 피보팅'(Best we pivot)하는 기업만이 살아남는다는 엄중한 메시지를 담고 있다. 피보팅은 '축을 옮긴다'는 의미의 스포츠 용어였다. 미국 실리콘밸리의 벤처 기업가이면서 '린 스타트업'(Lean Startup)의 저자인 에릭 리스(Eric Ries)에 의해 널리 알려졌다. '창업가가 사업을 진행하는 과정에서 제품·전략·성장 엔진에 대한 새롭고 근본적인 가설을 검증하기 위해 경로를 구조적으로 수정하는 방향 전환'이라고 정의된다.

코로나19에서 비롯된 현 경제 상황처럼 시장이 어떻게 변할지 방향성을 예측하기 어려운 시기에는 실험 정신에 기반한 상시적 혁신, 피보팅을 통해 위기를 타개해 나가야 한다는 점을 강조하는 것이다.

원격수업과 온라인 거래 확산이 놀랄 만큼 빠르게 이뤄졌는데 코로나19 사태가 없었다면 최소 10년은 걸렸을 것으로 예측한다. 최근 사티아 나델라 마이크로소프트 최고경영자는 '앞으로 10년간 모든 비즈니스의 경제적 성과는 디지털 전환 속도에 따라 결정될 것'이라고 언급했다.

디지털 전환이 국가·지역·산업·기업의 생사를 가를 핵심 요소로 등장한 것이다. 각국의 경쟁적 투자로 인해 디지털화는 더욱 가속될 것이다. 문제는 코로나19 사태로 우리 사회가 지니고 있었던 사회적·구조적 문제들이 수면 위로 떠오르고 있다는 점이다. 디지털 접근성에서 차이가 나는 디지털 격차 부작용이 심화하고 있다. 지역 문제도 그중 하나다.

얼마 전 한국고용정보원 이상호 박사는 '포스트 코로나19와 지역의 기회' 보고서를 통해 지방소멸 위험도가 빠르게 진행되고 있다고 밝혔다. 전국 228개 시군구 기준 소멸 위험 지역이 '19년 5월 93개(40.8%)에서 '20년 4월 105개(46.1%)로 12곳 증가한 것으로 분석됐다. 이 같은 수치는 각 연도 5월 기준으로 '17~'18년 기간 동안 4곳, '18~'19년 기간 동안 4곳이 증가한 것과 비교할 때 가파른 상승세다.

지역 살리기, 거침없이 피보팅하라

국가통계포털의 인구이동통계 자료를 분석한 결과, '20년 3~4월 수도권 순 유입인구가 2만 7천500명으로 전년 동기 1만 2천800명보다 2배 이상 증가한 것으로 확인됐다. 연령별로는 수도권 유입인구 3/4 이상(75.7%)을 20대가 차지했다. 일자리 질의 공간적 불평등과 비수도권 청년의 수도권 인구 유출이 아직도 진행 중이다. 대안으로서 4차 산업혁명과 접목된 '스마트 지역 공동체'와 '지방소멸위기지역 지원 특별법'이 제안됐다.

정부의 지역균형 뉴딜 사업과 관련해 시 · 도별 특색을 반영한 사업이 선택 · 추진될 수 있도록 공모가 아닌 1조 원 규모의 '포괄 사업비'를 배분해야 한다는 주장이 설득력을 얻고 있다. 공모 방식은 지방의 자율성을 무시하고 각 지자체 간 과잉 경쟁을 유발할 수 있다는 우려가 크기 때문이다. 4차 산업혁명 시대에 차별화된 지역의 가치 창출을 위한 과감한 접근이다.

'위기로 인해 위기 이전부터 있었던 문제가 더 부각된다'고 말한 마이클 센델(Michael Sandel)의 지적은 여전히 유효하다. 피보팅에서는 '얼마나 바꾸느냐'보다 '무엇을 축으로 의지해 바꾸느냐'가 관건이다. 국가균형발전을 위한 지역 살리기가 기본 축이어야 한다.

충북 국방벤처센터의 성공전략

충북지역 제조업과 비제조업의 기업 심리가 좀처럼 회복되지 않고 있다. 각 기관의 발표 결과에서 미세한 변화가 감지되지만, 여전히 바닥세에 머물러 있다. 현대경제연구원은 '2021년 국내 경제 이슈' 보고서를 통해 지금을 경기 저점 확인 단계로 진단하면서 코로나19 이전의 경제 상황 수준에 도달하는 시기로 2021년 하반기를 전망했다.

코로나19 확산 이전부터 우리나라 경제는 노동 투입력 약화, 자본 축적 저하, 신성장 산업 부재 등 구조적 문제에 직면해 있었다. 성장 동력 소진이 지역 경제 위기로 이어졌다는 지적이다. 산업 라이프사이클상 쇠퇴기의 지역 산업에 쏟던 자원을 성장 가능성이 높은 분야로 전환하는 근본적인 해법이 필요한 시점이다. 지역혁신을 위한 대안 중 하나로 '지방자치단체와 중앙정부 부처 간 협력 거버넌스에 의한 통합적 정책 추진'을 꼽는다.

이와 관련해서 주목되는 것은 충청북도와 국방기술품질원이 체결한 '국방벤처센터 설립 및 운영 지원'에 관한 업무협약이다. 내년 상반기 개소를 예정하고 있다. 국방벤처센터는 우수한 기술력을 가진 기업을 발굴하기 위해 국방기술품질원이 지자체와 협력해 설립·운영하는 거점기관이다. 2003년 서울을 시작으로 현재 총 10개 지역 센터에서 400여 개 기업의 국방 과제 발굴, 기술 개발, 판로 개척 등 국방산업 진출을 돕고 있다.

여러 국가와 지역의 관심이 국방산업에 쏠리는 이유는 4차 산업혁명으로 촉발된 관련 시장이 기존과는 전혀 다른 양상으로 급팽창하고 있기 때문이다. 4차 산업혁명이 가속화되면서 군수와 민수의 경계가 허물어지고 있다. SW에 약점을 지닌 국방산업 대기업들은 AI, IoT, 빅데이터 등 첨단기술로 무장한 중소기업들과의 전략적 제휴, 조인트

지역 살리기, 거침없이 피보팅하라

벤처(Joint Venture), M&A를 확대하고 있다. 이 시장을 선점하면 미들파워에서 슈퍼파워로 도약할 수 있다는 인식이 깔려 있는 것이다.

하이브리드형 기술이 주도할 '밀리테크(miliTECH, 군사기술) 4.0' 시장은 민군 겸용이 가능한 데다 다수의 기술이 융합돼 폭발적인 부가가치를 창출할 것이라 예상된다. 5G, AI, IoT, 센서, 빅데이터, 사이버보안, 레이저, 나노 기술 등에서 '게임 체인저'를 찾는 것이 과제다.

우리나라의 많은 지역이 발 벗고 나섰다. 2015년 '국방산업도시 비전 선포식'을 개최했던 대전시는 얼마 전 2024년까지 600억 원(국비 210억 원, 시비 390억 원)을 투입해 글로벌 경쟁력을 갖춘 국방 중소벤처기업을 집중·육성한다고 밝혔다.

'충남 국방국가산업단지' 조성은 민선 7기 도지사 공약사항으로 충남도 숙원 사업이다. 비무기체계 산업을 집적화하고 3D·4D 프린팅, AR·VR·MR, 신소재 등 4차 산업혁명 군사기술로 특화해 충남 동남부 지역 경제 발전을 견인한다는 구상이다.

경남 창원시와 경북 구미시는 방위산업 상생협력을 논의 중이다. 기계 중심의 지상, 함정, 항공인프라를 가진 창원과 전자 중심의 통신, 항공인프라를 가진 구미가 협업해서 국내를 넘어 글로벌 시장으로 진출하겠다는 복안이다.

충북은 제조 기반의 건실한 성장세가 지속되고 있다. 전자·통신, 전기장비, 화학, 의약 등 다양한 고부가가치 산업들이 부상하고 있다. 충북 국방벤처센터가 4차 산업혁명 시대에 대응하는 지역 산업구조 전환의 허브가 되도록 촘촘한 성공전략이 요구된다.

미국 앨라배마주의 '헌츠빌(Huntsville)'은 충북의 롤 모델이 될 수 있다. 헌츠빌은 20세기 후반 제조업 기반 산업구조를 다각화하고 우주·항공과 방산·군수산업에 중점을 두면서 세계 최고의 방산 도시로 불리고 있다. 상호협력 강화(산-학-연-관-군 연계), 개방성 확대(우수 민간 기업의 진입장벽 해소), 혁신역량 제고(방산혁신클러스터 시범 사업 추진, 국방스타트업 엑셀러레이터 제도 신설) 등에 초점을 맞춘 국방산업 생태계 구축에 관심을 모을 때다.

충북형 '빅데이터 거버넌스' 구축이 필요한 이유

최근 특허청은 지식재산권 분야 유엔 산하 국제기구인 세계지식재산기구(WIPO, World Intellectual Property Organization)가 발표한 글로벌 혁신지수(Global Innovation Index)에서 우리나라는 10위를 차지했다고 밝혔다. 처음으로 10위권에 진입한 것은 그동안 지속적인 혁신 노력을 통해 새로운 지식과 기술을 개발할 수 있는 역량이 향상된 것으로 평가받았기 때문이다.

그러나 코로나19 확산으로 전 세계 국가들이 중요한 분기점을 맞고 있는 현실에서 과거 시계열에 의해 개선됐다는 결과는 체감하기가 쉽지 않다. 얼마 전 세계적인 미래학자 토머스 프레이 다빈치연구소장은 지금 상황에 대해 '끝나지 않을 전염병'이라며 '격동의 시대를 이겨낼 수 있는 지속 가능한 전략을 수립한 사람들이 성공담을 쓸 수 있을 것'이라고 주장했다. 혁신과 창의성 시대의 도래를 예견한 것이다.

코로나19 팬데믹은 혁신 성장의 미래에 머물던 4차 산업혁명 관련 스마트기술들이 진가를 발휘하는 데 결정적 계기를 제공했다. 개인 이동정보 기반의 확진자 동선 파악으로 코로나19의 초기 확산을 막았고 조직의 화상회의 · 재택근무 일상화와 원격의료를 가능케 하는 등 활용도가 배가됐다. 감염을 우려한 소비자들로 인해 '비대면 기술' 선호도가 급상승했다. 공간 가치가 바뀌었고 새로운 기술과 산업의 영역이 폭발적으로 넓어지고 있다.

전 세계적인 언택트 트렌드는 초연결성을 제공하는 ICT 기술이 근간이다. 이를 토대로 디지털화, 데이터화, 플랫폼화가 세계 경제 · 사회 변화를 견인하고 있다. 플랫폼 경쟁이 치열해지고 있고 AI, IoT, 빅데이터, 클라우드 등의 기술을 통해 많은 사용자 참여가 가능한 환경이 조성되고 있다. 그 중심에 데이터(Data)가 있다.

데이터의 검색 용이성, 분석 정확성 및 신뢰성 제고로 이에 기초한 의사결정이 일반화되고 있다. 네트워크를 매개로 서로 다른 영역의 데이터와 플랫폼 간 연결 · 융합이 강화되는 추세다. 이러한 선순환구조는 새로운 비즈니스를 창출하고 소비자 편익을 극대화하는 동력이 되고 있다. 이제 데이터는 단순한 기록물이 아니다. 이를 모으고 가공해서 새로운 부가가치를 만들어 낼 수 있는 가치사슬의 핵심이다.

최근 광역지자체에서도 이와 연계된 움직임을 쉽게 확인할 수 있다. 서울시는 보유한 방대한 양의 공공데이터를 한곳에 저장해서 교통, 환경, 안전, 도시 문제 해결 등 다양한 분야에 활용하는 '빅데이터 플랫폼' 구축에 본격적으로 나섰다. 데이터 거버넌스 'S-Data사업'(Smart Seoul Data)의 근간이 될 전망이다.

부산시는 과학적 정책 지원을 펼치는 데이터 기반 행정 확립을 위해 '빅데이터 시스템 고도화 및 분석사업' 용역에 착수한다고 발표했다. 인천시는 '2020년 데이터 기반 행정 시행계획'을 확정했다. 데이터에 기초해 일하는 방식을 혁신적으로 개선하고 문제 해결 중심의 데이터 분석 · 활용을 활성화하는 것이 주요 골자다. '인천광역시 데이터 기반 행정 기본계획'(2019~2022)과 관련한 조례에 근거한다.

데이터는 우리 주변의 모든 일상을 변화시켰다. 전 세계 '부의 지형' 도 바꾸고 있다. 부상하는 기업들은 강력한 플랫폼을 매개로 전 세계 소비자와 접점을 맺고 AI 기술을 탁월하게 사용하는 데이터 기업이다. 아마존, 구글 그리고 네이버, 카카오 등이 이에 속한다.

지역의 발전경로도 같을 것이라 예상된다. 주목할 것은 혁신 주체의 역량과 인프라 차이로 지역 간 디지털 격차가 더 벌어지고 있다는 점이다. 우리나라의 양호한 글로벌 혁신역량을 토대로 지역의 성장전략을 재점검해야 할 때다. 포스트 코로나19 시대의 지역 혁신성장을 위한 충북형 '빅데이터 거버넌스' 구축이 필요한 이유다.

충북 산업구조의 변화와 대안 모색

최근 우리나라 경제에 대한 긍정적 진단 결과가 전해졌다. 한국개발연구원(KDI)은 9일 발간한 'KDI 경제 동향'(8월호)에서 '코로나19

국내 확산이 둔화함에 따라 내구재 소비, 설비 투자를 중심으로 내수 부진이 완화됐다'고 밝혔다. KDI가 '경기 위축' 대신 '경기 부진 완화'라고 평가한 것은 6개월 만이다.

전 세계 코로나19 신규 확진자 수 증가, 미국·중국 간 대립 격화가 경기 회복의 제약 요인으로 작용할 수 있음을 언급하고 있지만 경기 회복에 대한 기대감과 함께 대내외 경제 심리가 반전되고 있다는 반가운 소식이다.

올해 2분기 기업들의 실적도 나쁘지 않다. 코로나19의 직격탄을 맞을 것이란 우려를 잠재우는 '어닝 서프라이즈'가 이어지고 있다. 금융정보분석업체 에프앤가이드에 따르면 증권사 3곳 이상의 실적 전망치가 있는 상장사 중 2분기 잠정치를 발표한 50개 사의 영업이익 합계가 추정치 합계보다 13.8% 높았다. 50개 사중 절반 가까운 22개 사는 추정치보다 10% 더 많은 이익을 냈다.

특히 우리나라 글로벌 대기업들의 성과가 돋보였다. 지난 3월만 해도 대기업들의 앞날은 어두웠다. 코로나19의 세계적 확산은 치명적이었다. 격화되는 미국과 중국의 분쟁은 불확실성을 키우는 악재였다. 그러나 삼성전자, LG화학, SK하이닉스, 현대차 등 4대 기업의 실적은 일본의 경쟁 기업들을 압도했다. 2분기 실적에 대한 시장의 평가는 매우 우호적이다.

우리나라 경제와 기업들의 선방은 지역 산업정책 수립 방향에 중요한 교훈을 주고 있다. 코로나19 확산이 충북 경제에 미치는 충격은 그동안의 경제 위기와 비교해 적지 않을 것으로 판단된다. 인구절벽, 일자리 창출, 4차 산업혁명 시대를 견인할 미래성장동력 확보 등의 난제에 직면한 상황에서 지속 성장을 위한 지역 산업구조 개편 방안을 검토해야 할 시점이다.

얼마 전 산업연구원에서 발간한 '지역 산업구조 전환이 생산·고용에 미친 영향 분석' 자료는 시사하는 바가 크다. 우리나라에서는 2012년 이후 주력산업 경쟁력이 약화되고 있으며 2010년대 후반에는 일부 주력산업의 부진으로 지역 경제 자체가 위기를 맞았다. 일부는 심각한 타격을 입어 산업위기대응 특별지역으로 지정되는 등 어려움을 겪고 있다.

유엔산업개발기구(UNIDO, 2015)가 세계 108개 국가의 산업을 10개 부문으로 묶어서 1995년부터 2011년간 산업구조 전환과 성장률의 상관관계를 살펴본 결과 양(+)의 관계를 입증했다. 즉 산업구조 전환이 빠른 국가가 높은 성장률을 나타낸다는 것을 의미한다.

우리나라 16개(세종시 제외) 시도를 대상으로 한 2007년부터 2018년까지 지역 산업구조 전환 측면의 유형은 크게 3가지로 나뉜다. 첫째는 지역 주력산업이 건실한 성장세를 유지하면서 새로운 성장산업이 부상하고 있는 지역으로서 충북, 경기, 대전, 강원 등이 이에 속했다. 둘째는 주력산업은 약화되고 있지만 새로운 성장산업이 뜨고 있는 지역으로 서울, 인천, 충남, 광주, 전북, 대구, 경북, 울산 등을 꼽혔다. 셋째는 주력산업이 경기 부진으로 큰 타격을 받았으나 여타 새로운 성장산업도 가시화되지 않고 있는 지역은 부산, 전남, 경남 등이었다.

충북 주력산업의 건실한 성장세가 지속되고 있고 전자·통신, 전기장비, 화학, 의약 등 고부가가치 산업이 부상하고 있는 지금이 산업

지역 살리기, 거침없이 피보팅하라

구조 전환의 적기라 할 수 있다. 4차 산업혁명 시대의 기술변화와 혁신에 속도가 붙으면서 산업구조도 빠르게 변하는 흐름을 놓쳐서는 안된다. 대내외 변화에 대한 대응력, 회복력 및 4차 산업혁명에 대한 수용력을 점검하는 기회를 만들어야 한다. 우리나라 경제와 기업들의 '위기 극복 DNA'를 지역 산업 정책 수립에 접목해야 한다.

과학기술로 여는 충북의 미래 10년

'코로나19 이후, 인류는 완전히 다른 삶을 살게 될 것이다. 누구도 겪어보지 못한 신세계에서 살아갈 우리를 감히 코로나 사피엔스라 부른다.' 최근 발간된 책, '코로나 사피엔스(Corona Sapiens)'의 표지에 적힌 글이다. '호모 사피엔스', '포노 사피엔스'에 이어서 '코로나 사피엔스'라는 용어가 등장했다. 코로나19로 인한 문명의 대전환기를 주도할 신인류를 지칭하는 합성어다.

코로나19 이후의 세계, 질서, 사고와 패러다임에 대한 다양한 전망이 봇물이 터지듯 나오고 있다. 코로나 감염 사태가 현재진행형인 상황에서 '포스트 코로나'를 말하는 것은 섣부르다고 지적한다. 생태계 파괴와 소비 양식이 바뀌지 않는 이상 제2, 제3의 코로나 사태는 계속될 것으로 판단한다. 그래서 참여한 각 분야 6명의 지성들은 '포스트 코로나'는 오지 않는다고 단언한다.

얼마 전 과학기술정통부는 전문가 논의를 통해 정리된 코로나19 이후의 4대 환경 변화로, '비대면·원격 문화의 확산으로 인한 디지털 전환 가속화', '바이오 시장의 새로운 도전과 기회', '자국중심주의 강화에 따른 글로벌 공급망 재편과 산업의 스마트화 가속', '위험 대응 일상화 및 회복력 중시 사회'를 들었다.

기존의 틀이 무너져내리고 변화 없이 미래를 장담하기 어려운 요즘, 디지털 전환과 바이오 경제라는 거대한 흐름에 부응하는 방법을 찾아야 한다. 선제적 기술혁신과 산업경쟁력 강화로 우리의 내일을 스스로 개척해야만 한다.

함께하는 충북의 '지난 10년'은 변화상에서 보듯 성공적이었다. 지역내총생산(GRDP)가 62.5% 증가하면서 전국 대비 경제 비중이 21.8% 높아졌다. 무역수지 904%, 제조업체 수가 50% 늘고 오송역 이용객이 4천983% 급증하면서 국내 경제를 견인하는 위상을 갖게 됐다.

인구는 5.8% 늘면서 164만을 넘어섰다. 최근 세종시 인구의 청주 유입이 청주에서 세종으로의 유출보다 많아졌다. 지난달 통계청이 발표한 '2019년 기준 귀농·귀촌인 통계'에 따르면 타 시도(동 지역)에서 충북도(읍면 지역)로 유입한 귀농·귀촌 가구는 66.5%로 전국 평균 55.2%보다 11.3% 높은 것으로 나타났다. 사람들이 모이는 지역으로 자리매김하고 있다.

이 시점에서 과학기술 기반의 지역 역량을 점검해 보는 것은 매우 중요하다. 충북의 미래 10년을 설계하는 데 중요한 요소이기 때문이다. 충북은 한국과학기술기획평가원이 발표한 '2019년 지역과학기술혁신 역량평가'(R-COSTII)에서 전국 17개 시도 중 13위에 그쳤다. 2015년 16위에서 높아지긴 했으나 그 이후 줄곧 10위권에 머물렀다.

지역 살리기, 거침없이 피보팅하라

이번 평가에는 자원, 활동, 네트워크, 환경, 성과 등 5개 부문, 13개 항목, 31개 지표가 사용되었는데, 13개 항목 중에서 환경 부문의 '지원제도'(2위)는 매우 우수한 것으로 밝혀진 반면 '산학연 협력'(15위)과 '지식 창출'(16위) 등은 취약한 것으로 드러났다.

코로나19 확산은 새로운 혁신 창출의 기회를 주고 있다. 예측되는 환경변화를 토대로 SWOT 분석(강점과 약점, 기회와 위협요인)을 통해 충북 과학기술정책 방향을 재정립해야 할 때다. 우선은 위기를 기회로 만들 수 있는 과감한 도전이 요구된다. 지역주도 과학기술정책 수립으로 미래 투자와 R&D 혁신 동력을 선점해나가야 한다. 또한, 체질 개선에 힘써야 한다. 과학기술 중심의 지역적 위기관리 능력 함양, 디지털 시대에 맞는 인재 육성시스템 설계 등이 필요하다.

올해 5월 초 '다목적 방사광가속기' 유치 확정은 충북이 과학기술 혁신의 선도 지역으로 도약하는데 초석이 될 것이다. 지역 과학기술 진흥 및 산업 혁신을 위해 중앙 부처별로 분산된 R&D 사업을 지역 주도로 통합 관리·투자·평가하는 정책 도구 마련도 요청되고 있다.

'초격차'와 '초협력'만이 살길이다

최근 한국경제를 전망하고 지역의 과제를 탐색하는 시도가 이어지고 있다. 지난 12일에는 충청북도지역혁신협의회와 충북포용사회포럼이 공동으로 '코로나19 이후, 경제 전망과 방역 대책' 종합토론회를 개최한 바 있다. 16일에는 충북연구원이 지역 정책 방향을 제안하는 '넥스트 노멀(Next Nomal) 시대, 충북의 대응 전략' 연구 결과를 홈페이지에 발표했다. 모두가 지역 문제 해결을 위한 부단한 노력의 일환이다.

세계 경제가 전체적으로 어려움을 겪고 있지만, 한국경제는 다른 나라에 비해 양호한 것으로 평가됐다. 향후 튼튼한 디지털 경제기반과 의료 방역 체계에 힘입어 여전히 비교우위를 차지할 것으로 예상했다. 그렇지만 제2, 제3의 대유행 가능성을 예측하기 어려운 상황에서 높은 불확실성이 복병이다. 극복방안은 더욱 난해해 경제 위기는 장기화할 것으로 점쳐진다.

전 세계적으로는 미국·일본의 리쇼어링과 그간 중국 중심의 글로벌 가치사슬(GVC)을 바꾸려는 움직임이 맞물리면서 글로벌 공급망 개편은 순탄치 않을 전망이다. 일본이 우리나라에 대한 수출 규제 조치를 통해 글로벌 공급 체인에서 우리 기술의 취약점인 핵심 소재·부품의 '초크 포인트(choke point)'를 겨냥, 보복하는 것처럼 상호 의존성을 무기화하는 전략도 확산 중이다. 소수 국가나 기업만 가질 수 있는 핵심 소재·기술이 자국 이익 우선주의로 인해 정치적으로 이용되고 있는 것이다. 이러한 각자도생은 고립경제로 귀결되고 있다.

현 상황에서 단기적으로는 코로나19 경제 대책의 실효성을 높여 사회안전망을 공고히 하는 동시에 중장기적으로는 경제 체질을 개선하는 방안이 최선이다. 비대면이 일상화되면서 디지털 경제로의 전환이 가속화하고 있다. 언택트 기술과 응용 서비스 수요가 커지면서 비대면 비즈니스모델 발굴이 시급하다.

우리나라 디지털 경제기반의 우수성은 올해 초 미국 라스베이거스에서 열렸던 'CES 2020'에서 확인된 바 있다. 미국을 제외하고 최다 혁신상(118건)을 수상했으며 대기업뿐만 아니라 중소·스타트업(47건, 40%)도 함께 약진하는 성과를 거뒀다.

스타트업 전용관인 Eureka Park에 참여한 한국 중소·스타트업 기업은 총 179개 사로 미국(320개 사)과 프랑스(207개 사)에 이어 세 번째 규모다. 혁신상을 받은 47개 기술과 제품은 기존 대기업의 주력 분야가 아닌 헬스케어, 웨어러블, 스마트 시티, 지속가능성 등 글로벌 트렌드에 부합하는 성장 유망 부문에 골고루 포진되고 있어 매우 긍정적이다.

미래 시장에 대응하기 위한 기업 간 협업 및 전략적 제휴가 빨라지고 있다는 점도 눈에 띈다. 산업·기술 간 경계가 붕괴되면서 이종 기업 간 협업·제휴를 통해 새로운 제품과 비즈니스모델이 가시화되고 있다. 5G 및 AI 기술 기반의 전자·플랫폼 기업이 본업의 경계를 벗어나 모빌리티 등 융합 비즈니스 영역에 대거 진출하는가 하면 완성차 기업은 항공 및 스마트 시티 등 기존 주력산업의 범위를 훨씬 뛰어넘는 지향점을 보여줬다.

미·중 무역분쟁 여파로 중국의 CES 참가 규모가 예년에 비해 크게 축소되었지만, 여전히 우리나라에는 위협적 존재임을 입증했다. 결국, 경쟁에서 앞서는 분야를 수성하는 '초격차' 기술 우위 전략과 기술 연합 시대에 대비한 '초협력'만이 살길이다.

지난 16일 스위스 국제경영개발대학원(IMD)이 발표한 2020년 국가경쟁력 평가에서 우리나라는 63개국 중 23위로 전년보다 5계단 올랐다. 역대 최고치에 근접한 수준이다. 미국·중국은 물론 일본의 순위가 하락한 것과 비교된다. 이 결과에는 최근 K-방역과 코로나19 위기 극복을 위한 경기 대응 노력이 일부 반영된 것으로 알려졌다. 엄중한 상황이긴 하지만 우리의 강점을 극대화해야 할 때다. 이 기회를 놓쳐서는 안 된다.

포스트 코로나 시대, 어떻게 성공할 것인가

마이크로소프트(MS) 창업자 빌 게이츠는 5년 전 코로나19와 같은 팬데믹(세계적 대유행)을 예견한 바 있다. 한 강연에서는 향후 몇십 년 내 1천만 명 이상 사망에 이르게 하는 것으로 전염성 높은 바이러스를 꼽았다. 2년 전인 2018년에는 전염병 유행이 임박했다고 경고하면서 이에 대해 전쟁 준비하듯 대비해야 한다고 강조했었다. 이런 전염병이 20년마다 발생할 수 있다고 예측했다.

정부는 이태원 클럽 관련 코로나19 집단감염은 현 추세로 미뤄볼 때 급격한 확산으로 번지지 않고 방역망 통제범위 안에서 안정될 것으로 전망했다. 그러나 우리나라 상황과는 달리 전 세계 코로나19는 아직 확산세다. 중동과 유럽, 미국에 이어 남미와 아프리카에서도 기세를 떨치고 있다. 감염병 전문가들과 과학자들은 코로나19 바이러스 퇴치에 4~5년이 걸릴 수 있다고 진단한다. 우리 사회를 떠나지 않고 또 하나의 엔데믹(endemic: 풍토병)이 될 수 있을 것이라는 예상도 있다.

문제는 경제다. 한국은행이 코로나19 충격에 의한 경기의 조기 회복은 어려울 것으로 보고 조만간 기준금리를 재차 내릴 것이란 전망이 늘고 있다. 얼마 전 미국 연방준비제도(Fed · 연준) 제롬 파월 의장의 발언은 경기 불확실성에 대한 우려를 그대로 드러냈다. 이번 경기 하강의 규모와 속도는 현대 역사에서 전례를 찾을 수 없고, 2차 세계대전 이후 어떤 침체보다 훨씬 나쁘다고 언급했다.

그럼에도 불구하고 미래 경쟁력 확보를 위한 기업인들의 노력은 계속되고 있다. 국내 대기업 집단이 올 1분기 코로나19 여파로 인해 이익은 줄었지만, 투자는 22% 이상 늘린 것으로 나타났다. 기업평가사이트 CEO스코어는 조사 대상 59개 대기업집단 중 투자를 늘린 곳이 34곳에 달했고, 계열사 373개 사의 절반이 넘는 190곳도 작년에 비해 투자액이 증가한 것으로 집계했다.

새로운 블루오션도 등장하고 있다. 산업연구원의 '포스트 코로나 시대의 비대면 서비스 모델과 정책 과제' 보고서를 따르면 코로나19는 서비스업 전반에 피해를 줬지만, 다른 측면에서 서비스업의 혁신을 가속하는 계기가 됐다고 평가했다. 온라인 쇼핑이나 배달 애플리케이션과 같은 비대면 서비스가 대안으로 떠오른 것이다. 요즘 중 · 소형주 펀드 수익률이 살아나는 것도 같은 맥락이다. 코스닥시장의 강세는 바이오, 헬스케어, 언택트(비대면) 업종이 주도하고 있는데 이들의 코스닥 상장 비율이 높기 때문이다.

코로나19로 인한 글로벌 충격이 심화하고 있다. 글로벌 네트워크의 불확실성은 공급망 변화로 이어질 것이다. 경제 재편의 지각변동이 시작된 셈이다. 코로나19 사태 극복의 해법을 찾기 어려운 전대미문의 시대, 세상을 바꾸는 힘이 절실하다.

최근 발간된 '룬샷'(LOONSHOTS)의 저자는 자신을 '타고난 물리쟁이'라고 소개하는 물리학자이자 암 신약을 개발하는 바이오테크 기업의 CEO 출신이다. 이론물리학자의 안목으로 기업의 운명을 관찰하고 이를 물리학의 '상전이(phase transition) 현상'으로 풀어냈다.

위대한 아이디어와 제품에는 하나같이 '주창자를 나사 빠진 사람으로 취급하며 다들 무시하고 홀대하는 프로젝트(룬샷)'가 있었다고 주장한다. 이들이 전쟁·질병·불황의 위기를 승리로 이끈 아이디어였음을 강조한다. 성공의 비결로 외면받기 쉬운 룬샷이 한자리에 머물지 않고 떠돌아다니며 '잭팟'을 터뜨리도록 해주는 조직의 구조(시스템)를 들고 있다.

현재의 어려운 국면에서 창의적 문화(괴짜들)와 효율적 시스템(경영자)이 어우러져 선순환하는 '룬샷 배양소'가 해결책이 될 수 있다. 너무 특이해 허무맹랑한 아이디어의 가능성을 포착해 이를 구조적으로 육성하는 방식을 과감히 시도해 볼 일이다.

이제는 '경제 살리기'다

코로나19 사태 속에서 치러진 21대 총선이 끝났다. 66.2%의 기록적인 투표율을 보이면서 성공리에 마쳤다. 세계 주요 외신들은 미국의 일부 주(州)가 대선후보 경선을 미루고, 프랑스는 감염자 수 폭증

지역 살리기, 거침없이 피보팅하라

으로 지방선거를 연기한 것과 대비되는 국내 상황을 주목했다. 우리나라의 정치적 실험 또한 외국의 벤치마킹 대상이 되고 있다.

이제는 경제 살리기에 총력을 기울여야 할 때다. 코로나19 여파로 전 세계 경제 상황이 심상치 않다. 미국 경제는 마이너스 늪이 깊어지고 있다. 소비와 생산이 급감하고 1분기 기업 실적 악화라는 '트리플 쇼크'에 빠진 것으로 확인됐다.

중국 경제도 올해 1분기에 마이너스 성장했다. 분기별 성장률을 발표한 1992년 이후 28년 만에 처음으로 전년 대비 −6.8%를 기록했다. 글로벌 경영컨설팅 기업 '맥킨지'는 유럽에서 실업자 수가 몇 달 안에 2배로 늘어날 것으로 전망했다.

우리나라에서도 실물경제에 대한 충격이 지표로 나타났다. 지난달 산업 생산과 소비는 9년 만에 가장 낙폭이 컸고 투자까지 감소세를 보여 복합 경제 위기에 대한 우려가 짙어지고 있다. 경제 감염병(이코노데믹, econodemic)의 세계적 확산세가 매섭다.

정부는 100조 원 이상 규모의 민생·금융안정 패키지 프로그램과는 별도로 위기에 처한 기계, 에너지, 조선 등 기간산업 기업들을 지원할 방침이다. 충청북도는 총선 직후 지역 경제 활력 회복을 위한 다각적인 방안들을 모색했다. 소상공인, 운수업체 종사자 등 피해 계층에 대한 특별지원을 위해 3차 추경 2천311억 원을 편성한 바 있다.

무엇보다 고용 안정과 회복 탄력성을 높여야 할 시점이다. 통계청에 따르면 임시직 취업자가 전년 3월보다 42만 명 감소하고 일용근로자가 17만 3천 명 줄어들면서 가장 먼저 직격탄을 맞았다. 이제 갓 사회 진출을 준비하는 20대의 충격도 크다. 일자리를 잃은 사람에게 최소한의 사회안전망을 제공하는 것은 중요한 일이다. 한편으로 지역 경제 파급 효과가 크고 향후 지역 발전을 위해 반드시 필요한 충북형 '뉴딜 프로젝트'(4차 산업혁명, 과학기술, 그린 등)를 발굴해야 한다. 정책적으로 이미 결정된 예타 면제 대상 사업을 조기 집행하는 과감한 전략이 요구된다. 지역 경제의 회복력(resilience) 제고에 중점을 둬야 한다.

또한, 충북 바이오헬스 산업 육성을 위한 재도약의 기회를 놓쳐서는 안 된다. 한국이 코로나19 대응 모범국가로 인정받으면서 국격과 함께 전염병 관리 기관인 질병관리본부(오송)의 위상이 높아졌다. 향후 코로나19가 진정되고 나면 세계 각국은 우리나라 질병관리본부를 방문해서 벤치마킹하려는 수요가 급증할 것으로 예상된다. 지금의 위기를 기회로 삼아 충청북도와 청주에 대한 장소 마케팅(Place Marketing)을 강화해야 한다. 보건의료 제도, 바이오헬스 산업, 의료관광을 종합한 중장기 전략 수립이 요청된다.

지역 위기 극복과 새로운 성장을 위한 혁신플랫폼 구축의 중요성을 간과해서는 안 된다. 맥킨지는 '세계화'(globalization)에서 '지역화'(regionalization)로의 변화를 넥스트 노멀(next normal)로 꼽았다. 국가별 각자도생의 생존 전략이 현안이 된 셈이다. 최근 국내 대-중소기업 간 위기 돌파를 위한 상생 방안으로 협력사 경영 자금 지원부터 경영 노하우 전수, 기술 이전, 복지 지원까지 다양해지고 있다. 충북의 협력모델 창출에 힘써야 한다.

코로나19 사태 장기화로 인한 겨울 대유행과 토착화 가능성이 거론된다. 영국 경제주간지 이코노미스트 4월 11일 자의 커버스토리는 '생존 비즈니스(The business of survival)'였다. 문재인 대통령은 과거의 관성과 통념을 뛰어넘어 새로운 사고와 담대한 의지로 변화를 주도해 나갈 것임을 천명했다. 발 빠르고 강력한 대응이 절실하다.

'코로나 블루' 이후

코로나 블루는 '코로나19'와 '우울함'(Blue)이 합쳐진 신조어다. 코로나19가 확산하면서 사회적 활동 위축 등으로 인한 우울감이나 무기력증을 지칭하는 용어다. 코로나보다 더 무섭다는 외로움에 전 국민이 몸살을 앓고 있다.

우리나라는 한때 코로나19의 큰 불길을 잡아서 곧 종식될 것이라는 희망을 품은 적이 있었다. 그러나 세계보건기구(WHO)가 얼마 전 팬데믹(Pandemic · 세계적 대유행)을 선언한 이후 상황은 급반전하고 있다. 이 선언은 신종플루 이후 11년 만이다. 최근 들어 유럽, 미국, 이란의 확진자 수가 급증하면서 불안감이 증폭되고 있다. 그 수가 점점 늘어 30만 명을 넘어섰으며 사망자도 1만 3천 명을 넘겨 큰 폭으로 증가했다.

미국의 뉴욕, 캘리포니아, 일리노이, 코네티컷주에서는 미국인 7천여만 명에게 외출을 최소화하고 집에 머물라는 '자택 대피' 명령이 내려졌다. 여기에는 미국에서 가장 큰 3대 도시, 뉴욕과 로스앤젤레스(LA), 시카고는 물론 샌디에이고와 샌프란시스코가 포함되었다.

유럽 대륙 전역으로 번진 코로나19의 확산세도 가팔라지고 있다. 이탈리아 · 스페인 · 독일 · 프랑스 등이 초긴장하고 있다. 유럽 각국 정부가 '사회적 거리 두기'를 강조하고 나섰다.

미국 의회는 물론 해외 각국 외신들은 우리나라의 코로나19 대응에 대해 칭찬을 아끼지 않고 있다. 프랑스의 마크롱 대통령은 '한국이 취하고 있는 방역 조치의 우수성과 그 방식을 배우고 경험을 공유하고 싶다'는 의사를 밝히며 깊은 관심을 나타냈다. 종합해 보면 우리나라가 코로나19 방역의 모범국가로 인정받는 셈이다.

이와 관련해 재외 우리 공관 또는 주한 외국 공관 등 정부 채널을 통해 진단키트 지원을 정식 요청해 온 나라는 총 17개국(동남아 3개국, 중동 4개국, 유럽 2개국, CIS 국가 2개국, 중남미 2개국, 아프리카 2개국, 기타 2개국)으로 집계됐다.

또한, 진단키트를 포함 방호품 지원을 요청하거나 보건 전문가 파견을 요청한 나라는 총 26개국이며 국내 진단키트 생산업체에 직접 수출 주문을 접수한 나라는 30여 개국에 이르렀다.

우리나라는 코로나19 발병 초기 많은 확진자가 나와서 세계 각국의 눈총을 받았지만, 이제는 그간 성공적 방역 경험을 토대로 코로나19의 세계적 대유행을 막아내는 선도국가로 자리매김하고 있다. 오히려 해외 유입 확진자 수가 증가세를 보이고 있어 이에 대비해야 할 상황으로 역전됐다.

전문가들은 코로나19와의 장기전에 대비해야 한다고 지적하고 있다. 치료제도, 치료법도 없는 전대미문의 신종 바이러스 발생이 계속될 것으로 보는 까닭이다. 아직 속단하기는 이르지만, 이번 코로나19

대응 사례는 우리나라의 국가적 위상을 높이는데 크게 기여할 것으로 보인다.

'코로나 블루' 극복을 위한 노력은 경제 · 사회 · 문화 전반에 큰 변화를 가져올 것이라 예상된다. 특히 비대면의 '언택트'(Untact) 기술이 일상화되면서 인공지능 · 로봇 · 사물인터넷 · 빅데이터와 같은 기술과 플랫폼에 의한 연결성은 기존 소비 패턴을 완전히 바꿔놓고 있다. 중요한 것은 이러한 기술의 등장보다 소비자들이 빠르게 적응하고 있다는 점이다. 요즘 극심한 경기 침체를 겪고 있는 경제 주체들에게 한국산 코로나 대응 '명품 아이템'들은 어려움에서 탈출할 블루오션이 될 전망이다. 사회적 활동 위축으로 인한 외로움에서 벗어나 하루빨리 과거의 소소한 일상으로 복귀할 수 있기를 간절히 소망한다.

방사광가속기 입지의 관건은 '산업·연구 지원'이다

'다목적 방사광가속기 구축사업' 유치를 위한 광역지자체 간 경쟁이 더욱 가열되고 있다. 1조 원이 투입되는 초대형 국책사업이기 때문이다. 충북 청주를 비롯해 전남 나주, 강원 춘천, 경북 포항이 공모 의향서를 제출하면서 4파전으로 압축됐다. 이들 지자체는 방사광가속기 유치를 위해 소리 없는 전쟁을 벌이고 있다.

그러나 지나친 과열로 인해 불필요한 논란이 야기되는 것은 유감이다. 정부가 제시한 후보지 선정 평가 기준을 두고 각 지역의 이해관계가 충돌하고 있다. 이에 대해 과기정통부는 일부 언론 보도에 대한 답변으로 부지선정 기준은 전문적이고 독립적인 '부지선정평가위원회'를 통해 마련되었으며, 2020년 3월 설문조사 결과 '가속기 이용 시 교통 접근성'(41.3%)이 가장 주요한 요인으로 꼽혔다고 밝혔다. 기술 및 운영 관련 사항에 대해서는 별도의 '개념연구'('20.2월~)가 진행 중이며 부지면적은 방사광가속기 사양과 규모를 감안하여 최소한으로 제시된 것이라고 해명했다.

지난달 27일 공고문에도 '산업지원 및 선도적 기초·원천 연구 지원을 위한 다목적 방사광가속기 구축사업'이라는 점을 분명히 한 바 있다. 자칫 이 같은 소모적 논쟁이 국가 정책의 근간을 흔들 수 있다는 점에서 경계가 필요하다.

전 세계는 코로나19 확산으로 심각한 경기 침체에 봉착해 있다. 글로벌 지식인 토머스 프리드먼은 BC를 '코로나 이전'(Before Corona), AC를 '코로나 이후'(After Corona)로 칭하며 세계가 코로나19 사태를 기준으로 나뉠 것으로 전망했다. 헨리 키신저 전 미국 국무장관은 코로나19가 세계 질서를 영구히 바꿀 수 있다고 경고했다. 세계 경제 시스템의 리셋(전면적 재편)이 임박했다는 신호가 늘어나고 있다.

우리나라 4차 산업혁명 시대를 선도할 바이오 헬스, 지능형 반도체, 자율차, 인공지능, 로봇 등 신산업의 혁신역량 강화가 늦춰질 경우, 글로벌 시장에서 도태될 가능성이 크다는 평가를 받고 있다. 일본의 수출규제 조치로 촉발된 소재·부품·장비 국산화도 코로나19 사태 이후 글로벌 공급망이 붕괴된 상황에서 미룰 수 없는 과제다.

특히 소재 분야는 원천기술을 기반으로 기획 단계부터 대기업과 긴

지역 살리기, 거침없이 피보팅하라

밀히 언계하는 수요-공급체계 확보가 중요하다. MS의 창업자 빌 게이츠가 인정한 코로나19 대응 모범국가답게 선제적 신약(치료제·백신) 개발을 통해 바이오헬스 산업의 일등 국가로 조기 등극할 기회를 놓쳐서는 안 되는 시점이다.

그간의 노동 집약적 산업과 제품군에 의존해서 조립가공·수출하는 산업정책을 버리고 기술 기업 중심의 고부가가치 산업육성으로 신속히 전환해야 한다. 체질 개선을 토대로 한 경쟁력 강화만이 세계 경제의 패러다임 변화에서 생존하는 길이다.

이 모든 것을 위해서는 산업 및 선도적 기초·원천 연구를 지원하는 방사광가속기의 역할이 절대적이다. 경북 포항의 3·4세대 가속기는 시설 용량 한계, 장비 노후화 등으로 연구 수요를 감당하지 못하고 있다. 따라서 세계 경제 흐름에 재빨리 대처할 수 있도록 시급성을 우선하고 수요자 중심의 접근성(교통 편의성)과 자원 활용성(연관 산업 집적)에 초점을 맞춰야 한다. 부지 평가 항목 및 기준에서 입지 조건의 비중(50%)이 높은 것은 타당한 접근이다.

우리나라는 국내총생산(GDP) 대비 연구개발(R&D) 지출이 세계 1위인데 반해 그 성과가 산업과 기업으로 이어지지 못한다는 비판을 받아왔다. 연구 환경 개선이나 연구 역량에 중점을 두기 어려운 이유가 바로 이것이다. 지역 소외와 지역균형발전 문제는 대통령 직속 국가균형발전위원회의 정책 수단으로 해결할 수 있다. 절체절명의 국가정책 목표가 지역이기주의에 매몰된 정치 논리에 휘둘려서는 절대 안된다.

'게임 체인저'(Game Changer)로 살아남기

2020년 초반 우울한 '상실의 계절'을 지나고 있다. 언제 끝날지 모른다는 극도의 불안감에 압도되면서 소소한 일상은 실종됐다. 우리나라 경제는 올해 마이너스(−) 성장이 예상되며 지역 경제는 침체국면에서 벗어날 기미가 없다. 증시는 지원 대책 발표에 따라 큰 폭으로 하락했다가 뛰어오르는 롤러코스터 장세를 보이고 있다.

미국에서는 코로나19 사태로 국민소득 중 약 2조 5천억 달러(약 3천169조 원)가 사라질 것이라는 분석이 등장했다. 3월 셋째 주 실업수당 청구 건수가 약 225만 건으로 과거 사상 최대치(1982년) 69만 5천 건의 3배 수준에 달할 것이라는 전망도 나왔다.

유로존의 실업률은 지난 1월 7.4%에서 6월 9% 이상으로 높아질 것으로 예측된다. 일본 아사히 신문은 도쿄올림픽이 1년 연기될 경우, 민간 부문의 경제적 손실이 6천400억 엔(약 7조 3천억 원)이 될 것이라고 보도했다. 이 충격이 국내외 경제에 '퍼펙트스톰'(복합 악재에 따른 초대형 위기)을 부를 것이라는 공포감에 짓눌려 있다.

그러나 희망의 싹이 보이기 시작했다. 2013년 노벨화학상 수상자인 미국 스탠퍼드 대학의 마이클 레빗 교수는 '앞으로 수개월, 길게는 1년 동안 코로나19가 대유행할 것이라는 견해가 있지만, 코로나19 감염자 현황은 그런 시나리오를 뒷받침하지 않는다'고 언급하면서 '확산 속도가 둔화하고 있다는 명백한 신호가 있다'고 강조했다.

더욱 주목되는 것은 우리나라의 코로나19 대응 능력을 높게 평가한

지역 살리기, 거침없이 피보팅하라

미국, 스페인, 프랑스, 스웨덴 정상들이 직접 지원 요청을 하고 있다는 점이다. 의료장비 등 의료물자 지원, 축적된 경험과 임상 데이터 공유, 전염병 전문가 회의 개최, 위기 대처 방식 전수 등 전방위적이다. 코로나19 대응에는 우리나라가 선진국임을 확인시켜주는 반가운 소식이다.

전 세계의 관심을 끄는 방역·의료용품으로 이미 수출된 '드라이브 스루' 및 '워킹스루' 진료, 공중전화부스가 연상되는 '개인 소독부스', 하루 걸리던 검사 시간을 6시간으로 줄인 신속 '진단키트' 등이 있다. 바이러스 확진자·의심 환자를 안전하게 옮기는 '이동식 음압 병상', 확진자 역학조사 결과를 실시간 공개하는 '스마트폰 애플리케이션'도 한국산 명품이다.

하루 이상 걸리던 확진자 이동 경로 분석 시간은 10분 내로 대폭 축소될 것으로 보인다. 최근 국토교통부는 과학기술정보통신부, 질병관리본부, 경찰청, 금융위, 감사원 등과의 협업을 통해 '코로나19 역학조사 지원시스템'을 가동한다고 밝혔다. 스마트도시 기술을 활용하여 동선 관련 정보를 빠르게 파악함으로써 가능해졌다. 이는 흔히 제기되는 '거버넌스' 문제를 해결했다는 점에서 시사하는 바가 매우 크다.

지금까지 성과는 우리나라의 성숙한 시민 의식과 위기 극복의 저력을 보여주는 사례라 할 수 있다. 우리나라가 그간 구축한 정보기술(IT)과 초고속 정보통신 네트워크도 지대한 역할을 했다. 현 상황에서 가장 바람직한 것은 하루빨리 일상으로 돌아가는 것이지만 코로나19 퇴치를 위한 대응 노력은 당분간 계속될 전망이다.

분명한 것은 코로나19 사태가 진정되더라도 코로나19 발생 전으로의 복귀는 아닐 것이라는 사실이다. 이미 경제·사회·문화 전반에 패러다임 시프트가 일어나면서 새로운 생존 전략이 요구되는 까닭이다. 특히 비대면의 '언택트'(Untact) 기술이 널리 활용되면서 문화, 소비, 금융, 마케팅, 의료, 근무, 채용, 교육 등과 접목해 이를 포괄하는 용어로 '언택트 사회'가 회자되고 있다. 그 기반은 5G와 인공지능(AI), 빅데이터다. 관련한 로봇과 드론 산업도 빠르게 진화하고 있다.

기존의 관행·관습에서 탈피해 익숙한 프레임을 혁신적으로 바꿔나가는 '게임 체인저'(Game Changer)가 되지 않으면 어느 부문이든 지속가능성은 담보되지 않는다. 과거의 성공방식에서 벗어나 전면적인 비즈니스모델 수정이 절실한 때다.

'코로나19'가 바꾼 일상, ICT 기술로 넘는다

코로나19의 확산이 모든 일상을 바꾸고 있다. 신규 확진자 수가 급증하면서 누적으로 최대치가 연일 갱신되고 있다. 마스크를 사기 위한 긴 줄은 국민의 공포감을 반영한다. 개인위생 준수와 사회적 거리두기가 생활화되면서 지역 경제는 심각한 수준이다.

특히 이 충격이 영세한 자영업자, 중소기업 및 과도한 가계대출자 등 우리나라의 경제적 약자들에게 집중될 것이라는 우려가 커지고 있다. 최선의 경기 부양 대책은 지역 감염 여파를 최소화하는 것이라는 해법도 등장했다.

정부가 긴급하게 진화에 나섰다. 코로나19 대응을 위한 추가경정 예산을 2015년 메르스 사태 추경예산 6조 2천억 원(세출예산 기준)을 넘는 규모로 편성하겠다고 발표했다. 이것이 고립감과 두려움에 절망하는 지역 주민들에게 공동체의 상호 신뢰와 격려로 치유되는 '로세토 효과'(Roseto Effect)가 나타나길 기대한다.

코로나19로 인해 우왕좌왕하는 모습으로 보이지만 외신들은 우리나라 대처 방식에 칭찬을 아끼지 않고 있다. 미국 월스트리트저널(WSJ)은 보건복지부가 웹사이트를 통해 코로나19 확진자의 위치를 면밀히 추적한 뒤 이를 온라인에 게시하고 있는 점을 높게 평가하고 있다. 한국이 확진자 동선을 신용카드 기록, 폐쇄회로 화면 등 '빅데이터'를 이용해 파악하고 있다고 소개했다. 영국 데일리메일은 한국 정부의 광범위한 감시 체계는 정보의 구체성과 그 정보가 온라인으로 즉각 대중과 공유된다는 점에서 이웃 국가들과 차원이 다르다고 결론지었다. 우리나라 ICT 기술의 우수성이 입증되고 있는 것이다.

같은 맥락에서 주목되는 것은 각국의 코로나19 현장에 파고들고 있는 ICT 기술이다. 중국 병원들은 격리 병동과 중환자실, 수술실 등에 로봇을 투입하고 있다. 5G 스마트 의료 로봇은 의료진 진료 안내와 소독, 청소 및 약물 배송을 맡고 있다. 사람의 얼굴과 목소리를 인식할 수 있는 음식 배달 로봇이 등장했다. 공중에서는 소독약을 살포하고 체온을 측정하는 데 드론을 이용하고 있다.

미국에서도 첫 코로나19 감염증 환자 치료에 로봇을 활용하고 있다. 간호 인력들이 고화질 화면과 카메라가 장착된 로봇을 이리저리 움직이면서 화면으로 환자를 진료하고 있다. 로봇 도입은 감염 확진자와 의료진의 접촉을 줄여 바이러스 확산을 막고자 하는 의도다.

눈여겨봐야 할 일상의 변화도 마찬가지다. 기업의 재택 · 원격 근무 도입과 화상통화 증대, 대학이나 종교시설의 비대면 접촉을 위한 온라인 솔루션 채택 등 폭넓게 나타나고 있다. 인공지능(AI) 기술과 협업툴을 기반으로 스마트워크 환경이 빠르게 정착 중이다.

한편 지역 산업의 현장은 '스마트 리쇼어링'으로 재도약하고 있는데 부산과 전북 익산의 사례가 대표적이다. 부산 녹산 국가산업단지는 해외 운동화 브랜드의 OEM(주문자 상표 부착 생산) 방식으로 1970년대부터 1980년대까지 번성했었다. 1990년대 들어 인건비 상승으로 인해 많은 기업이 해외로 이전하면서 점차 쇠퇴했다. 그러던 녹산 산업단지에 기업이 다시 돌아오는 것은 중국의 인건비 상승 원인도 있지만, 국내의 높은 인건비를 상쇄할 수 있는 스마트 공장 설립이 주효했다. 전북 익산의 이리 국가산업단지도 같은 이유로 부활하고 있다. 익산시가 공정 일부의 자동화와 도금 기술 표준화를 통한 스마트 도금 공장 구축을 지원하면서 국내 복귀 유도가 성과를 내고 있다.

현재 코로나19 사태가 엄중하지만 분명한 것은 '이 또한 지나가리라'는 것이다. 독일 언론이 칭찬하듯이 한국의 감염자 수가 증가하는 것은, 그만큼 뛰어난 진단 능력을 갖추고 있기 때문이다. 코로나19가 바꾼 일상 및 산업 현장에서 ICT 기술이 광범위하게 효과적으로 쓰이고 있음을 다시 한번 확인했다. ICT 기술의 활용 여부에 지역 경제의 명운이 걸려있다. 이것이 코로나19 사태가 주는 교훈이다.

지역 살리기, 거침없이 피보팅하라

'실감 경제'를 실감하시나요?

실감미디어 대중화 시대가 성큼 다가왔다. 가상현실(VR)·증강현실(AR) 시장이 5G 상용화와 결합하면서 빠르게 일상을 파고들고 있다. 컴퓨터, 인터넷, 스마트폰에 이은 4번째 기술 플랫폼으로서 타산업과의 융합을 통해 경제사회 전반의 혁신을 유도하고 있다.

세상의 모든 것이 연결되고 지능적인 환경으로 진화하는 신융합 시대가 본격화하고 있다. 이는 제4차 산업혁명 시대의 또 다른 이름이다. 인공지능, 빅데이터, 사물인터넷, 5G 통신 등 핵심 기술의 발전과 융합으로 초연결, 초지능, 초실감, 초고속 환경이 조성되면서 새로운 융합제품 및 서비스가 속출하고 있다.

글로벌 시장조사 기관인 가트너(Gartner)는 '2019년 Top10 전략기술' 가운데 하나로 '실감 기술'(Immersive Technologies)을 선정하고 앞으로 5년 안에 자신의 몸은 물리적인 3차원 현실 세계에 있지만, 디지털 세계와 상호 작용할 수 있는 혼합현실(MR) 기술 시대가 열릴 것으로 내다봤다.

2018년 6월 문화체육관광부에서는 4차 산업혁명의 핵심 기술인 VR·AR·MR·인공지능(AI) 기술이 결합한 콘텐츠를 '뉴 콘텐츠'(New Contents)로 규정했다. 과학기술정보통신부는 지난해 10월 '실감 콘텐츠 산업 활성화 전략(2019~2023년)'을 발표하면서 공공·산업 분야 실감 콘텐츠 신시장 창출 지원을 핵심과제로 꼽았다.

얼마 전 과기정통부는 '2020년도 디지털콘텐츠산업 육성 추진계획'

에 VR · AR 등 실감 기술을 활용하는 혁신적인 5G 생태계 활성화를 위한 1천900억 원 규모의 투자 방안을 담았다. 2020년을 5G 기반 실감 콘텐츠가 다양한 산업과 연결되면서 생산성을 향상시키는 '실감 경제' 패러다임의 원년으로 명명했다. 새로운 블루오션 개척의 첫걸음인 셈이다.

실감 경제에 대한 개념은 2018년 영국 혁신 지원기관인 Innovate UK의 'The Immersive Economy in the UK'라는 정책보고서에 제시되어 있다. 실감 경제는 경험경제에서 발전된 형태다. 실감 기술로 인해 경험영역이 확장된다. 미가공 재료 추출 → 대량생산 중심의 제품 경제 → 서비스 경제 → 경험경제로 진화한 경제적 가치가 실감 경제(Immersive Economy)로 이동하고 있으며 그 동인은 VR, AR, 홀로그램 등 실감 기술이다.

Innovate UK의 보고서에서 주목할 것은 실감 기술을 범용 기술(General Purpose Technology)로 인식하고 있다는 점이다. 범용 기술은 역사적으로 영향력이 큰 소수의 파괴적 기술을 의미하는 것으로 여러 산업에서 공통으로 활용되고 진화가 빠르며 산업의 혁신을 유도할 수 있는 기술을 뜻한다.

18세기 말 제1차 산업혁명의 증기기관, 20세기 초 제2차 산업혁명의 전기와 자동차, 20세기 말 제3차 산업혁명의 인터넷 등이 이에 속한다. 이들은 경제 전반에서 생산성 향상을 촉진했으며 다른 기술과 상호 보완 작용하면서 기술적 조력자(Enabler)로 산업 혁신을 주도했다.

최근 산업연구원 발표 자료에 따르면 실감형 콘텐츠를 포함한 지능형 반도체, 차세대 디스플레이, 이차전지, 인공지능, 바이오 헬스 등 9개 신산업의 세계 시장 전망치(2017~2023년) 중에서 실감형 콘텐츠가 58.1%로 성장성이 가장 높았다.

우리나라는 저성장 기조 고착화와 주력산업의 성장한계를 타개할 수 있는 대안 마련이 시급하다. 충북 제조업의 르네상스 전략도 신산업 집중 육성과 기존 주력산업 혁신을 통한 산업구조 재편에서 찾아야 한다. 미래 성장 가능성이 큰 실감 콘텐츠 산업이 해법이 될 것이다. 아직 신장세가 더딘 국내 시장을 선점하기 위한 특화 전략과 지역의 튼실한 제조업을 실감 기술과 융합하는 과감한 디지털 전환이 모색돼야 할 시점이다.

PART 4

지역 경제 활성화
정책과 전략

(2019년)

2019년은 일본이 반도체·디스플레이 산업의 핵심 소재 세 품목을 수출 규제한 데 이어 우리나라를 화이트리스트(수출 심사 우대국가)에서 제외하면서 온 나라가 절치부심하던 해였다. 이에 대한 각성으로 국내 소재·부품·장비 산업 재조명 및 정책 대응 변화를 제시했다. 혁신성장 생태계, 초격차 전략, 인재 전쟁, 규제개혁 등을 소재로 삼았다. 충북 맞춤형으로는 제2 판교밸리 조성 전략, 오송의 바이오헬스 산업 육성 방안 등을 제안했다.

바이오헬스 산업의 남방한계선은 오송이다

오송 제3생명과학 국가산업단지에 대한 예비 타당성 조사가 본격화됐다. 12월 4일 현장 조사가 실시되었으며 2020년 예비 타당성 조사통과, 2021년 국가산업단지계획 승인을 목표로 하고 있다. 충청북도는 제3생명과학단지를 바이오 스타트업과 벤처 기업의 생성, 집적, 성장을 촉진하는 글로벌 거점으로 조성한다는 계획이다.

오송은 이미 지역적 경계를 넘어 오래전부터 우리나라를 대표하는 바이오헬스 산업의 중심지였다. 최근 국토연구원이 발표한 '4차 산업혁명 시대의 혁신 기업을 위한 입지정책 연구' 결과에는 혁신성장기업 클러스터의 북방한계선으로 서울 종로와 중구, 남방한계선으로는 경기와 인접한 충남 천안 북구라고 결론짓고 있지만, 바이오헬스 산업의 남방한계선이 오송이라는 사실은 부인할 수 없을 것이다. 1, 2생명과학단지를 중심으로 다른 지역과 비교할 수 없는 튼실한 바이오헬스 산업 생태계를 갖추고 있기 때문이다.

이 연구는 기존 산업분류가 아니라 기업을 중심으로 분석했으며 제조업과 비제조업을 모두 포함하고 있어서 오송의 특화된 입지적 강점은 부각되기 어려웠다. 결국, 바이오헬스 산업에 중점을 둔 연구 결과와는 거리가 멀다는 한계가 있다.

오송은 지역적으로나 국가적으로 특별한 장소성이 있다. 충북의 바이오산업을 싹 틔운 곳으로서 '생명과 태양의 땅 충북'이라는 장기 비전의 한 축을 담당한다. 전국적으로 차별화된 첨단의료산업의 메카로 그 위상을 공고히 해왔다. 지난 5월에는 국가 비전인 '바이오헬스 산업 발전 전략'이 오송에서 선포되면서 혁신성장의 새로운 힘을 모으는 임무를 부여받았다.

산업입지정책은 시대와 경제적 상황에 따라 '국가경쟁력 강화' 또는 '균형개발 우선' 중에서 선택되어 왔지만 제3생명과학단지는 이 두 가지를 동시에 충족시켜야 하는 중차대한 역할을 맡고 있는 것이다.

이를 위해 먼저 고려할 것은 4차 산업혁명 시대에 걸맞은 물리적 인프라여야 한다는 점이다. 4차 산업혁명 시대에는 기술의 발달·복잡성으로 인해 산업 간 경계가 허물어지면서 끊임없이 새로운 산업이 탄생하고 있다. 따라서 기존 산업분류에 기반하면서도 혁신·성장, 일자리 창출이 뛰어난 기업군에 중심을 두는 입지정책으로 패러다임을 바꿔야 한다. 이미 포화상태에 이른 1, 2산단으로는 새롭게 부상하고 있는 바이오헬스 산업 관련 기업을 수용할 수 없다. 연구개발 용지와 생산 용지가 조화되어 산업 간 융합을 견인하는 스마트한 바이오헬스 산업 인프라 구축이 요구된다.

그리고 국가균형발전을 선도하는 혁신성장 지역의 롤 모델이 되어야 한다. 4차 산업혁명은 생산기술을 혁신하는 기업의 변화로부터 시작해 입지까지 연결된다. 그러나 기업 입지는 기술혁신으로 인해 도심에서 더욱 고밀화되고 고급 인력을 중심으로 직주 근접 현상이 뚜렷해져 왔다. 앞서 언급한 연구 결과에서 확인되듯이 혁신성장기업의 63%가 수도권에 집중되어 있으며 지역 간 격차 확대를 우려하는 상황이다. 오송에서 글로벌 혁신성장기업들을 키워내 국가균형발전에 기여하는 토대로 삼아야 한다.

오송 1, 2생명과학단지는 바이오 시장 관점에서 볼 때 얼리어댑터들이 연구개발에 치중하는 초기시장 단계에 머무르고 있다. 기업과 시장 위주의 주류시장 단계로 넘어가기 위해서는 둘 사이의 간극인 캐즘(Chasm)을 극복해야 한다. 기술 중심의 초격차 전략(Best 1)과 기업 중심의 장소적 우월전략(Only 1)으로 바이오헬스 산업 육성 및 국가균형발전을 함께 이룩하는 방안이 최선이다. 이것이 오송 제3생명과학 국가산업단지가 조성되어야 하는 이유다.

다이슨(Dyson)의 사업 포기가 주는 교훈

미래 자동차에 관심 있는 사람이라면 세계적으로 주목하는 한 사람이 있다. 바로 혁신의 아이콘으로 불리는 제임스 다이슨(James Dyson)이다. 영국의 전자제품 기업 다이슨(Dyson)을 설립한 창업가로서 날개 없는 선풍기, 먼지 봉투 없는 청소기, 속이 뻥 뚫린 헤어드

라이기 등을 시장에 성공적으로 출시하면서 '가전계의 스티브 잡스'로
불린다.

5년간 시제품을 5천127개 만들고 나서야 '먼지 봉투 없는 청소기'를
완성했다. 5천126번의 실패 경험에서 탄생한 것이 '성공은 99%의 실
패로 이뤄진다'는 유명한 그의 지론이다. 산업디자이너, 혁신가, 엔
지니어, 기업가 등의 수식어가 그의 위상을 상징한다.

이러한 '영국 제조업의 자존심' 다이슨이 지난달 10일 갑자기 전기
차 프로젝트를 중단한다고 발표하면서 충격을 안겨줬다. 다이슨은
2016년 20억 파운드(약 3조 원) 이상을 투자해 '전혀 다른' 전기차를
내놓겠다고 선언한 뒤 500여 명의 신규 인력을 이 부문에 투입했다.
2020년 싱가포르 전기차 공장 완공, 2021년 양산 돌입 예정이었다.

다이슨의 포기 상황을 접하는 미래 자동차 시장의 평가는 분분하
다. 전기차 시장의 일시적 위축으로 보는 견해와 실패는 이미 예견된
것이었다는 의견이 엇갈리고 있다. 창업자인 제임스 다이슨은 직원들
에게 보낸 이메일에서 개발팀이 '환상적인 전기차'를 개발했지만 '상업
성'이 없어 생산하지 않기로 했다고 밝혔다. 다이슨의 자동차팀이 개
발한 차는 회사 철학에 충실하면서 접근방식도 독창적이었지만 이 프
로젝트의 구매자를 찾는 데 실패했다고 고백했다. 결국, 양산 과정에
서의 수익성이 발목을 잡은 것이다.

세계 자동차 산업의 지각변동이 심화하고 있다. 미래차로의 변혁기
를 맞아 '적자생존' 싸움이 치열하다. 국제통화기금(IMF)은 지난 10
월에 펴낸 '세계 경제전망 보고서'를 통해 생산 · 판매 · 수출 모든 부
문에서 자동차 산업의 완연한 하향 추세를 언급했다. 자동차 시장은

공급 과잉 상태이고 미래 자동차 업계에서 사라지는 회사가 늘어날 것이라는 우려가 크다.

한편 각국의 환경규제와 보조금 등에 힘입어 전기동력차는 매년 20% 넘게 급신장하고 있다. 지난해 세계 자동차 판매에서 하이브리드카 등을 제외한 순수 전기차 비중이 1.5%였지만 2040년에는 30%에 달할 것으로 예측된다. 다이슨의 전기차 시장 진출은 이러한 판단에 근거한 것이라 할 수 있다. 현재 자동차 업계의 혼돈을 대변하는 단어는 '카마겟돈'(자동차와 종말을 뜻하는 아마겟돈의 합성어)이다. 반면 전기차를 포함한 미래 자동차 시장은 무한 경쟁에 돌입했다.

향후 모빌리티 수단은 내연기관차 중심에서 전기 또는 수소에너지를 이용하며 사물인터넷(IoT)과 통신기술의 발달로 차량 간, 도로 간 소통이 가능한 미래 자동차 시대로의 패러다임 전환이 필연적이다. 특히 미래 자동차 산업 중심은 제조업에서 서비스업으로 이동하고 정보통신기술의 발전과 함께 디지털화가 빨라질 것이다.

정부는 지난달 '2030 미래 자동차 산업 발전 전략'을 발표했다. 2030년 미래차 경쟁력 1등 국가로의 도약을 비전으로 삼았다. 충북도 이 경쟁에 도전장을 내밀었다. 자율 주행차 테스트 베드와 수송기계 부품 전자파센터를 구축해 관련 산업클러스터를 조성한다는 목표다.

자동차 산업 기술 혁신이 4차 산업혁명의 핵심 성장 동력이 될 것이라는 주장에 힘이 실리고 있다. 진입장벽이 낮아 춘추전국시대에 들어선 미래 자동차 산업 분야는 아직 절대 강자가 없어서 희망적이다. 그동안 주목받지 못했던 기업에게 혜성처럼 등장하는 기회를 제공할 수도 있다. 그러나 다이슨의 사업 포기에서 보듯 시장의 냉혹한 현실

지역 살리기, 거침없이 피보팅하라

올 간과해서는 안 된다. 제조·부품·ICT 등의 융합이 가능한 충북의 강점을 면밀히 살피면서 틈새시장을 개척해야 한다.

인재 전쟁 시대에서 지역의 살아남기

4차 산업혁명 시대의 핵심 키워드는 인재 육성이다. 1980년대 정보화 물결이 거세지면서 시작된 인재 전쟁은 4차 산업혁명이 선언된 2016년 세계경제포럼의 일자리 미래 보고서가 기폭제로 작용하면서 더욱 가열되고 있다. 미래 기술은 새로운 인적자원을 요구할 뿐만 아니라 기존 일자리 지형과 직무 변화를 야기하므로 이에 대한 능동적·선제적 대응을 강조했다.

기술 진보가 노동시장에 미치는 영향에 관해서는 오랫동안 학계의 관심 대상이었다. 그러나 미시적 관점에서 산업 및 기업의 일자리에 미치는 효과를 분석한 자료는 부족한 편이다. 특히 지역 단위의 유의미한 연구 결과를 찾기란 쉽지 않다.

최근 국토연구원의 발표 자료는 여러 가지 면에서 많은 시사점을 주고 있다. 혁신성장기업의 63%가 수도권 지역에 집중된 것으로 나타났다. 나이스평가정보 데이터를 토대로 전체 기업 중 2014년부터 2017년까지 매년 연구개발비, 매출, 고용, 임금이 동시에 늘어나는 혁신성장기업 809개의 소재지는 수도권 남부에 밀집되어 있다.

관련 기업과 기관들이 한곳에 모여 시너지를 내는 혁신성장기업 클러스터의 북방한계선은 서울 종로와 중구, 남방한계선은 경기와 인접한 충남 천안 북구로 파악됐다. 수도권을 제외하고 지방에서는 대전 유성, 광주 북구, 부산 해운대 일부가 혁신성장 지역으로 확인됐다. 수도권 중심의 혁신 성장세와 지방의 소외가 입증된 것이다.

요즘 기업들이 공장을 새로 짓거나 본사를 옮길 때 가장 우선시하는 것은 인재 확보의 용이성이다. SK하이닉스는 올해 초 120조 원 규모를 투자할 반도체 클러스터 입지로 수도권의 용인시를 선택했다. 얼마 전 현대중공업이 주주총회를 열고 중간 지주 회사인 한국조선해양을 서울에 두도록 결정했다. 좋은 인재를 확보하려면 연구개발을 담당할 한국조선해양 본사는 서울에 있어야 한다는 논리였다.

이에 대해 울산시장과 울산시의회 의장은 삭발하며 중간지주회사의 서울 이전을 반대하고 나섰다. 서울 이전이 기존 울산 현대중공업의 경영 · 연구 인력 흡수 → 지역 인재 유출 → 지역 소비 감소 → 지역 경기 악화로 이어질 것을 우려했기 때문이다.

이렇듯 지역 외 인재 유인의 어려움과 지역 내 인재 유출로 인해 이중고를 겪고 있는 지자체장들은 절박하기만 하다. 이시종 충북지사는 국가균형발전을 뒷받침할 인적 균형발전의 중요성을 역설했다. 우수한 고등학교와 대학, 고급 인재가 수도권에 몰려있는 상황에서 물적 균형발전을 위한 노력은 별 소용이 없다는 의미다. 김경수 경남지사는 인재 양성과 지역 경제 선순환 구조를 만들어내는 데 경남의 미래 경쟁력이 달렸다고 강조했다. 어떻게 하면 이러한 상생 모델을 정립할 수 있을지 모든 분야에서 고민해 줄 것을 주문했다.

미국 월스트리트저널(WSJ)은 실리콘밸리의 정보기술(IT) 기업들이 캐나다 최대 도시인 토론토에 사무실을 확장하고 있는 현상을 '실리콘 밸리가 토론토를 침공하고 있다'고 표현했다. 실리콘밸리 IT 기업들이 인재를 찾아 캐나다로 영토를 넓히고 있다는 뜻이다. 인재 전쟁이 전 세계 곳곳에서 쉼 없이 벌어지는 중이다.

혁신성장기업의 수도권 집중 현상이 지속되는 한 비수도권과의 발전격차 해소 희망은 요원하다. 우수 인재가 모이는 기업이 혁신과 성장을 이루고 이를 통해 새로운 직업과 일자리가 창출되는 혁신성장지역의 꿈은 수도권만이 누릴 수 있는 호사일 뿐이다.

지역의 교육시스템을 바꿔서 인재와 기업가를 지역에서 육성하는 특단의 조치가 강구돼야 한다. 인적 균형을 이룬다고 해서 국가균형발전이 순조롭게 달성될지 예단하기는 어렵지만 방치한다면 더 이상 수도권과 비수도권 간 격차 해소는 물론 지방소멸을 막을 방책은 없어진다고 봐야 한다.

충북의 '제2판교밸리' 조성 전략

경기도 성남시에 위치한 판교는 전국의 지방자치단체들이 선망하는 산업클러스터의 롤 모델이다. 각 지자체장은 벤치마킹을 위해서 분주히 이곳을 찾는다. 집행부뿐만 아니라 지방의회도 마찬가지다. 중앙정부도 거든다. 지난해 초 국토부는 지역 성장거점 육성을 위해 도시첨단산업단지로 지정된 대구 율하 · 인천 · 순천 도시첨단산단을 '판교

2밸리'로 선도 개발한다고 발표한 바 있다.

지역의 미래 먹거리를 찾기 위한 부단한 노력은 국내외를 가리지 않는다. 우리나라의 대표적 포털 사이트인 네이버가 '제2 데이터센터' 부지 공개 모집에 나서자 지방자치단체 간 유치 경쟁이 벌어졌다. 총 96곳의 지자체와 민간사업자가 제안서를 제출한 것이다. 네이버는 춘천에 이어 두 번째로 설립되는 데이터센터를 5G·로봇·AI·빅데이터 등 첨단산업 인프라로 활용할 계획이다. 총 5천400여억 원이 투자된다.

미국 시애틀에 본사가 있는 아마존이 '제2본사' 입지를 찾을 때는 북미 238개 도시가 신청서를 제출했다. 고용 효과가 크고 지역 발전에 기여하는 바가 엄청날 것으로 판단한 각 지역이 경쟁적으로 유치 인센티브를 제시했다. 신규로 고용하는 총 5만 명의 일자리는 연봉이 20만 달러 이상인 고급 일자리다.

성남시는 국내 주요 정보통신기술(ICT)·바이오 기업이 밀집한 판교테크노밸리를 '아시아 실리콘밸리'로 키우겠다는 포부를 밝혔다. 원도심의 옛 일반산단과 시너지를 내면서 세계 속 기술 혁신도시로 육성한다는 복안이다. 시장 직속 아시아실리콘밸리담당관을 신설하는 조직 개편을 준비 중이다.

각 지자체는 해당 지역 실정에 맞는 제2의 판교밸리를 만드는 데 초점을 맞추고 있다. 충북에서도 '제2판교밸리'에 대한 관심이 매우 높다. 특히 오송의 국내 바이오헬스 산업 거점과 오창의 스마트 IT 부품·시스템 거점(강소특구), 청주국제공항의 항공교통·물류·산업 기반 국제교류 거점을 묶는 구상은 타 지역과 확실히 다르다. BT 기

지역 살리기, 거침없이 피보팅하라

술과 ICT 기술의 융합은 AI(인공지능) 클러스터의 초석이 될 것으로 전망된다.

판교테크노밸리의 좁은 도시형 클러스터, 80%가 넘는 ICT 산업의 편중성, 제조 기반의 취약성 등과 비교되는 넓은 공간적 개방성, 다양한 산업 분포, 튼실한 제조기반, 세계로 통하는 국제공항 등은 충북의 장점이면서 성장 가능성을 내포하고 있다. 독특하면서 차세대 과학혁명을 선도할 충북형 초격차 전략이 그래서 필요하다. 따라서 충북의 제2판교밸리 조성은 국내용이어서는 안 될 것이다. 우리나라 에는 없는 랜드마크가 되어야 한다.

무엇보다 중요한 것은 첫째도 인재, 둘째도 인재, 셋째도 인재다. 아마존 제2본사 선정 키워드는 세계적 수준의 인재 확보였다. 최근 실리콘밸리 자본이 캐나다 토론토의 인적자원을 찾아 빠르게 이동하는 것도 같은 이유다. 충북에서 대학을 적극 지원하는 기업과 기업을 위해 맞춤형 인력 양성을 깊이 고민하는 대학의 긴밀한 상생은 필수조건이다. 인공지능 전문대학원 설립도 서둘러야 한다. 지역에서 '스티브 잡스'와 '일론 머스크'를 키워야 한다.

첨단 기업문화를 함양하는 것도 소홀히 할 수 없다. 지난해 창작과 비평 신인상을 받은 장류진 작가의 단편소설 '일의 기쁨과 슬픔'은 요즘 판교테크노밸리 스타트업 종사자들 사이에서 인기가 높다. 미국 실리콘밸리의 문화가 판교에 이식되면서 변질된 풍속도를 사실적으로 그렸다는 평가다. 판교의 젊은 창업가들에게 큰 부담이 되는 극심한 교통난과 높은 집값 등에 대해 공공정책 차원의 대책 마련이 요구된다. 이러한 시장 주도 혁신 생태계 구축은 지자체에 의해 뒷받침되어야 할 것이다. 국내 최고 수준의 시스템으로 설계되어야 한다. 그래야 판교테크노밸리를 넘을 수 있다.

새로운 지역 산업 정책이 필요한 이유

자유무역주의를 지탱해온 '보이지 않는 손'의 시장 메커니즘이 뿌리째 흔들리고 있다. 영국의 대표적인 고전파 경제학자 데이비드 리카도(D. Ricardo)에 의해 정립되었던 비교우위론은 교과서에서나 찾아봐야 할 모양이다. 비교생산비에 의한 생산의 특화와 자원의 최적 배분 논리는 한 국가나 개인의 정치적 · 자의적 판단, 즉 '보이는 손'으로 인해 힘을 잃었다. 세계 경제는 점점 예측 불가능한 늪으로 빠져들고 있다.

특정한 국가나 정치인의 몽니 때문에 우리나라와 지역 경제가 위협받지 않을 만큼 내실을 기해야 하는 엄중한 과제를 안게 됐다. 그렇지만 4차 산업혁명의 시대적 흐름은 거스를 수 없는 대세다. 민간의 창의와 혁신을 이끌어내기 위한 노력은 지속돼야 한다. 주변의 요동치는 환경을 담아낼 새로운 지역 산업 정책이 요구되는 이유다.

4차 산업혁명의 진전은 궁극적으로 지역 경제의 중요성을 더욱 부각시키고 있다. 기존 대량 생산방식이 쇠퇴하고 지역 기반, 개인맞춤형 생산방식이 우세해지는 까닭이다. 4차 산업혁명 핵심 기술의 발달은 경제 전반에 걸친 다양한 제품 생산과 소비가 가능한 지역 경제 단위로 재편될 전망이다. 이러한 관점에서 지역 산업 정책을 재정리해야 할 것이다.

무엇보다 시급한 것은 지금까지 금과옥조로 믿어왔던 경제 원칙을 교정하는 일이다. 당면한 소재 · 부품 · 장비 국산화는 더욱 그렇다. 소재 분야는 원천기술에 기반하고 있어서 투자 회수 기간이 길다. 위험요인도 많아 중소기업이 감당하기 힘든 분야로 알려져 있다. 그래서 기획 단계부터 수요처인 대기업과의 긴밀한 연계가 매우 중요하다.

우리나라는 산업화 과정에서 기술축적 시간이 긴 중간재보다 최종 완제품 · 조립 산업을 중심으로 성장전략을 추구했다. 수출 주도 압축성장에 최적화된 산업구조를 가지고 빠른 시일 내에 국제경쟁력을 갖출 수 있는 조립 가공에 집중했다. 그렇게 일본과의 분업 구조가 형성됐고 갈수록 의존관계는 심화했다.

한국경제연구원이 얼마 전 발표한 '제조업 수출경쟁력 점검과 국제비교' 보고서를 따르면 국내 1천 대 제조업 수출 상품군 가운데 '품질경쟁력 우위'로 분석된 것은 총 156개였다. 일본(301개)의 51.8%, 독일(441개)의 35.4% 수준이다. 특히 소재 · 부품 · 장비 제품은 수출경쟁력이 미흡하고 기술격차가 존재하는 것으로 나타났다.

이와 관련한 일본 기업의 특장점은 많은 시사점을 주고 있다. 지난해 말 발간된 '일본 초격차 기업의 3가지 원칙'은 일본을 '잃어버린 20년'에서 부활시킨 주역들의 생존 비결에서 공통점을 찾고 있다. '당연한 것을, 멈추지 않고, 제대로 하는' 기업군으로 정리된다. 당연하게 받아들이는 것부터 혁신하고, 조급함과 '손실 회피' 본능을 넘어서며, 조금 더 잘하는 것에서 제대로 하는 것을 의미한다. 산업용 로봇 세계 점유율 1위 기업 화낙(FANUC)의 경영 원칙은 '엄밀(嚴密)'로 표현된다. 뻔한 얘기지만 우리는 소홀히 했던 기본일 수 있다.

고전파 경제학의 자율적 시장 기구에 의한 메커니즘을 비판하면서 등장한 이론이 케인스 경제학이다. 정부의 역할을 강조한 바 있다. 현재 각국의 보호무역주의에 대응하기 위한 정책적 뒷받침을 강화해야 한다. 기존 수입 의존-수출 확대 전략의 수정이 불가피하다.

강소기업을 키울 에코시스템과 인내심에 대한 문제의식에서 출발해야 한다. 대·중소기업의 협업시스템을 굳건히 하면서 지역 대학들과 함께 맞춤형 인재 양성 프로그램을 보강해야 한다. 제조업 성장 둔화가 지역 경제 침체를 야기하고 지역 산업의 연관성·다양성 미흡이 경제 활력을 저하시켜 성장 경로 고착화의 원인으로 작용하는 난제를 풀어야 한다. 불확실성의 파고를 극복할 기업가 정신 함양도 긴요하다. 현안인 소재·부품·장비 분야의 품질경쟁력 제고 방안을 포함해 지역 산업 정책의 새 판이 필요하다.

쉽지는 않겠지만 반드시 가야만 하는 길

이 제목은 소재·부품 산업 육성을 위한 향후 행보를 축약한 말이다. 일본이 반도체·디스플레이 산업의 핵심 소재 세 품목을 수출 규제한 데 이어 우리나라를 화이트리스트(수출 심사 우대국가)에서 제외하면서 부각되었지만 국내 소재·부품 산업은 오랫동안 취약성을

지역 살리기, 거침없이 피보팅하라

안고 있었다.

1983년 우리나라의 삼성전자가 반도체 D램 사업을 시작하겠다고 선언하자, 일본의 미쓰비시 연구소는 '삼성이 반도체 사업에서 성공할 수 없는 5가지 이유'라는 도발적인 보고서를 낸 바 있다. 그 이후 10년이 지난 1993년 미국 데이터퀘스트 사는 1992년 반도체 시장을 분석하고 D램 분야의 세계 1위 메이커가 삼성이라는 통쾌한 결과보고서를 발표했다. 그렇게 우리나라의 반도체산업은 급속히 성장했다.

그러나 유한한 자원을 가지고 선택과 집중을 통해 압축 성장을 해오는 동안 소재·부품 산업의 대일본 의존도는 심화했다. 이를 빗대 1989년 일본의 경제평론가 고무로 나오키는 저서 '한국의 붕괴'에서 가마우지 경제로 표현했다.

'가마우지 경제'란 우리나라 소재·부품 산업의 대일본 의존도가 높아 한국 기업이 완제품을 수출해서 수익을 올리더라도 일본산 핵심 소재·부품을 써야 하기 때문에 정작 실익은 일본이 챙기는 구조를 가리킨다. 허약한 실상에 대한 조롱 섞인 지적이었다. 일본은 이러한 우리나라의 약점을 파고들었다.

그런데 이번 사태가 심각한 것은 일본이 우리나라에 대해 경제 보복을 했다는 차원의 문제가 아니라는 데 있다. 지금은 어떤 나라나 기업도 독자적으로 상품과 서비스를 생산해 낼 수 없을 만큼 글로벌 가치 사슬에 편입되어 있다. 국제적 공급망으로 촘촘히 연결된 분업과 협업의 세계 경제 체제를 위협하는 무모한 결정을 한 것이다.

또한, 우리나라를 '수출 심사 우대국가'에서 배제한 이유가 안보상 불신이라는 것은 설득력이 없는 변명에 불과하다. 한·일 양국은 상호 의존적인 경제구조다. 특히 글로벌 IT 밸류 체인에서는 더욱 그렇다. 한국은 일본의 주요 소재·부품을 수입해 반도체·디스플레이를 생산하고 글로벌 기업들은 이를 토대로 스마트폰과 TV용 올레드 패널 등을 만들면서 세계 IT 산업 발전에 기여해 왔다. 전 세계 공동 번영을 위한 상호 협력의 근간을 역사적·사법적 사안을 빌미로 파괴하고 있다는 점이 우려스럽다.

이에 대해 정부와 지자체가 발 빠르게 움직이고 있다. 소재·부품·장비 산업의 일본 의존 탈피, 대·중소기업 협력체계 강화, 제조업 부활, 청장년 일자리 창출 등 정부의 역할 강화를 계획하고 있다. 전국의 지자체들은 일본 수출규제 대응 민·관 합동TF, 피해 신고센터 또는 대책반, 수출 유관기관 비상TF 등을 구성하면서 대응 태세를 갖추고 있다.

현 상황이 안타깝기는 하지만 새로운 출발점으로 삼아야 한다. 국제간 분업에 대한 신뢰 관계는 언제든지 훼손될 수 있다는 점을 염두에 둘 필요가 있다. 궁극적으로 치밀한 소재·부품·장비 산업 육성으로 전화위복의 계기를 마련해야 할 것이다.

사실상 국산화와 수입선 다변화는 어제오늘의 이야기가 아니다. 우리나라도 1991년부터 소재·부품의 국산화를 위해 노력해왔으며 국산화율을 높여왔다. 그렇지만 소재·부품 산업 육성 정책을 원점에서 재검토하고 잔존하는 '가마우지 경제' 구조에서 시급히 탈피해야 한다.

일본 기업들이 독점 공급하고 있는 소재·부품·장비 분야에 겁 없이 도전하는 신진들을 양성하고 꾸준히 지원해야 한다. 21세기형 신기업가 정신을 함양해야 한다. 수요처인 대기업과 산학연 협력을 통해 중소기업의 연구개발을 도와주는 '소재 · 부품 · 장비 산업 생태계'를 공고히 해야 한다. 시작은 순조롭지 못할지라도 훗날 효과를 반드시 거둘 수 있도록 '후일지효(後日之效)'(세종실록 19년 8월 6일)의 교훈을 깊이 새겨야 할 때다.

초격차 전략으로 승부하라

세계 3대 가전제품 IT 박람회로 미국 라스베이거스의 CES(세계가전전시회), 스페인 바르셀로나의 MWC(모바일월드콩그레스), 독일 베를린의 IFA(국제가전박람회)를 꼽는다. CES와 MWC가 매년 초에 열리면서 그 해의 시장 동향을 예측해볼 수 있다면, IFA는 9월경에 개최되어 그 흐름의 변화를 확인해볼 수 있는 행사라 할 수 있다.

이 같은 이벤트들은 미래 기술의 가능성을 상상하는 즐거움도 주지만 일상으로 다가온 현실 앞에서 놀라움이 배가된다. 향후 전개될 기술적 특이점에 대한 궁금증이 증폭되는 현장이기도 하다. 반면 차별화되지 못한 아이템들은 철저히 소외되기도 한다.

올해 바르셀로나에서 열린 'MWC 2019'는 '인텔리전트 커넥티비티(Intelligent Connectivity)'라는 슬로건으로 5G가 대세를 이뤘다. 기존의 MWC는 무선통신 사업자와 폰 제조업체, 그리고 일부 디스플레이 등의 부품업체가 주류였다. 이번에는 5G를 활용한 다양한 서비스,

즉 자동차, 로봇, 전자상거래, 금융, 방송 등으로 확대됐다. 모바일 산업의 대변신을 예고했다는 평이다.

우리나라에서는 대기업 7개, 중견·중소기업 131개, 스타트업 83 개를 포함해 약 222개 사가 참여했다. 지난해보다 47개 기업이 늘었다. 해외 전시회 참가를 통해 급속히 진화하는 최첨단 기술들을 면밀히 살펴보고 동기부여로 삼는 적극적인 기업들이 많아지고 있어서 고무적이다.

그렇지만 속내를 들여다보면 긴장할 수밖에 없는 정황이 발견된다. 단연 주목받은 업체는 중국의 화웨이였다. 메이트20 프로가 '최고 스마트폰' 부문의 상을 받았다. 또 폴더블폰인 '메이트X'가 'MWC 최고 신제품' 부문에서 수상했다. 모두 8관왕에 올랐다. 삼성전자는 야심차게 내놓은 갤럭시 폴더블폰이 최고 스마트폰 부문을 놓치며 최종 3개 수상에 그쳤다.

삼성전자는 가장 많은 기술 후보를 낸 기업이었다. 'MWC 글로모 어워즈(GLOMO Awards, Global Mobile Awards)'의 총 6개 분야 31개 부문 147개 기술 후보 중에서, 10개 부문 16개 기술을 후보에 올렸다. 뒤이어 15개의 화웨이가 자리했다. 국내 기업 가운데 삼성전자 다음으로는 SK텔레콤과 KT가 각각 5개, 3개의 후보를 냈다.

중국은 이제 우리나라의 추격자가 아니라 경쟁자 내지 이미 추월한 위치에 있다. 국내 IT업계 관계자들이 가지고 있는 4~5년 전 중국 기술과 제품의 저급성에 대한 선입견을 버려야 할 시점을 맞고 있다. 일부 전문가들은 향후 발전 속도에 대해 두려움을 느낄 정도라고 토로한다.

지역 살리기, 거침없이 피보팅하라

두 번의 반도체 쇼크에서 살아남아 세계적인 IT 기업으로 성장한 삼성전자는 '초격차' 전략을 구사해 왔다. 압도하지 않으면 잡아먹히기 때문에 살아남을 수 있는 유일한 방법이 초격차라는 의미다. 모든 회사도 자신들의 강점을 기반으로 '격(隔, 차이)'를 만들어야 한다. 이것을 토대로 기술은 물론 조직, 시스템, 공정, 인재 배치, 문화에 이르기까지 전 분야에서 범접할 수 없는 '격(格, level)'을 높이는 것이다. 단순히 시장 파워나 상대적 순위를 뜻하는 게 아니라 비교 불가능할 정도의 기술적 우위와 끊임없는 혁신, 그리고 그에 걸맞은 구성원들의 품격을 창출해야 한다.

초격차 전략으로 화웨이의 매서운 '5G 굴기'와 중국의 '화웨이 굴기'를 이겨내야 한다. 글로벌 IT 강국 대한민국의 명성을 되찾는 새로운 도전이 시작됐다.

미래는 규제할 수 없다

'미래는 규제할 수 없다'는 작년 하반기에 발간된 저서의 제목이다. 우리나라의 규제 문제를 진단하고 분석한 책이다. 혁신적 기술과 서비스에 대한 국내 규제정책의 현주소를 날카롭게 지적하고 있는데 혁신성장을 추구하는 정부 정책과 맞닿아 있어 주목을 받고 있다.

현재 진행형과 미래를 언급하고 있지만, 과거형이 되어버린 씁쓸한 사례들은 뼈아픈 메시지를 던져준다. 1997년 세계 최초로 디지털 파일로 음악을 재생하는 MP3플레이어 원천기술을 개발한 '디지털캐스트', 2000년대 초 벤처 붐을 일으킨 새롬기술의 '다이얼패드', 도토리 광풍을 일으킨 '싸이월드', 1인 방송 시대를 연 '아프리카TV', 2004년 유튜브보다 먼저 오픈한 세계 최초의 동영상 공유 사이트 '판도라 TV' 등 혁신적 토종 플랫폼 서비스 중에서 일부는 흔적도 없이 사라졌으며 일부는 여전히 고전을 면치 못하고 있는 현실을 꼬집고 있다. 이미 국내 플랫폼 시장은 위기라고 단정한다. 그 원인은 기술도 인재도 아닌 규제라고 결론짓는다.

지금 세계 각국은 4차 산업혁명의 급변하는 시대 흐름 맞서 치열한 생존 경쟁을 벌이고 있다. 정부에서도 규제개혁을 천명하면서 도전하는 연구자들을 응원하고 혁신 기업을 도울 것이라고 밝혔다. 최근 들어 충북에서는 이와 관련한 행사들이 연속해서 열리고 있다. 지난 2월 말 더불어민주당 혁신성장추진위원회(위원장 추미애)의 현장규제 간담회에 이어 국무조정실 주관으로 지역 기업들의 현장 애로 사항을 청취하고 규제 혁신 방안을 논의하는 행사를 가졌다. 규제 샌드박스 도입을 본격화하는 행보라 할 수 있다.

그런데 현실은 사뭇 다르다. 언론 보도에 의하면 박근혜 정부에서 최초로 규제 '임시 허가'를 받아놓은 중소기업이 정식 허가가 나지 않아 문재인 정부에서 규제 샌드박스를 다시 신청하는 사태가 발생했다. 임시 허가 뒤 정식 허가를 받기 위해 필요한 법령 개정 등 후속 조치가 끊긴 탓이다. 또한, 경제전문가들을 대상으로 한 설문조사에서 우리나라 기업 규제 수준이 선진국 대비 높다고 응답한 비율이 71%에 달했다. 규제 혁신을 외치지만 현장의 체감도는 기대에 미치지 못한다는 증거다.

미래 주도권을 잡기 위한 패권 전쟁은 더욱 속도를 내고 있다. 세계 최대의 모바일 전시회 'MWC 2019'가 스페인 바르셀로나에서 나흘간 5G 기술의 향연을 펼친 뒤 막을 내렸다. 증강현실(AR), 가상현실(VR)과 사물인터넷(IoT), 인공지능(AI)을 활용한 기업간거래(B2B) 서비스 등 다양한 혁신 기술을 선보였다. 4G보다 20배 빠른 5G는 우리 일상을 송두리째 바꿀 기세다. '초고속·초연결·초저지연'의 5G 특성이 향후 어떻게 진화할지 예측하기 어려운 상황이다. 이러한 배경에는 각국의 공세적 스타트업 육성, 규제 혁신이 자리 잡고 있다. 각국은 민간의 역량과 자원을 적극 활용하고 더 많은 시도와 도전이 이뤄지도록 규제를 최소화하는 정책을 펴고 있다.

눈여겨봐야 할 상대는 'MWC 2019'에서 두각을 나타낸 중국이다. 현재 중국을 있게 한 전환점은 2017년 6월 국무원 상무회의 석상에서 했던 리커창 총리의 발언이었다. '새로운 비즈니스모델을 전통적인 방식으로 규제해서는 안 된다'면서 누가 시대 변화와 소비자 니즈를 충족할지는 시장이 판단한다고 주장했다. '선 허용, 후 보완' 원칙을 강조한 것이다.

얼마 전 서울대 전기 학위 수여식에서 축사를 했던 빅히트엔터테인먼트 방시혁 대표는 유튜브 시대의 비틀즈로 평가받는 방탄소년단을 키워낸 장본인이다. 그는 엔터테인먼트 업계의 혁신 아이콘으로 불린다. 그를 이끈 에너지는 음악 산업이 안고 있는 악습, 불공정 거래 관행 그리고 사회적 저평가로 인한 분노였다고 토로했다. 시급히 시대에 뒤처진 낡은 규제를 털어내고 혁신성장을 위한 새 판을 짜야 한다.

불황의 경제학

올해 들어 세계 경기가 본격적으로 둔화할 것이라는 전망이 확산되고 있다. 세계은행은 최근 보고서를 통해 '하늘이 어두워지고 있다'며 금년도 세계 경제성장률이 2%대로 낮아질 것으로 예측했다. 세계은행은 물론 IMF, OECD 등도 연이어 경제 전망치를 낮추고 있다.

세계 경기 둔화의 원인은 복합적이지만 미국과 중국의 무역 전쟁 탓으로 보는 시각이 우세하다. 미국과 중국에 'R(recession, 경기 침체)의 공포'가 점점 커지고 있다. 이에 따라 선제적으로 구조조정에 나서는 글로벌 기업들이 늘고 있다. 'R의 공포'가 구조조정을 야기하면서 'L(layoff, 해고)의 공포'로 이어지고 있다.

무엇보다도 대외 의존도가 높은 우리나라 경제를 우려하는 목소리가 높다. 지난해 국내 경기는 하강 압력이 지속되었고 경기 동행 및 선행지수가 모두 장기간 하락세를 보여왔다. 올해 우리나라 경제는 글로벌 환경 변화로 인해 성장세가 더 둔화될 것이라 예상된다. 대안으로는 경제 펀더멘털 강화, 산업 경쟁력 제고 및 기업 투자 활성화를 통한 성장 잠재력 확충, 경제정책의 효율성 확보 등이 제시된다.

그런데 이미 오래전에 장기 침체에 직면한 세계 경제를 향해 경고장을 날린 경제학자가 있었다. 노벨경제학상 수상자인 폴 크루그먼은 경제가 무한정 성장할 수 있다는 환상에서 벗어나 경기 후퇴의 존재를 인정해야 한다고 언급했다. 경기 회복과 호황을 일으키는 데만 몰두해왔던 경제학 연구의 초점을 그간 등한시한 '경기 후퇴' 쪽으로 돌

　　　　　　　　　　　　　지역 살리기, 거침없이 피보팅하라

려아 한디고 주장했나.

　이것이 폴 크루그먼이 정립한 '불황의 경제학'이다. 불황을 무조건 터부시하지 않고 체제 내에서 다룬다. 공급 중심의 경제학, 즉 공급이 넘쳐나는데 세상은 경기 후퇴의 늪에 빠지고 있는 것이 기존 경제학의 한계라고 지적한다. 잠재적 수요가 시장으로 나갈 길을 찾지 못해 발생하는 '막힘 현상'이 원인이다. 따라서 경제학의 패러다임을 수요 중심으로 전환해야 한다고 강조한다.

　불황을 공급이 아닌 수요 측면에서 볼 때 해결책은 충분한 수요를 제공하는 것이다. 금리를 낮춰 돈을 풀고 도로, 다리 건설 등 인프라 구축 사업으로 지출을 늘리는 등의 케인즈식 경기부양 정책이 여전히 유효하다고 밝혔다. 폴 크루그먼은 공황은 절대로 오지 않겠지만, 불황은 오랫동안 계속될 것이라고 단언한 바 있다. 이제 불황을 현대의 일상으로 받아들이면서 대응 방안을 면밀히 살펴봐야 한다.

　얼마 전 정부는 '2019 국가균형발전 프로젝트' 추진방안을 확정하고 23개 사업 24조 원 규모의 예비 타당성 조사 면제 사업을 발표했다. 국가균형발전과 지역 경제 활성화를 위한 특단의 조치로 해석된다. 일자리 창출에 대한 절박함도 감지된다. 우려의 목소리가 있는 만큼 가성비 높은 결과를 도출해야 하는 부담을 안게 됐다.

　이와 관련해 엔리코 모레티(Enrico Moretti)가 집필한 '직업의 지리학'(The New Geography of Jobs)에서 많은 시사점을 얻을 수 있다. 낙후된 도시와 지역 경제를 어떻게 발전시킬 것인가에 대해 지침서라 할 수 있다. 경기 침체로 위기에 봉착한 지역들이 매력적인 혁신 지역을 목표로 하는 것은 고임금·첨단기술의 새로운 일자리 한 개가 지역 서비스 일자리 5개를 만들어내는 '승수효과' 때문이다. 또한, 혁신 기업들의 교역적 비즈니스는 외부 자원들을 끌어들이면서 집적 효과를 발생·축적시킨다.

창의적 아이디어 교류는 물리적 거리를 기반으로 상호 작용이 활발하다. 그래서 초기에는 산업계와 학계의 슈퍼스타가 기반시설보다 더 중요한 역할을 담당한다. 최근의 과감한 결단이 국가균형발전과 지역경제 활성화를 도모하는 묘책이 되길 소망한다.

혁신성장의 생태계를 만들자

청와대 2기 참모진의 본격 가동과 함께 정부의 경제 올인 행보가 속도를 내고 있다. 문재인 대통령 신년 기자회견의 핵심어는 '경제'였다. 가장 많이 언급된 단어는 '경제'(35회) 외에 '성장'(29회), '혁신'(21회) 등이었다. 혁신성장에 의한 경제 재도약에 방점이 찍혔다.

혁신성장은 새로운 미래 먹거리 확보를 의미한다. 기존의 추격형 경제모델에서 가치를 창조하는 개혁의 힘든 과정을 견뎌야 한다. 지금의 구조적 한계를 극복할 수 있는 돌파구를 찾아야만 가능하다. 살아남는 것이 올해의 목표가 된 기업들이 희망의 빛을 체감할 때까지 지속돼야 한다. 새해 벽두부터 반도체 수출이 27%나 급감하고 그 전망도 밝지 않은 지금 상황에서 쉽지 않겠지만 해야만 할 일이다.

매년 초에 열려서 최신 산업·기술 트렌드를 점검하는 데 유용한

'국제전자제품박람회(CES)'가 미국 라스베이거스에서 열렸다. 국내 한 경제일간지는 이번 CES 2019의 5대 키워드를 'MAGIC'으로 정리했다. 날고 걷는 차들의 진화 M(Mobility), 세상의 모든 것과 통하는 A(AI), 미래로 가는 고속도로 G(5Generation), 일상으로 들어온 똑똑한 I(Intelligent Robot), 서로 힘을 합쳐야 강해지는 C(Cooperation)가 그것이다. 마술 같은 혁신 기술이 세상을 바꾸고 있음을 다시 확인하는 행사였다.

이번 CES에 참가한 우리나라 중소벤처기업들이 스타트업 존 '유레카 파크'에서 눈에 많이 띄었다는 것은 매우 고무적이다. 지난해 50여 개에서 올해 160여 개로 3배 가까이 늘었다. 삼성전자의 C랩에서 스핀오프한 스타트업 8곳 가운데 3곳이 혁신상을 수상한 것도 주목된다.

그러나 이스라엘, 프랑스 등의 스타트업들이 대부분 '소프트웨어(SW)' 중심 벤처 기업인 반면 한국은 대부분 '제품(HW)' 중심 벤처 기업이었다는 한계가 드러났다. 여전히 제조업 일변도에서 탈피하지 못했다는 방증이다. 이종교배, 합종연횡의 시대 조류에 빠르게 적응해야 하는 과제가 부각됐다.

얼마 전 중소벤처기업부가 발표한 신설 법인 동향에서 과거와 다른 변화의 단초를 찾을 수 있다. 지난해 1~11월 누적 신설 법인은 총 9만 3천798개로 전년 동기 대비 4.6% 늘었다. 연령별 증가율 면에서 30세 미만 청년창업이 11.6% 증가하면서 60대 이상 고령층(11.8%)에 이어 큰 폭으로 상승했다. 특히 태양광 관련의 전기 공급업(49.7%), 전문ㆍ과학ㆍ기술 서비스(25.9%), 온라인과 모바일 관

련 정보통신업(21.3%) 등에서 평균 11.6%를 크게 앞서고 있어 관심
을 모은다. 한편 국내 한 경제일간지가 소셜 네트워크 서비스(SNS)에
올라온 청년 글 78만 건을 빅데이터로 분석한 결과 창업에 대한 청년
들의 인식이 '바꾸다, 만나다, 쌓다, 브라보, 배우다' 등 긍정적으로
바뀐 것으로 나타났다.

2011년 미국 오바마 정부는 '스타트업 아메리카 이니셔티브'를 통해
자유로운 창의력과 기업가 정신을 기반으로 한 벤처 기업을 미래 혁
신의 주체로 삼은 바 있다. 영국은 '스타트업 브리튼'을 내걸었다.

인도에서는 현 나렌드라 모디 정부가 2015년 '스타트업 인디아' 정
책을 펼치면서 창업 열풍이 본격화됐다. '스타트업으로 인도를 일으
켜 세우겠다'(Start up India, Stand up India)는 구호는 창업을 통해 인
도를 바꿔 나가겠다는 강력한 의지의 표현이다. 스타트업 천국이 되
면서 빠져나갔던 인재들이 돌아오고 있다.

글로벌 대기업 구글·애플 등은 창업 당시 성공을 점치는 사람이 없
었다는 공통점을 갖고 있다. 혁신을 위해서는 성공 방정식을 쫓는 대
신 일탈적 아이디어를 수용하는 생태계 조성이 전제되어야 한다. 최
근의 변화가 체감될 수 있도록 일관성 있는 정책 추진이 필요하다.

PART 5

중소기업의 혁신 성장과
지역 밀착형 일자리
(2018년)

2018년은 지방선거를 통해 민선 7기가 출범한 해였다. 비울 때 비우고 채울 때 채우는 순환의 지혜를 통해 과거와 결별할 것과 새로 채워야 할 것에 대한 식별의 중요성을 소재로 삼았다. 연세대 모종린 교수의 저서 '골목길 자본론'을 인용, 지역의 젊은 인재들이 머물고 더 큰 발전을 이루면서 청년실업 문제를 해결하자는 골목길 경제학을 다뤘다. 충북 맞춤형으로는 혁신성장, 충북 혁신도시, 소방복합 치유센터 유치 관련 정책을 제안했다.

지식 네트워크 시대의 특화 전략

얼마 전 정부는 문재인 대통령 주재로 확대경제장관회의를 열고 '2019년 경제정책방향'을 확정·발표했다. 대규모 프로젝트, 사회적 대화와 타협, 산업부문 혁신, 포용성 강화 등 4대 부문과 16대 중점 추진과제로 요약된다. 경제 활력을 되살리는 데 방점을 뒀다. 일부에서는 16개 과제 중 10개가 성장 촉진 정책이라며 반기는 분위기다.

미래를 위한 과감한 투자도 계획되고 있다. 내년부터 4차 산업혁명에 대비한 R&D 투자를 통해 미래 먹거리 산업을 적극 육성하기로 했다. 그동안 정부는 2000년대 이후 연구개발 투자를 꾸준히 늘려왔다. 최근 과기정통부 자료에 의하면 2017년 기준 GDP 대비 연구개발 투자비는 세계 5위, GDP 대비 R&D 투자 비율은 4.55%로 세계 1위다. 내년에는 올해 대비 4.4% 증가해 20조 원을 넘어선다.

그러나 양적인 성장과는 달리 효율성이 떨어진다는 지적이 반복되어 왔다. 특히 4차 산업혁명의 근간을 이루는 핵심 산업 지식재산권 경쟁에서 뒤처진 것으로 나타났다. 특정 기업 편중 현상이 심할 뿐만 아니라 기술 시장 관심도, 상업성을 판단할 수 있는 피인용 수에서 선진국에 비해 현저히 낮았다. 지식재산권 경쟁력 확보와 함께 효율성을 가미한 전략적 투자가 필요하다는 증거다.

4차 산업혁명은 모든 것이 연결되며 보다 지능적인 사회로의 진화를 의미한다. 사물인터넷, 인공지능 등 차세대 기술들이 빠르게 발전하면서 사람, 데이터, 사물이 네트워크로 연결되는 초연결 시대를 이미 경험하고 있다. 그만큼 새로운 지식의 창출과 유통이 더욱 빨라지고 혁신 경쟁은 치열해졌다.

오늘날 지역 혁신 정책에서는 산업과 경제의 혁신성과 제고 차원에서 지역 내 지식 흐름의 구조 이른바 지식 네트워크가 중시되고 있다. 지식 흐름은 기술과 산업 간 상호 작용에 의해 지속적으로 확산된다.

지역은 혁신 주체들이 상호 학습할 수 있는 최적의 공간적 범위를 제공한다. 최근 산업연구원이 특허 인용 데이터를 이용해 분석한 자료에서는, 지식 흐름은 서울·경기·대전 등 특정 지역을 중심으로 활발한 것으로 나타났다. 특히 수도권에서 창출된 지식에 대한 비수도권의 흡수 의존도가 높았다. 지식 창출이 반드시 원활한 지식 흐름을 수반하지는 않으며 지식 흐름을 형성하는 기술 구조는 산업과 지역마다 차이가 났다. 지역 내 주요 기술과 산업 간 연관성도 지역별로 편차가 존재했다.

충북은 인천·충남·대구와 함께 지식 창출 정도는 양호하지만, 지역 내 공유를 통한 지식 흐름이 상대적으로 부진한 지역으로 분류됐다. 지식 창출은 전국 6위로 높은 편이나 지역 내 공유, 즉 지식 흐름은 분석 대상 15개 시·도(세종과 제주 제외) 중 15위로 최하위를 기록했으며 두 지표 간 격차도 컸다. 산업적 기반은 건실하지만, 산업 관련 지식 창출 및 공유 활동의 정도 간에 격차를 보이는 유형에 속했다.

지속적 성장의 핵심 원천인 지식의 역할과 중요성을 감안할 때 충북형 지식 네트워크 구축이 시급하다. 우선 지식 창출 정도에 비해 지역 내 공유가 상대적으로 원활하지 못하다는 점에서 지역 내 중개 기능(예, 충북과학기술포럼) 강화가 모색되어야 한다.

또한, 수도권 등 특정 지역에 편중된 지식 흐름의 공간적 불균형 개선을 위해 지역의 혁신성장 플랫폼이 조성되어야 한다. 과기정통부가 추진하고 있는 강소연구개발특구의 충북 유치가 대안이다. 한편 기술의 산업적 활용도 제고를 위해서 지역대학 연합기술지주회사를 설립, 기술 사업화를 촉진해야 한다. 지역 대학들과 지자체 및 공공기관이 공동 참여함으로써 기술과 지역 산업 간 연계성을 높이는 방안이 요구된다.

혁신성장의 주역을 키우자

최근 발표된 통계청의 '2018년도 3분기 지역 경제 동향' 자료를 보면 지역별 명암이 극명히 갈린다. 주력산업의 침체가 지역 경제지표에 고스란히 반영됐다. 경남의 수출은 43.7% 감소했고 부산은 15.9%

줄었다. 조선과 자동차 산업의 경기 악화가 원인이다.

부산과 울산의 고용률은 꼴찌에서 1, 2위를 차지했고 울산은 실업률에서도 전국 1위였다. 이들 지역은 정부가 지정한 고용 위기 지역에 포함돼 있다. 또한, 울산과 경남은 특정 산업에 대한 의존도가 높아 해당 산업이 위기를 겪으면 대규모 실직 등이 발생할 우려가 있는 산업위기대응 특별지역이다. 과거 영화를 누렸던 지역들의 시름이 깊어지고 있다.

기업들의 경영난은 이러한 현상을 뒷받침한다. 한국거래소가 유가증권 시장 및 코스닥 시장 상장사 1천377곳의 3분기 영업이익을 살펴본 결과 반도체 호황(삼성전자, SK하이닉스)으로 인한 착시현상을 빼면 기업들의 영업이익은 10.5% 감소했다. 유가증권 시장 상장사 10곳 중 6곳이 영업이익 감소를 겪고 있다.

경제성장 회복과 일자리 창출 성과를 동시에 끌어올려야 하는 긴박한 상황이지만 결코 만만치 않다. 고용 탄성치가 계속 떨어지고 있기 때문이다. 한국은행 경제전망을 토대로 최근 취업자 수 증가율(0.3%)을 국내총생산(GDP) 증가율(2.7%)로 나눈 고용 탄성치는 0.11이었다. 지난해(0.39)의 3분의 1 수준이다. 고용 탄성치가 클수록 경제성장에 따라 일자리가 많이 증가한다는 뜻인데 현실은 두 지표의 동반 하락으로 나타났다.

높은 성장 잠재력과 양질의 고용 창출력을 겸비한 기업군을 집중 육성하는 과감한 전략이 필요한 때다. 정부가 내년도 예산안의 특징으로 일자리와 함께 혁신성장을 강조하자 경제계가 반색하고 나선 것도 같은 맥락이다. 이에 대한 근거는 어렵지 않게 찾아볼 수 있다.

한국은행이 발표한 '창업의 장기 고용 효과: 시군구 자료 분석' 자료에 따르면 지역 내 제조업 창업률이 1%포인트 상승하면 10년에 걸쳐 역내 고용 증가율은 3.3%포인트 오르는 것으로 확인됐다. 고용 창출 효과는 반도체 · 디스플레이 · 컴퓨터 · 항공 등 고위 기술 기반 창업이 기계 · 자동차 · 석유화학 등의 중고위 기술보다 컸다. 반면 서비스업 창업은 장기적으로 고용 확대에 기여하지 못했다.

한편 매출 1천억 원을 넘긴 벤처 기업이 빠르게 늘고 있다. 최근 들어 증가율이 더 높아지고 있다. 중소벤처기업부와 벤처기업협회의 '2017년 벤처천억기업 조사' 결과를 보면 기업별 매출 합계 역시 역대 최고 기록으로서 지난해 130조 원에 달했다. 이 같은 상승세가 일자리 창출로 이어졌다. 전체 종사자 수는 지난해 기준 21만 5천862명으로 4.1% 증가했다. 반면 가젤형 벤처천억기업은 21.6%, 신규 벤처천억기업은 26.4% 높아졌다. 고용 창출력은 젊은 벤처천억기업일수록 커지는 양상을 나타냈다.

업종별 비중에서는 전체 벤처천억기업에서 일반 제조(기계 · 자동차 · 비금속 등)가 가장 높지만, 신규 및 가젤형 벤처천억기업에서는 첨단 제조(컴퓨터 · 반도체 · 전자부품 · 의료기기 · 에너지 등)로 바뀌고 있다.

그렇다면 혁신 창업을 통해 경제성장의 토대를 공고히 하면서 벤처천억기업 육성으로 이어지는 성장 사다리 완성이 해법이다. 이에 장애가 되는 규제개혁과 큰 틀의 시장 친화적 경제정책도 시급히 마련해 혁신성장의 주역으로 삼아야 한다.

그러나 전체 · 신규 · 가젤형 벤처천억기업의 수도권 집중이 60.8%,

73.9%, 87.5%에 이르는 편중 현상은 반드시 개선돼야 한다. 비수도권의 창업 환경과 벤처천억기업 육성을 위한 생태계 조성은 쇠락의 길로 빠져들고 있는 지역들에게 새로운 성장 엔진을 제공할 것이다.

다시 충북혁신도시를 주목하자

충북혁신도시가 새로운 국면을 맞고 있다. 충청북도에 따르면 지난 4일 기준 혁신도시 주민등록 인구(내국인 기준)가 2만 1명을 기록하면서 2만 명 시대를 열었기 때문이다. 2014년 5월 첫 입주가 시작된 이후 4년여 만이다.

진천군 덕산면·음성군 맹동면 일원에 조성된 충북혁신도시에는 11개 이전 대상 공공기관 중에서 한국가스안전공사 등 10곳이 이전을 완료했고 내년 한국과학기술기획평가원이 입주하면 공공기관 이전 작업은 종료된다.

그간 전국 10개 혁신도시에 대한 부정적 조사 결과가 발표되면서 우려를 낳았던 것이 사실이다. 최근 국토교통부의 '혁신도시 정주 여건 만족도 조사 연구' 보고서를 보면 전체 평균 52.4점에 그쳤다. 전국 혁신도시별로는 부산이 61.6점으로 가장 높았고 경북 56.8점, 강원 54.4점, 전북 54.0점, 경남 53.9점, 울산 52.6점 순이었다. 충북은 40.9점으로 가장 낮은 만족도를 보였다. 분야별 만족도에서는 주거 58.9점, 교육 50.9점, 편의·의료서비스 49.9점, 여가활동 45.2

점에 이어서 교통이 44.5점으로 최하위를 기록했다.

한편 공공기관 이전은 마무리되고 있지만, 지역 산업 연계 발전이 미흡하다는 지적도 나오고 있다. 자유한국당 김상훈 의원실에서 배포한 자료를 보면 이전 공공기관을 중심으로 조성된 혁신 클러스터 면적 312만 4천㎡ 중 실제 기업 입주로 이어진 면적은 63만 3천㎡로 20.3%였다. 혁신도시별로는 대구 45.9%, 울산 19.1%, 경남 16.7%, 전북 14.8% 순이며 충북은 7.3%로서 강원, 경북과 함께 한 자리 수에 그쳤다.

충북혁신도시는 지리적으로 수도권과 가까워 출퇴근이 용이하다는 것이 단점이었다. 이전 공공기관 11곳 중에서 5곳이 교육기관이어서 지역 산업 및 기업 입주와의 연관성을 제고시키는 것도 한계가 있었다. 이전 공공기관의 지역 사회 공헌 사업들이 다양하게 펼쳐지면서 지역 주민의 문화생활 향상에 기여하고 있지만 아직은 역부족으로 나타났다.

그런데 충북혁신도시를 다시 주목해야 하는 흐름이 빠르게 전개되고 있다. 우선은 정부의 강력한 육성 의지다. 얼마 전 집권 여당은 중앙 행정권한과 사무 등을 포괄적으로 지방으로 넘기도록 하는 지방이양일괄법안의 연내 국회 통과 노력과 혁신도시 발전 및 정주 여건 개선을 강조했다. 또 122개 공공기관의 추가 지방 이전 의지도 재확인했다.

그러자 각 지역이 바빠졌다. 고용위기 지역, 산업위기대응 특별지역에 포함되면서 지방소멸의 위기감을 절실하게 느끼는 지역들은 천재일우의 기회로까지 삼는 분위기다. 충북혁신도시도 이런 동향을 예의주시하면서 만반의 준비를 해야 할 것이다.

충청북도는 혁신도시를 2020년까지 4만 2천 명이 거주하는 신성장 거점도시로 만든다는 구상이다. 이를 위해 공공기관 연관 산업·기업 유치 등 지원 사업을 추진한다. 클러스터 내 이전 공공기관 및 지역 전략산업과 기능적으로 연계되는 기업, 대학, 연구소에 입주 보조금을 지원하는 사업이다. 이들 간 시너지 효과를 기대하고 있다.

충북혁신도시는 40대 이하 인구 비율이 86%에 달하는 젊은 도시로 성장하고 있다. '혁신도시 시즌2'는 지금의 미비점들을 면밀히 분석해 보완해야 한다. 산학연 복합지원시설을 토대로 신산업 테스트 베드가 조성되는 혁신적인 미래 도시로 육성해야 한다. 이전 공공기관 11곳 중 5곳이 교육기관인 특징을 살려서 글로벌 교육·연수 및 컨벤션 산업으로 특화해야 한다. 공공기관의 지역 인재 채용 확대로 젊은이들이 머물도록 해야 할 것이다.

어떻게 일자리를 만들 것인가

일자리 문제가 좀처럼 해결될 기미가 없다. 한국은행은 얼마 전 발표한 '2018~19년 경제전망'에서 올해 취업자 수가 9만 명 늘어나는 데 그칠 것으로 예상했다. 지난 7월 전망치(18만 명)와 비교하면 절반 수준이다. 올 초부터 예측치가 계속 추락하고 있다.

국내외 경제 전망도 어둡다. 한국은행은 올해 우리나라 경제성장률 전망치를 기존의 연 2.9%에서 2.7%로 0.2%포인트 하향 조정했다. 내년 성장률 전망치도 2.8%에서 2.7%로 조정했다. 불안감을 배가시키는 것은 최근의 중국 경제 흐름이다. 경제성장률이 9년여 만에 최저다. 우리나라의 대중국 수출 의존도가 매우 높다는 점에서 악재 중 악재가 틀림없다.

어려운 경제 여건이지만 일자리 문제의 본질을 되짚어봐야 할 때다. 무엇보다도 4차 산업혁명으로 일컬어지는 기술혁신이 가져온 일자리 변화와 시장의 혁명을 면밀히 살펴야 한다. 기술 개발로 전체적인 일자리 확대를 가져왔던 추세가 사라지고 있다.

MIT 슬론경영대학원 교수들인 에릭 브린욜프슨(Eric Brynjolfsson)과 앤드루 맥아피(Andrew McAfee)는 저서 '제2의 기계 시대'에서 거대한 탈동조화를 주장했다. 2000년대 들어 노동 생산성, 경제성장, 고용, 소득 등 네 개의 추세선이 서로 독립적으로 움직이는 것을 의미한다. 생산성이 높아지고 경제가 성장해도 고용은 늘지 않고 중산층 임금이 하락하는 현상이다. 이제는 특정한 일자리 수의 증감이 아니라 일자리의 업이 어떻게 진화할 것인지에 초점을 맞춰야 한다. 과거의 시각에서 벗어나야 한다.

새로운 인류의 등장도 간과해서는 안 된다. 2015년 영국의 유명 주간지 이코노미스트가 명명한 포노 사피엔스(Phono Sapiens, 스마트폰을 신체 일부처럼 사용하는 인류)는 시장 혁명의 중심에 있다. 특히 젊은 세대들은 기성세대들과 문명을 바라보는 기준이 완전히 다르다. 소비의 주역이면서 노동시장의 공급자인 셈이다. 자본 투자가 여기에 집중되고 있다. 이들이 어떤 일자리를 원하는지 고민해야 한다.

지역 살리기, 거침없이 피보팅하라

일자리 창출의 몇 가지 사례에서 시사점을 얻을 수 있다. 우선 스마트 팩토리 기반의 '리쇼어링'을 통해 일자리를 늘려야 한다. 스포츠용품 기업 아디다스가 인건비가 싼 해외로 생산 공장을 이전한 지 23년 만인 2015년 독일 안스바흐로 복귀한 이유는 같은 생산 목표를 달성하기 위해 필요했던 근로자 수와 상품 제조·판매 기간이 대폭 줄었기 때문이었다. 100% 로봇 자동화 공정과 3D 프린터를 활용하는 스마트 팩토리라서 가능했다.

또한, 4차 산업혁명 시대에 각광받는 미래 신산업의 가치사슬을 공고히 해야 한다. 예로서 제조업 노동자 1만 명당 로봇 수를 말하는 '로봇 밀집도' 세계 1위(2015년 기준)인 우리나라가 정작 로봇 산업은 뒤처져 있다. 로봇에 사용되는 부품과 소프트웨어, 반제품 모듈은 물론 로봇 완제품으로 공장의 공정시스템을 공급하는 중소벤처기업을 육성해야 한다.

청년들의 사회적 가치에 대한 높은 열정을 사회적 경제 및 사회적 기업과 연계할 수 있어야 한다. 현 정부가 역점을 두고자 하는 10대 생활 SOC 투자 분야 즉, 문화·생활체육, 관광 인프라, 도시재생, 복지, 안전, 에너지 등의 지역 밀착형 일자리도 주목해야 할 것이다. 새로운 가치관으로 무장하고 직장과 삶의 균형점을 끊임없이 모색하는 젊은이들의 관심이 클 것으로 보인다.

4차 산업혁명 시대를 맞아 일자리에 대한 전망은 그렇게 비관적이지 않다. 관건은 급변하는 일자리 상황과 시장의 흐름을 이끌 인재 양성이다. 얼마 전 세계경제포럼(WEF)이 2018년 국가경쟁력 순위(140개국) 발표에서 지적한 바와 같이 전체 혁신역량(8위)에 비해 부족한 창의적 사고(90위), 상호 협력 및 다양성(82위), 기업가 정신(50위)을 강화하는 교육의 패러다임 변화가 전제되어야 할 것이다.

지역맞춤형 혁신성장 전략이 필요하다

지난해는 외환위기 20주년을 맞는 해였다. 올해는 2008년 글로벌 금융위기가 전 세계를 뒤흔든 지 10년이 되는 해다. 이는 10년 주기 경제 위기설 확산의 근거가 되고 있다. 최근 신흥국 금융 불안과 함께 다시 부각되는 조짐을 보이고 있다.

그간 우리나라 경제는 위기를 극복한 것처럼 보였으나 실제로는 성장 엔진이 식어가면서 당시보다 더 심각한 상황에 놓여 있다는 지적을 받아왔다. 지난 5월 스위스 국제경영개발대학원(IMD)이 발표한 국가경쟁력 평가에 따르면 '기업 활동의 어려움(기업 여건)' 항목에서 2013년 39위에서 8단계 하락한 47위를 기록했다. 2008년 36위였던 기업 효율성은 2016년 48위까지 떨어졌다가 지난해 44위로 개선됐지만 올해도 43위에 그쳤다. 특히 현 정부 들어 최저임금 인상, 근로시간 단축 등의 정책 시행으로 연평균 근로시간(25위→10위) 항목은 개선됐지만, 생산성(35위→39위) 항목은 오히려 하락했다.

국제통화기금(IMF)은 급속한 고령화와 서비스 부문의 낮은 생산성, 노동시장 왜곡과 같은 구조적 문제로 인해 한국경제의 잠재 성장률이 2020년대 2%대 초반, 2030년대 1%대로 추락할 것으로 전망했

지역 살리기, 거침없이 피보팅하라

다. 사회보장제도 강화와 생산성 향상, 노동시장 참여 확대 등 구조개혁의 시급성을 강조하고 있다.

이에 따라 정부는 혁신성장에 본격 시동을 걸었다. 지난 8월 정부는 혁신성장 관계 장관회의를 열고 '혁신성장 전략투자 방향'을 확정했다. 4차 산업혁명 시대에 중요성이 커진 플랫폼 경제를 토대로 혁신성장을 가속화하고 경제체질·생태계 혁신을 촉발할 것이라고 밝혔다. 이를 위해 내년에 3대 전략투자 분야와 1만 혁신 인재 양성에 1조 5천억 원, 8대 선도 사업에 3조 5천억 원을 투입한다.

그동안 소득주도 성장정책만 부각되면서 미래 신성장동력 발굴에 소홀하다는 지적이 많았다. 당초 소득주도성장과 혁신성장은 현 정부 경제정책의 두 축이었다. 대체적 관계가 아니라 보완적 관계인 양 부문의 선순환 고리를 공고히 하겠다는 의지로 해석된다.

중요한 것은 이 같은 정부의 혁신성장 전략이 지역에서 어떻게 구현될지를 살피는 일이다. 승자독식의 원칙이 철저히 적용되는 지금 시장에서 선제적으로 대응하지 못하면 낙오될 수밖에 없다. 일각에서는 이번 발표가 대기업 위주여서 지역과 일자리 창출력이 높은 중소·벤처 기업들이 배제되는 것 아니냐는 우려를 표명하고 있다.

이미 우리나라도 한국판 러스트 벨트(제조업 쇠퇴 지역)를 경험하고 있다. 중후 장대형 산업이 밀집된 해안 중심의 지역들이 무너지고 있다. 개발 연대부터 고착화된 본사와 연구개발 기능은 수도권, 공장과 생산 기능은 지역이라는 산업입지 구조가 원인이다. 이로써 첨단 지식 산업은 수도권에 집중되고 지역의 젊은이들이 수도권으로 몰리면서 지역 경제의 악순환이 지속되어 왔다. 지역은 인건비에 좌우되는 단순 제조공장의 한계를 못 벗어나고 있었다.

이를 극복하기 위해서는 지역의 산업구조, 중소·벤처 기업들의 기술 경쟁력, 산업의 고용 창출력 등을 감안해서 혁신 성장의 과실이 지역에 떨어질 수 있도록 맞춤형 상세 계획을 세워야 한다. 주요 지역에 인공지능, 로봇, 가상현실(VR), 첨단 디자인 기능을 담당할 혁신성장 거점을 구축해야 한다. 새로운 기술과 비즈니스모델로 무장한 지역 중소·벤처 기업을 혁신성장의 주역으로 만들어야 한다.

지역 중소·벤처 기업들이 명품 강소기업으로 거듭나 젊은이들이 앞다퉈 찾는 직장이 되고 여기서 젊은 꿈들을 펼쳐질 수 있어야 지역 활력이 살아난다. 지역 정책의 논쟁 구도는 '효율 vs 형평'이 아니라 '생존 vs 소멸'로 옮겨간 상황이다. 디테일한 현장 목소리를 반영해 바텀업(Bottom-Up)의 자기 주도형 혁신 방안들을 찾는 노력이 절실하다.

민선 7기, 비움과 채움의 미학

민선 7기가 출범한 지 한 달여 지났다. 각 지자체에서는 공약사업들에 대한 실행계획을 수립하느라 분주하다. 공약사업 추진상황을 수시 점검할 평가자문위원회가 구성되면서 활동이 본격화되고 있다.

지난 7월 19일에는 충북경제포럼·충북과학기술포럼이 공동 주최한 '민선 7기 충북 과학기술 기반 경제정책의 과제' 경제 콘서트가 열렸다. 민선 7기 대내외 정책 여건과 환경을 살펴보고 충북의 과학기술 기반 경제정책 방향 및 과제를 논하는 의미 있는 자리였다.

　민선 7기 사회경제적 여건 중 가장 주목해야 할 것은 인구구조 변화라 할 수 있다. 저출산·고령화가 빠르게 진행되고 있고 1인 가구 증가, 지방소멸 등 인구감소로 인해 지역 정책의 새 판짜기는 불가피하다.

　저성장·양극화 심화와 4차 산업혁명 시대 도래, 삶의 가치에 대한 인식 변화, 지구온난화·자연재해 증가 등은 필연적으로 다양한 행정 수요를 유발한다. 지방분권화로 인한 중앙과 지방 간 역할 변화도 주요 변수다. 남북한 경제협력 확대 및 동북아 경제 흐름도 개연성을 높이고 있다. 경제 콘서트에 참여한 전문가들의 키워드는 인재 육성, 산학 및 산산 협력, 네트워크, 생태계, 공유·향유·융합, 소통 등으로 요약된다.

　민선 7기의 정책 환경에 대한 대응은 쉽지 않아 보인다. 다양한 해법이 개진되는 이유다. 따라서 지역성장·발전 및 사회 진보를 위한 담대한 정책 도입이 강구되어야 한다. 얼마 전 미국 애틀랜타에서 개최된 '혁신연구교류협회(IRI, Innovation Research Interchange)' 연례총회는 시사하는 바가 매우 크다.

　IRI는 연구개발(R&D)을 선도하고 있는 200여 개 글로벌 기업이 회원으로 참여하는 협의체로서 연례총회는 선도 기업들의 혁신 방향을 엿볼 기회의 장으로 평가받아왔다. IRI가 금년 행사 주제로 선정한 '경계 허물기'(Breaking Boundaries)는 글로벌 기업들이 당면한 '개방'과 '협력'에 대한 니즈를 반영한 결과로 해석됐다. 특히 IRI 총회와 미국연구재단(NSF)의 '중소기업 혁신연구·기술이전' 콘퍼런스를 같은 장소에서 개최함으로써 두 기관 간 '경계 허물기'를 실천했다는 점이 주목된다. 지금 우리의 취약점은 산·학·연 상생 네트워크와 대·중소기업 간 협력 생태계 등이다. 서로 높은 장벽을 쌓은 결과라는 지적이 많았다. 그래서 IRI 사례가 주는 교훈이 무겁게 다가온다.

민선 7기는 과거와 다른 환경과 메가트렌드에 직면해 있다. 패러다임 전환에 적극 부응해야 소기의 성과를 창출할 수 있다는 점에서 익숙해진 구습을 버리고 새 시대에 맞는 솔루션을 찾는 노력이 요청된다. 지역 각 부문의 통합 시너지를 극대화하고 이를 뒷받침할 창의력을 모으기 위해서 과거와 결별할 것과 새로 채워야 할 것을 식별하는 일이 우선되어야 한다. '비움과 채움의 미학'이다.

저수지의 물이 고여 있으면서도 쉽게 오염되지 않는 것은 비울 때 비우고 채울 때 채우는 순환에서 비롯된다. 숨 쉬고 살아가는 사람들의 들숨과 날숨도 마찬가지다. 들숨과 날숨은 몸속의 공기를 채우고 비우는 연속 과정이다. 비울 때와 채울 때를 아는 것이 지혜의 핵심이다. 비움과 채움의 반복은 자연 순환의 이치다.

민선 7기는 그렇게 시작되어야 한다. 경제 콘서트에서 언급되었던 인재 육성, 산학 및 산산 협력, 네트워크, 생태계, 공유·향유·융합, 소통 등의 화두는 그간 우리도 수없이 강조했지만, 성과가 미흡했던 미완의 과제였다. 반면 선진국들은 이를 실질적으로 구현해가고 있음을 IRI 연례총회가 입증하고 있다. 경제 콘서트에서 제시된 키워드들을 여하히 지역 정책의 그릇에 담아내고 구체화할지 고민이 필요한 시점이다.

지역 살리기, 거침없이 피보팅하라

충북이 소방복합치유센터의 적합지인 이유

소방복합치유센터에 대한 유치 경쟁이 뜨겁다. 인근 지역 간 과열 조짐도 보인다. 이처럼 경쟁이 치열해지는 것은 소방복합치유센터가 소방관 전문병원이자 일반 시민들도 이용할 수 있는 종합병원급 시설이기 때문이다. 소방관 전문병원으로서 치유 및 요양 환경, 접근성, 경제성, 주변 의료기관과의 협업과 종합병원급으로서 의료사각지대 해소, 지역균형발전 등이 입지 선정의 핵심이라 할 수 있다.

소방청은 각종 육체적·정신적 위험에 노출된 소방관을 전문적으로 치료하는 병원으로 소방복합치유센터 설립에 나섰다. 1천200억 원가량 투입해 연 면적 3만㎡, 300병상 안팎의 종합병원급 규모로 늦어도 2022년까지 건립할 계획이다. 진료 과목은 외상후스트레스장애, 화상, 근골격계, 건강증진 등 12개 과목에 이른다.

후보지 신청 접수 결과 11개 시·도 50개 시·군에서 총 62곳이 응모했다. 1차 입지 선정 결과 경기도 6곳, 충북 3곳(청주, 진천, 음성), 충남 3곳, 경북 1곳, 경남 1곳 등 14개 지역으로 좁혀졌다. 2차 평가는 부지 일반 여건(환경성, 접근성, 발전 가능성), 부지 조성 여건(개발 용이성), 조성 관련 비용(경제성), 지자체의 정책 의지 등이 주안점이다.

소방복합치유센터 입지 결정에는 선정 기준에 대한 부합 여부가 관건이다. 충북은 치유 및 요양 환경, 접근성, 개발 용이성, 경제성 등에서 상대적 우위를 보이고 있다. 주변에 유해 시설이나 환경 오염

원이 없는 쾌적한 환경은 환자에게 맑은 공기와 정서적 안정감을 제공할 수 있다. 경부, 중부, 중부 내륙, 중앙, 평택-제천 고속도로와 KTX 오송역, 청주국제공항 등 사통팔달의 교통 여건으로 전국을 2시긴 내 연결하는 요충지다.

특히 충북혁신도시는 클러스터 용지에 종합병원 건립이 가능하고 기반시설(상·하수도, 전력, 도시가스 등)도 이미 갖추어져 있다. 부지 매입 부담이 없다. 지자체의 정책 의지와 공조도 압권이다. 최근 송기섭 진천군수는 유치 후보지를 충북혁신도시 내 음성군에 양보한다고 밝혔다. 충북 중부 4군(진천·음성·괴산·증평)의 공동 현안인 의료 사각지대 해소와 정주 여건 개선을 위한 대승적 결단이다. 충북도의회와 진천·음성군의회도 힘을 보태고 있다.

국가 차원의 정책적 의지도 매우 긴요하다. 소방관은 직업 특성상 항상 긴장 상태를 유지하고 참혹한 현장에 반복적으로 노출된다. 따라서 우울증, 수면장애와 같은 심리 질환 발병률이 일반인보다 훨씬 높다. 소방관 전문병원이 절실하게 요청되는 이유다.

그런데 더 이상 방치할 수 없는 것은 수도권으로 모든 의료자원이 집중되고 지방 환자의 수도권 대형병원 쏠림현상이 심화하면서 비수도권과 의료 이용 불평등 및 건강 격차가 커지는 상황이다. 전국에서 가장 많은 소방관을 보유한 수도권은 밀집된 민간 우수의료기관과의 시설사용 협약 등을 통해 일정 부분 해결할 수 있다. 건강 불평등 문제는 보건정책만으로 풀 수 없다. 국가균형발전과 의료 사각지대 해소에 대한 정부의 강력한 의지만이 해법이다.

소방청의 전략적 접근도 반드시 고려되어야 한다. 소방청은 복합

지역 살리기, 거침없이 피보팅하라

치유센터 건립에 이어 제주, 강원, 호남, 영남의 4대 권역에 트라우마 전문 치유시설인 소방심신건강수련원을 단계적으로 설치할 예정이다. 전국에 산재한 이들 기관 운영의 최적화는 당면 과제가 될 것이다. 충북의 소방복합치유센터를 중심으로 수도권과 강원, 영남, 호남, 제주의 소방심신건강수련원을 잇는 허브(hub) & 스포크(spoke) 전략이 대안이다.

결론적으로 충북은 응급상황에서 가장 중요한 접근성이 탁월하다. 주변 의료기관과의 협력 용이성도 장점이다. 충북대병원, 청주의료원, 베스티안 재단(화상 전문), 충무병원(CM, 근골격계 전문)과 재활 및 물리치료 등 보건의료대학을 특성화하고 있는 청주대와의 연계는 소방복합치유센터 운영 활성화에 토대가 될 것이다. 이제 정부의 현명한 결단만 남았다.

중소기업에는 뭔가 특별한 것이 있다

중소기업을 지칭할 때 흔히 '9988'이라는 숫자를 인용한다. 전체 기업체에서 중소기업 수가 99%, 종업원 수 기준으로는 88%를 차지한다는 뜻이다. 이만큼 중소기업은 우리 경제에서 특별한 의미가 있다. 생산액 및 부가가치의 비중은 그보다 낮아서 의미가 퇴색하긴 하지만 그렇다고 국민경제에서 점하고 있는 중소기업의 위상에 큰 변화는 없다.

얼마 전 화장품 업계에서 토종 기업이 대박을 터트렸다. 세계 1위 화장품 기업인 로레알이 한국 화장품 브랜드 '스타일난다' 지분 100%를 인수한 것이다. 추정 인수 가격은 6천억 원대로 알려졌다. 화장품 본고장인 프랑스가 한국 제품을 인정했다는 점에서 큰 화제를 모았다. 김소희 대표는 22세 때인 2005년 인터넷 쇼핑몰을 창업했다.

한국벤처캐피탈협회에 따르면 국내 벤처투자 총액은 2014년 1조 6천893억 원에서 지난해 2조 3천893억 원으로 늘었다. 벤처투자조합도 계속 생겨나고 있다. 2014년에는 옐로모바일 한 곳에만 3천억 원 이상 투자자금이 몰렸다. 2015년에는 소프트뱅크가 쿠팡에 투자하는 '빅딜'(Big deal)이 있었다. 잠재력이 큰 스타트업에 거액의 투자자금이 몰릴 정도로 시장의 돈이 벤처 기업들을 주목하고 있다.

그간 취약점으로 지적돼왔던 창업 생태계가 점차 개선되고 있다는 점도 긍정적이다. 올해 초 한국청년기업가정신재단이 발표한 '2017년 글로벌기업가정신연구(GEM)' 결과에 따르면 우리나라는 42개월 미만의 초기 창업 활동(TEA)이 54개국 중 21위였다. 2016년 53위에 비해 크게 높아졌다. 고용 기회를 자발적으로 포기하고 새로운 기회를 찾아 창업하는 기회형 창업이 8위, 생계형 창업은 23위였다.

'실패에 대한 두려움', '창업 기회 인식', '창업 역량 보유', '창업 의도' 등 창업 태도 지표 순위도 대부분 전년보다 개선된 것으로 나타났다. 고용의 기회를 자발적으로 포기하고 새로운 기회를 찾는 창업이 지속적으로 늘고 있고 더불어 창업 태도 지표도 향상되고 있는 것은 혁신성장을 추구하는 국내 현 상황에서 매우 고무적이다.

이러한 변화를 가속시키기 위해 정부가 나섰다. 얼마 전 국회를 통

지역 살리기, 거침없이 피보팅하라

과한 3조 8천억 원 규모의 추가경정예산 중에서 41%에 달하는 1조 5천600여억 원을 중소벤처기업부가 주로 청년 일자리와 관련한 사업에 활용할 계획이다.

그러나 아직도 안정적인 대기업을 선호하는 심리는 여전하다. 취업포털 인크루트가 시장조사기관 두잇서베이와 함께 '직장과 구직, 그리고 창업' 설문조사 결과를 발표했는데 대기업 재직자의 만족도가 높게 나타났다. 기업 규모별로 만족하는 편이라고 답한 직장인 비중은 대기업이 33.8%로 가장 높았고 중견기업 32.8%, 중소기업 20.5%, 스타트업 · 벤처 기업 20.2% 순이었다. 대기업과 중소기업 간 구인 · 구직 미스매치의 단면을 엿볼 수 있다.

한국에 비해 쏠림은 덜하지만 일본에도 대기업 선호 현상이 있는 것은 사실이다. 일본 경우도 전체 기업 중에서 중소기업이 99.7%를 차지한다. 종업원을 기준으로 할 때 우리나라보다 적은 70% 정도가 중소기업에서 일한다. 최근 간키 나오토의 '내가 작은 회사에 다니는 이유'라는 제목의 저서가 출판됐다. '일도 인생도 내가 주도하는 삶을 살고 싶다'는 부제를 달았다.

많은 사람이 대기업의 장점으로 꼽는 안정성은 '편견'이라고 지적한다. 소비에도 개성이 묻어나고 취향이 다양해진 요즘은 틈새시장의 욕구를 채워줄 수 있는 민첩한 중소기업의 활약이 커질 것이라고 단언한다. '다품종 소량생산'이 가능한, 발 빠른 작은 회사들의 시대라고 정의한다. 진화하고 있는 창업 생태계를 기반으로 중소벤처기업들을 통해 얻을 수 있는 특별하고 값진 경험과 성과를 부각 · 확산시켜 인식 전환에 힘써야 할 시점이다.

혁신성장을 서둘러야 한다

혁신성장을 위한 정부의 발걸음이 빨라졌다. 중소기업의 혁신성장 관련 정책 발표에 이어 과학기술 컨트롤 타워에 대해 명확히 정리했다. 일부에서 그간 혁신성장 부진에 대한 자성의 목소리가 높아지던 와중이다.

얼마 전 중소벤처기업부는 정부서울청사에서 열린 확대 경제관계장 관회의에서 '중소기업의 혁신과 성장지원을 위한 중소기업 R&D 혁신방안'을 내놨다. 공급자(정부) 위주의 성패 판정, 분절적 성과평가, 왜곡된 기술료 징수체계, 민간투자 단절의 한계가 있었다는 점을 반성하고 시장 기반의 성과를 창출할 계획이다. 그동안 중소기업 R&D 지원은 기술 개발 성공률이 92%로 높지만 정작 상용화해서 매출까지 발생한 사례는 극히 적었다.

우선 중소기업 R&D 지원체계를 민간중심으로 바꾸고 민간투자 연계 강화를 꾀한다. R&D 과제 종료 이후 IR(기업설명회)나 M&A(인수ㆍ합병) 등 후속 투자 관련 지원이 확대된다. 기술료 징수체계도 '정액제'에서 사업화 성공 후 매출이 발행하면 '경상 기술료'를 지급하는 방식으로 바꿔서 참여 기업의 부담을 덜어준다.

R&D 전용 펀드 조성 등을 통해 고위험ㆍ고수익 R&D 과제에 대한 직접투자를 늘린다. 4차 산업혁명의 대응력을 높이고 디자인ㆍ수출ㆍ지식재산권(IP)ㆍ자금 등 맞춤형 연계 지원을 공고히 한다. 기업의 기술혁신 역량을 높이기 위해 신규 인력 채용을 의무화했다.

지역 살리기, 거침없이 피보팅하라

최근에는 과학기술 정책의 최상위 컨트롤 타워 '통합자문회의'가 공식 출범했다. 과학기술자문회의는 대통령이 의장을 맡는 헌법 기구로서 기존 대통령 자문뿐만 아니라 주요 정책 심의 · 의결까지 맡는다. 과학기술 의사결정 체계의 효율화, 자문 · 심의 간 시너지 강화가 기대된다.

지금의 정책 구상들이 조기에 실행력을 높여야 하는 이유는 지역의 현실이 심각하기 때문이다. 그동안 수출을 견인하면서 대규모 일자리를 제공해 온 전북 군산, 경남 거제 · 통영 · 고성, 창원시 진해구, 울산시 동구 등 6곳이 고용위기 지역으로 전락했다. 이들 지역은 자동차 · 조선 산업의 거점이었다. 경쟁력을 잃은 기업들의 줄도산으로 인해 정부가 재정을 투입하면서 충격 완화에 나섰다. 정부는 국무회의를 열어 3조 9천억 원 규모의 추가경정예산안을 마련하고 이들 6개 지역과 특별고용지원업종에 4천499억 원을 지원하기로 했다.

산업연구원(KIET)은 이달 초 '산업위기 지역 대응을 위한 특별기금 도입 방안' 보고서를 통해 '장기적으로 1970년대부터 산업공단으로 조성된 포항-울산-부산-창원-여수-영암-군산 등 남동 임해 지역이 한국판 러스트 벨트(녹슨 지대 · 제조업 쇠퇴 지역)를 형성할 가능성이 있다'고 지적하면서 적립식 보험 형태의 특별기금 조성을 주장했다.

몇 년간 지역 경제는 곳곳에서 급속히 쇠락하는 모습을 보였다. 한국판 러스트 벨트를 살리기 위해서는 과거 지역 정책의 프레임을 깨는 담대한 전략이 요구된다. 그렇지만 지역 여건은 녹록지 않다. 여러 지역에서 우려의 목소리가 커지고 있다.

특히 산업연구원이 발표하는 '총합혁신지수'를 통해 확인된다. 한 지역에서 일어나고 있는 혁신 활동을 평가하는 지수인데 2003년부터 살펴보면 지역에 대한 지속적인 투자에도 불구하고 권역별 순위는 거의 변동이 없다. 지난 2015년 기준 수도권의 총합혁신지수는 0.7848, 충청권 0.7431, 대경권 0.4430을 제외한 모든 권역이 0.3에도 미치지 못한다. 결국, 지금까지의 지역 정책을 근본적으로 다시 살펴봐야 함을 의미한다.

미국과 중국의 새로운 기술 중심지로 떠오른 시애틀과 항저우, 각국 수도에서 멀리 떨어져 있지만, 독창적 산학연 협력 생태계를 조성한 중국 선전과 일본 교토 등에서 시사점을 찾아야 한다. 고통스러울지라도 지역 산업 구조 조정을 위한 새 활로를 열어야 한다.

스마트 시티로 가는 길

금년 들어 '스마트 시티'에 대한 관심이 부쩍 높아졌다. 지난 1월 미국 라스베이거스에서 열렸던 '국제전자제품박람회(CES)'의 주제가 '스마트 시티의 미래'였다. 곧이어 국내에서는 대통령 직속 4차 산업혁명위원회가 스마트 시티 기술을 도시 조성단계부터 계획적으로 적용하는 '스마트 시티 국가 시범도시'로 2곳을 선정했다. 이에 따라 부산 에코델타시티와 세종 5-1생활권은 5년 내 세계 최고 수준의 스마트 시티로 조성된다.

정부의 '스마트 시티 추진 전략'은 과거 U-city처럼 개별 주체 및 기술 단위의 좁은 시각에만 머물러 중앙 부처·지자체·기업·시민을 아우르는 일관된 추진체계나 국가 차원의 전략이 부재했으며 이후 발전 없이 정체되어 왔다는 반성에서 출발하고 있다.

7대 추진 방향의 키워드는 사람 중심, 혁신성장 동력, 체감형, 맞춤형, 지속가능성, 개방성, 융합·연계형 등이다. 세부적으로 도시 성장 단계별 차별화된 접근, 도시가치를 높이는 맞춤형 기술 접목, 민간기업·시민·정부 등의 주체별 역할 재정립이라는 3대 추진 전략을 설정했다.

세계 각국도 스마트 시티를 주목하고 있다. 이는 도시 거주 인구가 빠르게 증가하는 데서 기인한다. 2015년 세계 도시화율(도시인구/총 인구) 54%에서 2050년 66.4%까지 증가할 것으로 전망되고 있다. 급속한 도시화는 인프라 부족, 교통 혼잡, 범죄 등의 심각한 문제를 야기한다. 특히 에너지 소비 증대로 환경오염 문제가 더욱 악화하면서 지속 가능한 도시 만들기는 난관에 봉착했다.

ITU(국제전기통신연합)에 의하면 스마트 시티는 첨단 ICT 기술을 기반으로 현재와 미래 세대의 문화적, 경제적, 사회적, 환경적 측면을 고려하면서 도시 기능의 효율성 및 경쟁력, 삶의 질을 향상시키는 혁신적인 도시를 의미한다. 결국, 도시 문제를 효율적으로 해결하는 동시에 4차 산업혁명에 선제적으로 대응하고 신성장동력을 창출하고자 스마트 시티가 각광받고 있는 것이다.

관련한 시장 선점을 둘러싸고 각국의 경쟁이 치열하다. 중국은 500 여 개의 도시를 스마트 시티로 조성한다. 이를 위해 2020년까지 총사업비 1조 위안(약 170조 원)이 투입된다. 인도는 2020년까지 150억 달러(약 17조 원)를 들여 100개 스마트 시티를 조성할 계획이다.

2017년 1분기 기준 한 · 중 · 일 등 아시아 태평양 지역의 스마트 시티 프로젝트(약 70여 개)는 유럽(약 80여 개) 다음으로 많은 편이다. 스마트 시티 시장은 향후 10년간 빠르게 성장할 것으로 예상된다. 글로벌 시장 규모는 2020년까지 약 1조 6천억 달러(약 1천700조 원)에 이를 것으로 추산되고 있다.

국가별, 지역별 스마트 시티 발전 전략은 각양각색이다. 현대경제연구원 자료에 따르면 우리나라는 경쟁력 있는 ICT 기술을 토대로 한 신산업 육성, 중국은 경제성장과 도시 문제 해결, 일본은 재해 예방 · 에너지 효율 및 해외시장 진출에 방점을 두고 있다. 이와 마찬가지로 얼마 전 선정된 국내 스마트 시티 국가 시범도시 중 세종은 에너지 · 교통, 부산은 워터시티 컨셉 · 국제물류 연계성을 기본으로 다양한 생활 체감형 기술을 함께 구현할 계획이다. 따라서 도시 성장단계와 여건을 고려한 맞춤형 전략 수립과 적절한 솔루션 접목이 스마트 시티 조성의 핵심인 셈이다.

충북의 경우 진천 · 음성 혁신도시를 중심으로 한 에너지 거점, 기존 도시 내 테마형 특화단지, 노후 · 쇠퇴 도심에 스마트 솔루션을 접목하는 도시재생 뉴딜 등에서 지역 혁신과 미래 성장 동력 창출을 위한 충북형 스마트 시티를 찾아야 할 시점이다.

이를 뒷받침하기 위해 스마트 시티 컨트롤 타워 구축, 민간의 창의성 활용 제고, 개방형 혁신시스템 도입, 법 · 제도적 기반 정비 등을 포함한 중장기 로드맵 수립을 서둘러야 한다.

지역 살리기, 거침없이 피보팅하라

골목길 경제학

  통계청이 지난달 '2017년 국내 인구 이동 통계'를 발표했다. 전입자가 전출자보다 많아 순 유입된 지역은 충북을 포함해서 경기·세종·충남 등 7개 시·도였다. 반면 순 유출이 발생한 지역은 서울·부산·대전 등 10개 시·도에 달했다. 전 연령층에 걸친 순 유입 초과 지역은 경기·세종·충남·제주 등이었다.

  주목해야 할 것은 충북에서 0~34세 중 15~19세를 제외하고 순 유출이 나타났다는 점이다. 그중에서도 20대(2천217명)와 30대 초반(156명)을 합한 전출자의 점유율이 가장 높았다. 흔히 20대는 대학 진학, 취업 등으로 인해 인구 이동이 발생한다. 충북을 빠져나가서 경기(1위), 서울(2위), 대전(3위)으로 옮겼다.

  대학 진학과는 달리 취업에 의한 인구 유출에 대해서는 각별한 방안이 필요하다. 세종시 출범 이후 4년 동안의 대전·충청권 인구 변화에서 시사점을 얻을 수 있다. 대전·세종·충청사회학포럼 자료를 따르면 세종시의 경제활동인구 중 약 61%가 타 지역에서 전입했는데 인접한 공주시가 제일 큰 영향을 받았다. 공주시 경제활동인구의 9.3%가 감소한 것이다.

  세종시 인근의 지역 경제 기반이 잘 갖춰진 충북 청주와 충남 천안은 감소세가 두드러지지 않았지만, 경제 기반이 상대적으로 약한 공주에서 큰 폭의 감소세를 보였다는 분석이다. 결국, 튼실한 지역 경제 및 산업 기반이 경제활동인구의 전출을 막는 대안이라는 점을 확인시켜주었다.

이에 보완되어야 할 것은 극심한 일자리 미스 매치를 풀기 위한 면밀한 수급 계획이다. 충청북도가 일자리 현황 연구용역을 통해 수요-공급 실태를 살펴본 결과 지역별, 산업별, 직무별 불균형이 매우 큰 것으로 나타났다. 청주시, 주력산업(신소재, 스마트 IT부품, 바이오헬스 등), 고급직무에서는 공급이 과잉되고 있지만, 비청주권, 비주력산업(건설업, 서비스업, 기타 제조업 등), 초급직무 인력은 부족한 것으로 조사됐다.

무엇보다도 미래 성장을 견인할 청년층의 유출을 막고 지역 정착을 유도하는 해법 찾기는 젊은이들의 라이프 스타일을 토대로 출발해야 한다. 한국 트렌드 분석서로 꼽히는 '트렌드 코리아 2018'에서는 올해의 키워드로 'WAG THE DOGS'라는 숙어적 표현을 꼽았다. 정치 · 경제적 의미를 넘어 일상생활에서도 꼬리가 몸통을 흔드는 현상들이 자주 발견되고 있는 현 세태를 반영한 것이다.

일과 삶의 균형을 추구하는 세대로서 작지만 확실한 행복을 추구한다(Small but Certain Happiness). '나 자신', '여가', '성장'을 희생할 수 없는 가치(Generation 'Work and Life Balance')로 여긴다. 지금까지의 관계를 재정립하고 나만의 관계 밀도를 높여가기 위해 건강한 개인주의로 무장하고 있다. 이들의 패기 발랄한 잠재 역량은 이번 평창 동계 올림픽에서 여실히 드러났다.

최근 실리콘밸리의 중심이 전원적인 팔로알토에서 샌프란시스코 도심으로 이동하고 있는 변화가 이를 상징한다. 젊은 인재들이 도심에서 일하고 도시문화를 만끽하기를 원하는 데서 기인하고 있다.

연세대 모종린 교수는 그의 저서 '골목길 자본론'에서 풍요로운 골목으로 가득한 도시문화가 창조적 인재와 그들이 도전하는 창조 산업을 유치할 수 있는 원동력임을 강조한다. 과거의 도시 재개발과 신도시 건설이라는 패턴에서 도시재생과 골목 산업 정책을 기반으로 한 창조도시로의 전환을 적극 주장한다.

여기에 지역의 젊은 인재들이 머물고 이곳을 더 큰 발전을 위한 테스트 베드로 삼을 때 청년실업 문제 해결의 실마리를 찾을 수 있을 것이다. 골목길에 경제학을 입힐 때다.

시애틀 vs 항저우, 두 도시 이야기

최근 산업 · 기술 트렌드를 점검해볼 수 있는 '국제전자제품박람회 (CES)'가 얼마 전 미국 라스베이거스에서 열렸다. 올해 주제는 '스마트 시티의 미래'였다. 전 세계 150여 개 국가에서 4천여 기업과 18만여 명이 참여했다.

지난해 CES 2017에서 확인된 것은 그간 얼리어답터들의 보여주기식 쇼케이스에서 벗어나 실생활에 도움을 주는 상용화였다. CES 2018에서는 폭풍처럼 진화하고 있는 기술 · 산업 간 융합이 스마트폰, 생활가전, 자동차 등 모든 것을 연결해서 인공지능이 통제하는 스마트 시티 시장으로 확장되고 있음을 예고한 것이다. 이제 숨 가쁜 기술 · 산업의 변화는 공간적 경제 시스템에 심대한 파급 효과를 미치게 될 것이다.

지금처럼 광속으로 변화하는 기술·산업 환경에서 주목받는 두 도시가 있다. 미국의 시애틀과 중국의 항저우가 그곳이다. 새로운 기술 중심지로 급부상하고 있고 젊은 인재들이 모여드는 공통점을 갖고 있다.

시애틀의 아마존 본사에는 2010년 이후 4만여 명이 근무하고 있다. 직간접 투자 효과는 380억 달러에 이르는 것으로 평가된다. 무엇보다 평균 연봉 10만 달러(약 1억 1천100만 원) 이상의 고소득 직종 일자리가 늘고 젊은 고급 인재들이 자리 잡으면서 도시 자체가 갈수록 활력을 더하고 있다. 스타벅스 1호점과 아마존 본사가 반드시 방문해야 할 곳으로 인식되면서 시애틀은 관광도시로 자리매김했다.

시애틀에서 입증된 '아마존 효과'는 여러 국가와 도시들의 관심을 증폭시켰다. 지난해에는 '제2 본사' 건설 및 공모 계획을 발표해 북미 전체 도시를 들썩이게 했다. 미국, 캐나다, 멕시코 등 북미 지역 54개 주, 238개 도시가 유치 제안서를 제출한 바 있다.

항저우는 중국의 차세대 실리콘밸리로 떠오르고 있다. 정치 중심지 베이징, 경제 중심지 상하이에 이어 기술 중심지를 꿈꾼다. 알리바바와 중국 최고의 기술 기업들이 튼실한 온라인 환경을 구축해놓으면서 중국은 물론 전 세계 많은 IT 인재들이 모여들고 있다.

항저우의 총생산에서 전자상거래, 빅데이터, 클라우드 컴퓨팅 등 IT 관련 분야의 기여도가 50%를 넘는다. 인공지능과 실물경제 융합이 IT산업 발전 및 도시 경쟁력의 핵심 원천이 되고 있다. 항저우가 대륙의 스마트 시티로 주목받는 이유다.

지역 살리기, 거침없이 피보팅하라

두 도시는 유사한 점이 많다. 시애틀에는 마이크로소프트, 아마존 등 혁신 기업들이 입지해 있으며 MS 빌 게이츠의 고향이다. 항저우에는 알리바바, 화웨이 등 기술 기업들이 위치해 있고 알리바바 마윈이 태어난 곳이다. 글로벌 기업과 혁신 기업가를 키워내는 것이 최고의 일자리 대책이라는 것을 증명하고, 지역 경제 시스템을 바꾸면서 도시 경쟁력을 높이고 있다.

'최고의 시절이지만 최악의 시절이었다. 지혜의 시대이면서 어리석음의 시대이기도 했다. 믿음의 세기이면서 불신의 세기였다.' 영국이 낳은 가장 위대한 소설가 찰스 디킨스의 명저 '두 도시 이야기(A Tale of Two Cities, 1859년)'는 이렇게 시작한다. 두 도시는 프랑스 파리와 영국 런던을 가리킨다. 18세기 프랑스 대혁명 당시, 시대가 얼마나 격동적이었는지 단적으로 보여준다.

혼돈의 시대에는 아무도 예측할 수 없는 상황들이 전개된다. 변화의 시대는 늘 역동적이기 때문에 유토피아가 될 수도, 디스토피아가 될 수도 있다. 요즘 기술 발전이 정치·경제 그리고 사회 전반에 큰 영향을 미치고 있어서 혜안이 요구된다.

특히 미국과 중국의 두 도시는 마스다 히로야의 저서 '지방소멸'이 던진 담론을 안고 고민하는 지역들에 시사하는 바가 매우 크다. '오스틴을 이상한 대로 두라'(Keep Austin Weird)는 미국 텍사스 오스틴의 구호와 지역 주민들의 자부심도 눈여겨봐야 한다.

PART 6

창의, 열정, 모험의
청년창업 벤처 지원

(2017년)

2017년은 문재인 정부가 출범한 해였다. 구글의 대표적 기업 정신인 '문샷 싱킹과 칫솔 테스트(Toothbrush Test)'를 인용하여 경제 패러다임 전환을 논하였다. 4차 산업혁명의 파고로 인해 지역 발전의 대분기점이 다가오고 있는 위기 상황을 다뤘다. 글로벌 빅테크 기업의 혁신 아이콘인 테슬라의 일론 머스크와 중국 알리바바의 마윈 회장도 소재였다. 충북 맞춤형으로는 지역의 권역별 경제 발전 전략을 제시했다.

청년층 취업난 극복이 절실하다

청년 고용 문제가 심각하다. 유독 젊은 층의 고용 한파가 가시질 않고 있다. 각종 경제지표가 호전되고 있음에도 불구하고 청년층 실업률은 예외다.

금년 초부터 세계 경제가 본격적으로 개선되면서 우리나라의 경기 회복세가 지속되어 왔다. 올해 3분기에는 2분기보다 1.5% 증가했다. 분기를 기준으로 한 경제성장률이 7년 3개월 만에 최고치였다. 이에 따라 국내 취업자는 26,845천 명으로 전년 동월 대비 253천 명(1.0%)이 늘었다. 고용률은 0.1%p 높아졌다.

그러나 통계청의 '2017년 11월 고용동향'을 살펴보면 국내 실업률이 3.2%인데 반해 청년층(15세~29세) 실업률은 9.2%에 달했다. 전체적인 실업률은 전년 동월 대비 0.1%p 상승했으나 청년층은 1.0%p 높아졌다. 청년 체감실업률은 21.4%로서 여전히 고공행진 중이다. 급기야 청와대가 나서서 내년부터 '청년고용점검회의'를 열 예정이다.

중소기업 현장의 인력 수급 미스 매치가 우려된다. 중소기업 10곳 중 8곳(80.5%)이 필요한 인력을 채용하지 못하고 있다. 여기에 중소기업과 대기업 간 이직률 격차도 확대되고 있다. 고용노동부 (자료에) 자료를 따르면 2010년 0.7%에서 2016년 1.5%로 배 이상 벌어졌다. 중소기업의 이직률이 대기업보다 그만큼 높기 때문이다. 중소기업은 직원 구하기도 어렵지만 있던 직원들조차 떠나버리는 이중고를 겪고 있다.

전국경제인연합회가 지난해 전국 4년제 대학생을 대상으로 조사한 결과, 청년(대학생)들은 대기업을 선호한다. 그리고 공사 등 공기업, 중견기업, 외국계 기업 순이며 중소기업은 맨 꼴찌였다.

대기업과 중소기업의 양극화가 주된 요인이다. 20년 전 대기업의 80% 수준이었던 중소기업 임금 수준이 지금은 60%에 불과하다. 임금 인상률도 대기업이 전체 기업의 연평균보다 높다. 양극화를 줄이기 어려운 구조다.

근본적인 것은 우리 경제의 고용 창출력 약화에 있다. 현대경제연구원 자료를 보면 2011년 대비 2016년에 전 산업부문에서 하락한 것으로 나타났다. 실질 산출액 10억 원을 생산하는 데 필요한 취업자 수를 뜻하는 취업계수가 종사자 규모별로 10~299명 사업체와 300명 이상 사업체에서 각각 3.4명, 1.1명이었다. 대기업이 중소기업에 비해 취약하다는 의미한다.

결국, 일자리는 중소기업에서 더 많이 만들면서도 인력난에 직면해 있고 청년들이 원하는 '높은 임금'의 대기업에는 자리가 없어서 구직난이 발생하고 있다. 그 외에 산업별로는 제조업보다 서비스업과 건설업, 업력에서는 5년 이상보다 신생 기업(5년 미만), 수출 부문보다 내수 부문의 고용창출력이 양호한 것으로 분석되었다.

청년 실업의 원인은 매우 복합적이다. 그래서 해법도 각양각색이다. 청년들이 중소기업을 선택하도록 다양하고 실질적인 유인책 마련이 시급히다. 현재 일자리가 많고 또 앞으로 일자리가 늘어날 곳이 중소기업인 까닭이다. 스타트업과 서비스업, 내수 기업에도 관심을 가져야 한다. 최근 대학생의 47%가 편의시설 부족 등으로 산업단지 내 취업을 기피한다는 조사 결과를 반영하여 청년이 가고 싶어 하는 산업단지 조성에 나서는 것도 대안이 될 수 있다. 기술·산업·사회·교육정책이 연계된 패키지 방식의 대담한 정책 실험을 서둘러야 한다.

회복되던 경기가 내년에는 둔화될 것이라는 전망이 나오고 있다. 어쩌면 내년에 청년 취업은 상대적으로 어려워질 수 있다. '미래가 좋은 이유는 그것이 하루하루씩 다가오기 때문이다.' 미국의 제16대 대통령 에이브러햄 링컨의 말이다. 내일은 열어보지 않은 선물이다. 하루하루씩 다가오는 내일이라는 미래가 힘든 시기를 견디고 있는 젊은 이들에게 희망의 사다리가 되기를 소망한다.

충북의 권역별 경제 발전 전략

충북경제의 경쟁력은 꾸준히 강화되어 왔다. 전국 최상위 수준이라는 사실은 관련 지표로 확인된다. 11개 시·군의 경쟁력도 매우 양호하다. 얼마 전 발표된 '2017년 한국지방자치경쟁력지수' 조사 결과

지역 살리기, 거침없이 피보팅하라

에 따르면 11개 시·군의 경쟁력 종합은 광역도 중에서 1위였다. 광역시·도 중에서는 2위를 기록했다. 1995년 8위, 2015년 3위에 비해 진일보했다.

전국 82개 군 중에서 북부권의 단양군은 경영자원 부문에서 6위, 남부권의 보은군은 경영활동 부문에서 8위를 차지했다. 총 226개 기초자치단체 중에서 중부권의 청주, 진천, 음성과 함께 북부권과 남부권의 기초지자체들도 선전하고 있다.

하지만 도내 3개 권역 중에서 면적 37.7%, 인구 67.9%의 비중에 비해 경제 규모는 70% 이상을 점유하는 중부권 편중 문제가 항상 지역의 관심 사항이었다. 국내외 경제 환경이 더욱 불안정해지고 있고 외부 충격에 쉽게 영향을 받는 소규모 개방경제에서 각 시·군의 기초체력을 보강하는 것은 시급한 과제다.

더욱이 지방분권을 통한 지역균형발전을 최고의 국가발전 전략으로 삼고 있는 현 정부의 국정 운영 틀에서는 미룰 수 없는 당면 과제인 셈이다. 지역별 효율성과 지역 간 형평성은 늘 상충될 가능성을 내포하고 있다. 자칫 지역 간 발전 격차가 벌어지는 대분기점을 지나면서 저성장의 나락으로 떨어질 수 있기 때문이다.

충북의 권역별 경제 발전 전략은 유연하고 다층적인 공간 구상을 토대로 재설정되어야 한다. 특히 중부권은 물적·지적·네트워크의 중심에 있다. 이를 타 권역으로 확산하는 역할을 해야 할 것이다.

중부권의 글로벌 거점 기능을 북부권 및 남부권의 지역 거점과 연결하는 상호 보충성과 파트너십 강화가 필요하다. 튼실한 생산 기반이 타 권역의 문화·역사·자연과 어우러지는 통합적 지역 정체성으로 발전시켜야 한다. 이로써 단선적인 제조업 위주에서 문화 · 관광 · 생태 산업 등과 조화를 이루는 다양성을 확보하게 될 것이다.

젊은 인재들이 머무는 공간도 반드시 확보해야 한다. 혁신도시 및 기업도시가 좋은 방안이다. 충북혁신도시의 경우 이전 공공기관 11개 중에서 5개가 교육기관인 장점을 활용해 글로벌 교육 · 연수 및 컨벤션 산업의 거점으로 육성해야 한다. 공공기관의 지역 인재 채용 확대도 기회 요인이다. 도시화에 익숙해진 젊은 층들을 위한 정주 여건을 기업도시에서 제공한다면 기업 유치와 두뇌유출 감소라는 두 마리 토끼를 모두 잡을 수 있을 것이다.

포용적 성장을 위해 지역 대학과의 협업을 강화해야 한다. 각 대학에 '커뮤니티비즈니스센터'를 설립해서 사회적 경제 육성의 허브로 삼아야 한다. 프로젝트형 지역개발에서 벗어나 지역 내 선순환 경제체계를 구축하는 동인이 될 것이다.

도내 권역별 경제 발전은 충청북도의 역할이 매우 중요하다. 분권형 지역주도 패러다임 정립은 광역지자체의 몫일 수밖에 없다. 충북의 권역별 경제 발전을 위한 새로운 모멘텀 발굴이 종국적으로 충북경제 4% 실현의 초석이 될 것이다.

규제개혁 없이 혁신성장 없다

1997년 11월 21일은 IMF 구제 금융을 신청한 지 20년이 되는 날이었다. 이날을 맞아 현 상황을 진단하는 다양한 기획물들이 쏟아졌다. 많은 국민은 지난 50년간 한국경제의 가장 어려운 시기로 이때를 꼽고 있다. 그 이후 한국경제는 놀랄 만한 속도로 위기를 극복했다.

그런 한국경제가 흔들리고 있다. 풀어야 할 과제는 산적하고 성과에 가려져 있던 취약성이 드러나고 있다. 조선 · 철강 · 화학업종 등 경제성장을 견인해 왔던 주력산업들의 침체가 지속되고 있고 요즘 최근 반도체 호황을 이어받을 성장 동력도 보이지 않는다.

얼마 전 한국개발연구원(KDI)의 경고는 매섭기만 하다. 학계와 기업계 전문가들을 대상으로 한 인식조사에서 한국경제가 '뜨거워지는 냄비 속 개구리'라는 비유에 공감하는 비율이 88.1%를 차지했다. 여기에서 벗어날 시간으로 1년~3년 이내라는 응답이 63.3%였다. 5.6%는 이미 지났다고 답변했다. 전문가들의 시각이 매우 비관적임을 알 수 있다. 이 기로에서 벗어나기 위한 세심한 대안이 요구된다.

정부는 이 난국을 타개할 방책으로 '혁신 창업 생태계 조성방안'을 제시했다. 정부는 혁신 창업 친화적 환경 조성, 벤처투자자금의 획기적 증대, 창업 · 투자 선순환 체계 구축 등 3대 추진 방향을 설정하고 있다.

벤처 확인제도를 혁신 · 성장성 중심으로 전면 개편, 대기업 · 중견기업의 우수인력들이 적극적으로 혁신 창업에 나설 수 있도록 하는 사내벤처 · 분사 창업 활성화, 앞으로 3년간 10조 원 규모의 혁신모험펀드 조성, 그리고 10년 만에 부활하는 스톡옵션 비과세 특례, 엔젤투자 소득공제 확대, 우리사주 소득공제 한도 확대 등이 주요 내용이다. 연대 보증제 폐지, 재기 사업자 지원 등 재도전 · 재창업을 위한 안전망도 구축될 예정이다. 죽음의 계곡(death valley) 극복과 성장지원 강화 방안도 눈에 띈다.

향후 성장의 핵심 동력을 혁신 창업 활성화에서 찾고자 하는 정부의 의지가 읽힌다. 일자리 창출의 주역은 기업인만큼 그들의 투자 여건을 양호하게 만드는 것이 중요하다. 이번 혁신 창업 생태계 조성방안이 지난 9월에 발표된 '새 정부 규제개혁 추진 방향'과 더불어 우리나라 경제를 진일보시키는 초석이 될 것으로 기대한다.

그러나 파격적 규제 완화에 대한 기업인들의 계속되는 호소를 간과해서는 안 된다. 최근 대통령 직속 일자리위원회가 개최한 워크숍에서 한 기업인은 세계 100대 혁신사업 중 한국에선 57개 사업이 불가능하다는 지적과 함께 민간의 사업 기회를 막고 있는 장벽을 제거해 달라고 요청했다.

지금까지 역대 정부들도 벤처 활성화 방안을 내놓았다. 그런데 창업 생태계가 좀처럼 나아지지 않는 것에 대한 원인부터 해결해야 한다. 2000년대 초반 벤처 붐 이후 국내 혁신 창업 생태계의 역동성과 활력이 전반적으로 떨어지는 추세다. 제조업이든 서비스업이든 기존 비즈니스모델의 유효기간이 점점 짧아지고 있어서 지속적인 경쟁우위를 유지하기란 쉽지 않은 상황이다.

결국, 새로운 일자리를 혁신성장에서 찾는다면 우선 기업인들의 기(氣)를 살리는 데 주안점을 둬야 한다. 지금까지의 규제가 불신에 기초했다면 신뢰 기반 프로세스로 바꿔야 한다. 활기찬 혁신 생태계를 조성하기 위해서는 규제개혁이 일관성 있게 추진될 것이라는 믿음을 줘야 한다. 실패해도 마지막 기회(The Last Chance)가 주어질 것이라는 희망을 북돋아야 한다. 현재 흐름이 제2의 창업 열풍이 될지 아니면 또 다른 창업 거품에 그칠지는 면밀하고 촘촘한 실행력에 달려있다.

벤처천억기업이 희망이다

충북경제가 순항하고 있다. 통계청이 발표한 '2017년 2분기 지역경제 동향' (자료에 따르면) 자료를 보면 광공업생산에서 전국은 전년 동기 대비 0.6% 증가에 그쳤지만, 충북은 8.8%로 큰 차이의 성장세를 시현했다. 충북보다 높은 지역은 충남(15.7%)뿐이고 서울, 경북을 비롯한 6개 지역은 마이너스 성장을 기록했다.

서비스업 생산에서 전국은 전년 동기 대비 2.3%에 머물렀으나 충북은 충남(3.6%)에 이어 3.2% 증가한 것으로 나타났다. 고용 면에서도 전국 취업자 수는 같은 기간 1.4% 늘었지만, 충북은 2.3%를 기록하면서 전국 평균을 웃돌았다.

이러한 충북경제의 성장세가 최근 들어 더욱 견고해지고 있다. 지역내총생산(GRDP)을 기준으로 글로벌 재정위기를 겪은 2012년을 제외하고 전국 경제성장률을 계속 넘어섰다. 충북경제 4% 실현의 청신호라 할 수 있다.

하지만 주변 상황은 그렇게 녹록지 않다. 미국발 보호무역주의 확산과 금리 인상에 (대한) 대해 우려가 커지고 있다. 중국과의 사드 문제로부터 촉발된 국내 경제 불안이 상존한다. 유가 등 원자재 가격도 불안하기는 마찬가지다. 국내에서는 가계부채 증가, 기업투자 위축 등이 위협요인이다. 대내외 리스크 관리가 절실한 시점이다.

충북경제 4% 달성을 위한 중간 점검이 필요해 보인다. 그간 견조한 흐름 속에 2011년에서 2015년까지 거둔 연평균 증가율(CAGR)은 4.66%였다. 전국 평균이 2.82%인 점을 감안하면 매우 양호한 실적이다. 한편 2020년까지 충북경제 4% 실현을 위한 지역내총생산 규모가 67조 원이라 할 때 2015년부터 2020년까지의 연평균 증가율은 6.03%에 이른다. 지금까지의 성과를 뛰어넘는 결과를 창출해야 가능하다는 의미다.

결코 쉽지 않은 목표다. 그렇다면 현재의 성장 전략과는 차원이 다른 접근이 요구된다. 하나의 대안으로 벤처천억기업들이 주목된다. 얼마 전 중소벤처기업부와 (사)벤처기업협회의 발표 자료에 의하면 2016년 기준으로 대기업보다 성장성(매출액증가율), 수익성(매출액영업이익률), 안정성(부채비율) 면에서 높은 경영 성과를 거뒀다. 중소기업과 비교해도 수익성과 안전성에서 뛰어났다.

대기업들이 3년 연속 마이너스 성장으로 고전하는 동안 벤처천억기업들의 경제성장 기여도가 입증된 것이다. 이들은 2016년 513개로 역대 최대치를 기록했는데 전년도에 비해 39개 늘었다. 총 매출은 2016년 107조 원으로 전년도 101조 원에서 6% 증가했다. 충북은 2016년 총 513개 중에서 28개로 5.5%를 차지하면서 2015년 5.3%를 앞질렀다. 신규 진입기업의 비중은 8.6%였다.

특히 벤처천억기업 중에서도 3년 연속 20% 이상 매출이 증가하는 슈퍼 가젤형 고성장 벤처 기업은 2015년 18개에서 2016년 28개로 55.6% 증가했다. 눈여겨봐야 할 것은 업종이다. 충북의 주력산업과 일치하는 의료·정밀·광학기기, 자동차부품, 세제·화장품 제조업이 약진을 계속하고 있다는 점이다. 충북으로서는 대단한 호재가 아닐 수 없다.

이들의 생존 방식은 변화하고 있는 국내 기업 생태계의 단면을 보여준다. 대기업의 성장이 정체되면서 대기업에 의존하지 않고 고성장을 이루는 독자적인 성공 방정식을 새롭게 쓰고 있다. 이는 2010년에서 2015년까지 벤처천억기업의 대기업 매출 의존도가 감소하는 추세에서 확인된다.

대내외 불확실성 하에서 지역 경제가 봉착한 난국을 풀어줄 해법을 찾아야 한다. 결국, 성장 잠재력이 높은 창업 기업 발굴 및 육성에서부터 벤처천억기업들의 질적 성장을 유도하는 성장 사다리 구축이 충북경제 4% 실현과 일자리 창출을 위한 유용한 방안이 될 것이다.

빌리어네어, 그들이 사는 법

자수성가한 백만장자들은 세간의 주목을 받는다. 자본주의 사회에서 그들은 늘 주인공이었다. 세인들은 그들을 따라 하면서 열심히 성공비결을 쫓는다. 이를 반영한 듯 국내의 한 종편에서는 '슈퍼 리치2'라는 프로그램이 방영되고 있다.

그렇지만 자본주의 시스템에서 부자의 수는 극히 적다. 이탈리아의 경제학자 이름을 딴 '파레토 법칙(Pareto's Law)'은 이를 잘 설명한다. 널리 알려진 '2:8의 법칙'이 그것이다. 상위 20% 사람들이 전체 부(富)의 80%를 가지고 있다거나 상위 20% 고객이 매출의 80%를 차지한다는 의미다. 그래서 돈과 부자에 대한 갈증이 클 수밖에 없다.

과거 돈 많은 부자들은 백만장자(millionaire)로 불렸다. 지금은 억만장자(billionaire)가 대세다. 미국 경제매체 포브스는 우리나라에 10억 달러 이상의 빌리어네어가 30여 명에 이르는 것으로 추산한 바 있다. 해외의 관심은 인류 최초 조만장자(trillionaire)가 누가 될 것이냐에 쏠려 있다. 실제로 이들의 자산이 무서운 속도로 늘어나고 있기 때문이다.

최근 스위스 투자은행 UBS가 슈퍼 리치 가문의 자산을 관리하는 262개 패밀리 오피스를 조사한 결과 전체의 74.2%가 자산을 늘렸으며 평균 수익률은 7%에 달한다고 밝혔다. 영국 시중은행 금리 연 0.35%와 한국은행 기준금리 1.25%에 비해 월등히 높은 수준이다. 글로벌 경제의 부침과는 상관없이 전 세계에서 막대한 부를 창출하고 있다. 돈이 돈을 벌고 부자가 더 부자가 되는 세상에 살고 있는 것이다. 그런데 중요한 특징은 대부분 생활형 슈퍼 리치가 아니라 혁신형 슈퍼 리치라는 점이다.

이들이 지배하는 시장은 평범한 사람들이 따라잡기에는 너무 멀리 있다. 소수에 해당하는 이들은 분명 남들과 다르게 생각하고 꿈을 꾸며 치열하게 도전한 사람들이다. 일부에서는 이들을 닮고자 하는 일반인들의 환상에 대해 일침을 놓는다. 테슬라 창업자 일론 머스크의 전 부인인 저스틴 머스크의 조언이 대표적이다.

'엄청난 성공은 흔히 생각하는 성공의 개념과 다르다. 자신감이 확고해야 한다. 성공한 억만장자들은 생각하는 방식 자체가 다르다. 때로는 미쳤다 싶을 정도로 새 아이디어를 찾아다닌다.'라고 강변했다. 그리고 세상이 만족할 만한 대가를 주는 세 가지로서 문화를 바꿀만한 것, 익숙한 아이템을 재미있게 가공한 것 그리고 전에 없던 새로운 것 등을 들었다.

알리바바의 마윈 회장도 자신만의 독특한 사고방식을 강조했다. 인간만이 할 수 있는 체험에 기반한 지혜와 서비스가 미래 경쟁력의 핵심이 될 것으로 전망했다.

미국의 미래학자 앨빈 토플러는 2006년 발표한 저서 '부의 미래'에서 이미 현재의 흐름을 정확히 예견했다. 농업 혁명, 산업 혁명, 정보화 혁명에 이은 지식 혁명 시대에 부의 심층 기반은 아무리 사용하더라도 소모되지 않으며 쉽게 전달·저장이 가능하고 무엇보다 다양한 융합을 통해 막대한 부가가치를 생산해 낼 수 있는 지식이라고 주장한 바 있다.

새로운 부의 창출 시스템은 우리 일상생활, 사회 더 나아가 문명에 막대한 영향력을 미치고 있다. 공공정책의 대변혁을 가져올 이슈를 던지기도 한다. 로봇의 노동에 대한 '로봇세(稅)', 전기차 대중화를 앞두고 휘발유세를 대체할 재원으로 등장한 '마일세' 등 관련 논쟁이 가열될 것으로 보인다.

국내 경제에 관한 우려가 깊어지는 것은 우리나라에 세상을 바꾸는 기업이 없어서가 아니다. 최근 포브스는 지난 100년간 세계에 큰 영향을 미친 아시아 5대 기업 중 첫 번째로 삼성그룹을 꼽았다. 그렇지만 지금 반도체 분야의 슈퍼 호황을 이을 업종이 두드러지지 않고 있다는 것이 문제다. 가속의 시대에 창의적 사고와 혁신에 대한 열정으로 무장하고 빌리어네어를 꿈꾸는 야심찬 창업가가 대안이다. 또한, 이들을 키울 생태계 구축이 시급하다.

경제 패러다임의 전환기를 맞아

새 정부는 얼마 전 발표한 '경제정책 방향' 보고서에 '경제 패러다임의 전환'이라는 부제를 달았다. 현 상황에 대해 성장이 빠르게 둔화되는 가운데 분배까지 악화하면서 '저성장 고착화 · 양극화 심화'의 구조적 · 복합적 위기에 직면했다고 진단했다. 고도성장을 위하여 물적 자본 투자 중심으로 모방 · 추격형 성장전략을 추진했으나 그 대상이 사라지면서 유효성을 상실했다고 선언했다.

새로운 패러다임은 사람으로부터 출발한다. 가계를 중심축으로 성장 · 분배의 선순환을 복원해서 직접적인 '국민의 삶' 개선에 역점을 두겠다는 방안이다. 이를 위해 소득주도 성장, 일자리 중심 경제, 공정 경제, 혁신 성장 등 네 가지 방향에 초점을 맞춰 경제정책을 운용할 계획이다. 특히 우리 경제의 저성장 및 양극화 문제를 동시에 해결하기 위해 수요 측면에서 일자리 중심 · 소득 주도 성장과 공급 측면에서 혁신 성장의 쌍끌이 방식을 채택하고 있다.

'패러다임(paradigm)'이라는 용어는 1962년 토마스 쿤(Thomas Kuhn)의 저서 '과학혁명의 구조'에 처음 등장했다. 한 시대 사람들의 견해나 사고를 근본적으로 규정하는 인식 체계, 사물에 대한 이론적 틀 등을 의미한다. 저서의 제목처럼 새 정부가 현재를 그간의 접근법이 아닌 역발상에 의해 과감한 돌파가 필요한 시점으로 보고 있다는 방증이다.

이럴 때 자주 언급되는 것이 상식을 뛰어넘는 혁신적 방법으로 문제를 풀어가는 문샷 싱킹(Moonshot Thinking)이다. 달을 연구하기 위해 망원경을 고치기보다 달에 우주선을 쏘는 방법을 생각하라는 의미다. 기존의 10% 개선보다 10배 혁신을 지향한다.

새 정부의 경제정책 방향에 대한 평가는 엇갈린다. 신선함에 기대를 거는 의견이 많다. 반면 공급 중시의 기업 주도형에서 수요 중시의 소득 주도형으로 틀을 바꾸는 것에 대한 불안감과 이를 뒷받침해야 할 재원 마련에 대한 의구심이 존재한다.

지금의 기대나 우려는 지난해 12월 방한했던 구글 CEO 순다 피차이의 발언에서 그 해법의 실마리를 찾을 수 있을 것이다. 그는 구글의 대표적 기업 정신에 대해 '문샷 싱킹과 칫솔 테스트(Toothbrush Test)'라고 밝혔다. 문샷 싱킹과 함께 칫솔처럼 사용자들이 매일 쓰는 것을 먼저 개혁해야 한다는 주장이다. 또한, 구글의 혁신 비결로 '야심찬 목표'와 '협력'을 꼽았다.

결론적으로 패러다임 전환으로 인한 우려는 일상적 혁신과의 조화 속에서 불식시켜야 하며, 거버넌스 구성원 간 공고한 협업을 통해 시너지를 내야 한다는 시사점을 얻을 수 있다. 여기에 충북경제포럼의 역할이 있다. 지역 경제 관련 산학연관 전문가들의 디테일한 현장 목소리가 정책 결정에 중요한 네비게이션 역할을 할 수 있기 때문이다. 충북경제포럼이 바텀업(Bottom Up)의 자기 주도적 개혁 방안들을 다양하게 제시하면서 패러다임 대전환기의 주체가 되길 희망한다.

혁신 창업 지역으로 가는 길

저성장 기조 탈출과 일자리 창출의 핵심 키워드로 등장한 창업이 열기를 더하고 있다. 최근 중소벤처기업부 자료를 보면 올해 상반기 신설법인 수가 역대 최대치를 기록했다. 전년 동월(6월) 대비 가장 크게 늘었다(12.1%). 새 정부가 새로운 산업과 일자리가 늘어나는 혁신 창업 국가를 만들겠다고 선언한 이후라서 그 의미는 남다를 수밖에 없다.

그렇지만 청년층(15세~29세)이 느끼는 체감실업률은 악화한 채로 지속되고 있다. 얼마 전 통계청이 발표한 '7월 고용동향'을 살펴보면 실업률은 전년과 같은 3.5%를 기록했지만, 청년실업률은 9.3%를 나타냈다. 잠재 구직자를 포함한 체감실업률은 22.6%까지 높아졌다. 달아오르고 있는 창업 열기가 청년실업률을 낮추는 선순환으로 이어지지 못하고 있다.

그간 다양한 창업 지원 정책들이 추진되면서 우리나라의 이 부문 경

지역 살리기, 거침없이 피보팅하라

쟁력은 꾸준히 향상됐다. '06년 175개국 중 116위에서 '16년 190개국 중 11위로 대폭 상승했다. 벤처 기업 수가 3만 개를 넘어서며 창업 규모 면에서도 국제적으로 손색이 없다는 평가를 받고 있다.

새 정부의 국정 운영 방향도 대기업 위주의 경제 패러다임에서 경쟁력 있는 중소벤처기업을 육성, 자생적 성장 역량을 강화하는 쪽으로 선회했다. 청년들의 취업난을 해결하는 대안으로 창업이 고려되고 있다.

그러나 20대(29세 이하)의 청년창업 환경은 취약하기만 하다. 양적인 면에서 창업 수가 줄고 있으며 구조 측면에서도 '혁신'과 '일자리 창출'을 기대하기 어렵다. 자금 조달과 회수 등 금융 접근 기반도 미흡한 것으로 드러났다. 기업 지원 정책의 초점을 기존 대기업ㆍ중견 기업에서 창업 기업으로 바꾼다고 해서 풀릴 문제가 아니다. 젊은이들의 상상력과 창의성을 통해 국면 전환의 시발점으로 삼기 위한 치밀한 전략이 시급하다.

우리나라보다 먼저 창업(Start-up) 붐을 이룬 외국 사례에서 시사점을 찾을 수 있다. 아직도 스타트업들이 우후죽순처럼 생겨나고 이에 대한 투자가 봇물이 터지듯 하고 있다. 그렇지만 성공하는 스타트업은 여전히 극소수에 불과하다. 창업도 중요하지만, 더 주목해야 할 것은 성장(Scale-up)이라는 주장이 힘을 얻고 있다. 이를 반면교사로 삼아야 한다.

우선 창업 정책의 선택과 집중이 필요하다. 시장 진입이 비교적 쉬운 생계형 서비스업보다 혁신형 스타트업으로 적극 유도해야 한다. 나아가 스타트업을 고성장 기업으로 성장시키는 육성전략이 마련돼야 한다.

민·관의 역할 분담을 재설정해야 한다. 민간을 중심으로 벤처캐피탈과 엔젤 투자와의 연계를 강화하고 대학은 준비된 인재를 공급해야 한다. 정부·지자체는 글로벌 대기업과 스타트업의 M&A를 촉진하면서 절차 단순화, 실전 경험형 전문 코칭 등 고도화된 시스템을 구축해야 한다. 단순 예산 지원 정책이 아니라 시장경쟁력 제고가 급선무다.

창업 문화 확산과 사회안전망 조성이 요구된다. 한국무역협회가 2015년 실시한 대학생·대학원생 창업 인식 조사에서 창업 선호도는 6.1%로 취업(78.8%)이나 학업(15.1%)에 크게 뒤졌다. 가장 큰 창업의 장애요인은 '실패에 대한 위험 부담'(38.0%)이었다. 창업 선진국 핀란드에서는 매년 10월 13일이 '실패의 날(Day for Failure)'이다. 트래비스 캘러닉 전 우버 최고 경영자의 창업과 파산 4회, 마윈 알리바바 회장의 실패 경험 8회 등이 그들의 진로 개척에 족쇄가 되지 않았던 창업 생태계를 벤치마킹하여야 한다.

오늘날 모든 국가와 지역에서 성장 및 고용의 두 마리 토끼를 잡는 대안으로 창업이 꼽힌다. 충북의 경우 최근 신설법인 수에서 전국 평균을 크게 웃돌 정도로 그 열기가 더욱 뜨겁다. 이에 기반한 성과 도출은 생산적 실패를 용인하는 토양에서 가능한 일이다. '우리가 이룬 것만큼 이루지 못한 것도 자랑스럽다'던 스티브 잡스의 언급이 창업을 꿈꾸는 젊은이들에게 용기를 북돋아 주는 묘약이 되길 소망한다.

연결의 미학

새 정부가 정부조직법 개정으로 국정 운영의 틀을 갖췄다. 추가경정예산안이 통과되면서 시급한 필요 재원도 마련했다. 얼마 전에는 '국정 운영 5개년 계획'을 통해 100대 국정 과제와 487개 실천 과제 등으로 정리된 미래 청사진을 발표했다. 또한, 국가재정전략회의를 통해 중장기 예산편성 방향을 정했다.

주목되는 것은 100대 국정 과제와 별도로 새 정부 국정 비전을 선명하게 부각할 수 있는 복합·핵심과제 선정 및 추진 계획이다. 여기에는 '불평등 완화와 소득 주도 성장을 위한 일자리 경제', '4차 산업혁명을 선도하는 혁신 창업 국가' 등이 포함되어 있다. 이 과제들은 중요성과 상징성을 고려해서 대통령 직속 위원회를 중심으로 관리하고 국무조정실이 현장 점검 및 쟁점 조성·지원하는 방식으로 시행된다. 특히 1단계('17년~'18년)는 4차 산업혁명의 추진 기반을 구축하는 시기로서 많은 변화가 예상되고 있다.

이로써 새 정부가 출발선에 섰다. 이는 과거와 차별화하고 새로운 미래를 맞이하는 전환점을 의미한다. 모든 산업계가 위기감을 느끼는 4차 산업혁명에 대한 정부 차원의 대응이 본격화하고 있다.

4차 산업혁명 시대의 화두는 단연 일자리다. 전 세계 많은 전문가들이 일자리 대체 문제를 놓고 논쟁 중이다. 급변하는 산업 환경이 기존 일자리 수명을 단축시키면서 미래세대는 평생 3개 이상의 영역에서 5개 이상의 직업을 갖고 19개 이상의 직무를 경험할 것으로 전망한다.

그래서 교육의 프레임이 바뀌어야 한다는 명제가 성립된다. 암기 위주의 주입식 교육이 아닌 기술변화에 끊임없이 적응하기 위한 자기 주도 학습 역량이 관심을 모은다. 인공지능이 할 수 있는 어려운 문제 풀이보다 창의성, 감성, 문제 해결 능력, 사고력 등 인간의 고유한 능력을 길러주는 기초교육 시스템으로 전환되어야 한다는 주장이다.

세계경제포럼의 클라우스 슈밥 회장은 자본주의 시대가 가고 인재주의 시대가 오고 있다고 정의했다. 전 세계적으로 인재 전쟁 또는 두뇌 전쟁이 치열하게 전개되는 가운데 생산성 높은 고급 인력 확보가 국가나 지역, 기업의 미래를 결정하는 핵심 요소로 등장한 지 오래다.

학령인구 감소와 경쟁력 약화로 인해 인재 양성의 보류였던 대학이 생존의 기로에 섰다. 변화 폭과 속도가 급증하는 시대에 대학의 역할이 의심받고 있다. 그간 학생, 학과, 교수, 강의, 학위로 대표되는 단절적 대학 교육에 대해 혁신 요구가 거세다. 아무리 우수한 인재들의 집합체라 하더라도 개방·연결성이 끊긴 갈라파고스적 조직은 결국 경쟁에서 도태될 수밖에 없기 때문이다.

모든 나라가 벤치마킹하는 실리콘밸리는 대학을 중퇴한 사람들이 모여 억만장자가 되는 곳이다. 학벌에 집착하기보다 직접 회사를 차려 본 경험이 인정받는다. 과거의 일자리 창출 패러다임이 달라지는 지금, 대학의 개별 역량이 아니라 산업계와의 유연한 연결 역량이 더욱 강조되고 있다.

고대 그리스의 철학자 아리스토텔레스는 '당신의 재능과 세상의 필요가 교차하는 곳에 당신의 천직(calling)이 있다'고 설파했다. 각자의 창의적 재능이 글로벌 산업 트렌드와 만나는 데서 일자리를 구할 수 있다는 뜻이다. 혁신의 아이콘 스티브 잡스는 변함없이 기술과 인문학의 교차점에 서 있었다고 언급했다. 여기서 애플을 키웠고 인간의 삶을 바꿨다.

궁극적으로 새 정부가 당면한 일자리 창출의 해법은 교육 혁신 성과와 4차 산업혁명 흐름이 연결되는 곳에서 찾을 수 있을 것이다. 서양에서의 위기(Crisis)는 판단, 결단, 선택, 식별 등을 함축하는 희랍어 'Krisis'였다. 이 위기를 슬기롭게 극복해야 한다. 3차 산업혁명 시대의 모범국가였던 우리나라가 4차 산업혁명 시대를 맞아 새로운 시험대에 올랐다.

지역 발전의 대분기점이 다가오고 있다

1991년 지방의회가 재출범하고 1995년 동시 지방선거로 우리나라 지방자치제가 부활한 지 20여 년이 지났다. 그러나 지금까지 제도적 한계로 인해 지방자치는 제대로 된 역할을 하지 못하고 중앙정부에 예속되는 결과를 낳았다.

원인은 재정 측면에서 비롯됐다. 국세와 지방세의 8대2 비율이 고착화하면서 '2할 자치'가 숙명처럼 받아들여졌다. 재정 자립도와 재정 자주도는 지속적으로 낮아졌다. 인건비 충당도 안 되는 지자체가 속출했다.

결국, 지역 발전을 위한 재원은 중앙정부를 통해 마련해야 했다. 중앙의 정치 논리와 획일화된 척도가 지역 사업들의 순위를 정하고 재원을 배분했다. 지역 간 불균등 문제가 끊임없이 제기되어 왔던 이유다.

　지역 문제를 지역이 결정하고 책임지는 진정한 지방자치에 대한 열망이 높아졌다. 이러한 토양 속에서 새로운 정부가 탄생했다. 문재인 정부의 국정 운영은 두 개의 축으로 요약된다. 정치 · 행정 분야와 관련해서 지방분권 및 국가균형발전 정책의 복원으로 지역의 자율성이 확대될 전망이다. 경제 · 산업 분야에서는 4차 산업혁명 시대가 열리면서 지역 사회 전반의 디지털 트랜스포메이션이 빠르게 확산될 (것으로) 것이라 예상된다. 관건은 이처럼 급격한 정책 및 경제 · 사회 변화에 대한 지역의 수용태세다.

　문재인 정부의 경제 구상에서 실마리를 찾을 수 있다. 'J노믹스'라 명명된 그 기조는 소득주도 성장론이다. 과거 정부의 경제철학은 이와 전혀 다른 수출주도 성장론이었다. '선성장 후분배'의 불균형성장 정책을 채택하고 수출 · 대기업 성장에 의한 낙수 효과(trickle down effect)를 기대했다.

　최근 들어 낙수 효과에 대한 회의론이 부각됐다. 신자유주의의 대표 기관이라는 국제통화기금(IMF)과 경제협력개발기구(OECD)가 정면에 나섰다. 이를 배경으로 소득주도 성장론이 부상했다. '선분배 후성장' 정책을 포용했다. 내수 · 중소기업 위주의 분수 효과(fountain effect)에 초점을 맞추고 있다. 새 정부의 정책 변화는 예측하는 것보다 광폭으로 진행될 것으로 보인다. 지역에서는 자율과 권한이 확대되면서 허울뿐인 자치의 멍에를 벗어버릴 절호의 기회를 맞이한 것이다.

지역은 4차 산업혁명의 파고가 사회 전방위로 영향을 미치는 상황에 직면해 있다. 주목해야 할 것은 지금이 지방분권과 국가균형발전의 끝이 아니라 지역 발전 경로가 극명히 갈리는 대분기점(great divergence)이 될 수 있다는 사실이다. 산업연구원의 발표 자료를 따르면, 지역 발전 정도를 종합적으로 파악하기 위해 활용되는 지역발전지수의 가중변동계수가 1996년부터 시기별로 파동을 그리지만, 꾸준히 줄어드는 추세였다. 그러나 2011년부터 현재까지는 증가세를 보이면서 지역 간 발전 격차에 대한 우려가 움트고 있다. 주요인으로는 지역의 혁신역량을 필두로 산업발전, 소득수준이 꼽혔다.

지역혁신지수는 대전, 경기, 서울 등 상위 3개 시·도만 전국 평균을 상회하고 나머지 13개 시·도는 하회하면서 상·하위 시·도 간 큰 편차를 나타냈다. 혁신역량을 뒷받침하는 지역 창조 잠재력 지수도 서울이 모든 부분에서 최상위권을 차지하면서 압도적 1위를 달리고 있다. 충북을 포함한 중상위권조차 서울과 비교할 때 절반 정도에 그치고 있다.

이것이 각 지역 펀더멘털의 실상이다. 저성장 체제에 돌입하면서 양호한 혁신역량을 갖춘 지역과 그렇지 못한 지역 간 발전 격차는 확대될 가능성이 크다. 지자체 간 치열한 경쟁도 양극화를 유발할 수 있다. 이제는 지방분권에 의한 자율성 제고와 함께 지역이 홀로 생존해야 하는 냉혹한 현실을 직시해야 한다.

기업 잘 키울 생태계를 만들자

'한 아이를 키우는 데 온 마을이 필요하다'는 아프리카 속담이 있다. 아이 한 명을 올바르게 성장시키려면 가족의 관심과 사랑뿐만 아니라 주변 이웃, 지역 그리고 사회 전체가 함께 노력해야 한다는 뜻이다. 같은 맥락에서 기업 하나를 제대로 육성하기 위해서도 주변의 모든 생태계가 뒷받침되어야 한다.

4차 산업혁명 시대에 이 말의 의미는 더욱 커지고 있다. 기술 변화 속도가 너무 빨라서 얼마만큼 잘 적응하느냐가 경쟁력의 관건인 셈이다. 이런 상황은 불확실한 미래를 뜻하는 '뷰카(VUCA)'란 말로 정의된다. 변동성(volatility), 불확실성(uncertainty), 복잡성(complexity), 모호성(ambiguity)의 머리글자를 조합한 신조어다.

4차 산업혁명은 속도, 범위, 영향력 등에서 3차 산업혁명과는 확연히 다르다. 파괴적 혁신으로 전 산업이 재편 중이다. 생산, 관리, 지배구조 등을 포함한 전체 시스템 변화가 심대하다. 산업 간·기술 간 경계는 무너졌다. 기존 특정 산업·기업이 아니라 아무나 더 잘하는 데에서 만들면 승자가 되는 새로운 룰이 시장을 지배하고 있다.

4차 산업혁명에 대해 많은 해법이 거론된다. 정치의 계절을 맞아 한창 논의 중인 정부 조직 개편도 언급되고 있다. 그렇지만 전체적인 시스템 검토를 우선해야 한다. 국제정치에서는 4차 산업혁명에서 촉발될 경제적 불평등과 사회적 양극화 우려가 포퓰리즘 및 보호무역주의로 쟁점화하고 있다. 올해 초 다보스포럼에서는 정치·경제 · 사회적 상황을 타개할 구원투수로서 '새로운 큰 게임'(The New Great Game)으로 이끄는 소통과 책임의 리더십이 강조됐다. 방안으로는 급변하는 정치 · 경제 · 사회적 시스템에 대한 청사진 제공 등이 꼽혔다.

대기업과 중소기업의 이분법적 구분이 유효한가도 봐야 한다. 미국 전기자동차 회사 '테슬라'가 포드와 제너럴모터스(GM)를 시가총액에서 제쳤다. 14년 된 신생 업체가 114년 된 원조 자동차회사 포드와 109년 된 제너럴모터스를 앞선 것이다. 지난해 광풍을 일으켰던 인공지능(AI) 프로그램 '알파고'는 영국 스타트업 '딥마인드'의 작품이다. 현재 시장에서는 대기업이라고 해서 유리하지도 않거니와 대기업과 중소벤처기업들이 상생하는 사례들을 많이 볼 수 있다.

결국, 빠듯한 정치 일정에 맞춰 정부 조직 개편을 서두를 것이 아니라 새로운 리더십을 토대로 불확실성이 커진 기존 시스템을 극복할 혁신 생태계 구축이 더 시급해 보인다. 기업에서는 미래 전략, 신사업 본부 등 중요한 이름이 많이 들어간 조직들이 인사, 재무, 감사팀 등 이름이 짧은 조직에 비해 쉽게 소멸한다고 한다.

과거 한국 정부 조직도 기업과 다르지 않았다. 최근 정치권에서 논의되는 정부 조직 개편에서 가장 주목받고 있는 4차 산업, 창업 등의 단어가 들어간 부처일수록 5년 이후 운명이 더 불안할 수 있다. 우리나라는 언제쯤이면 미국의 재무부, 상무부 등 비교적 단순한 이름의 부처가 복합적이고 중요한 시대적 사명을 안정적인 조직 환경에서 구현해 나갈 수 있을지 눈여겨볼 일이다.

어느 벤처 기업가의 꿈

　최근 미국 전기자동차 회사 '테슬라'의 창업주 일론 머스크가 또다시 화제다. 14년 된 신생 업체의 질주가 무섭다. 테슬라의 가치는 주가를 통해 현재화됐다. 지난 3일 시가총액이 114년 된 원조 자동차회사 포드를 넘어서더니 1주일 만인 10일 109년 된 제너럴모터스(GM)마저 제치고 1위에 올랐다. 512억 달러(약 59조 원)를 기록한 것이다.

　이 현상이 거품이라는 지적도 있다. 지난해 6억 달러 이상의 순손실을 보는 등 그간 줄곧 적자였다. 판매량도 7만 6천 대에 불과하다. 실적으로 보면 과대평가라는 비판이 나올 만하다. 그러나 시가총액은 현재뿐만 아니라 미래 가치를 반영하기 때문에 우려할 사안은 아니라는 평가가 우세하다.

　블룸버그 통신은 'GM이 최근 플러그인 차량 시보레 볼트를 테슬라의 모델 3와 비슷한 가격에 내놓았지만 100년이 넘은 이 회사는 훨씬 규모가 작고 수익도 내지 못하는 테슬라의 열정을 따라잡지 못했다'면서 '투자자들은 전기차가 궁극적으로 자동차 업계를 평정하게 될 것이라는 일론 머스크 CEO의 비전을 사들이고 있다'고 해석했다.

　지금까지 일론 머스크의 성공 스토리는 남달랐다. 금융 시스템 혁명을 일으킨 페이팔 설립과 매각에 이어 자동차 산업 판도를 바꾼 테슬라의 약진을 이끌고 있다. 그 결과 '포춘'의 '2013년 비즈니스 분야 톱 인물' 1위로 꼽혔다. '타임'은 '가장 영향력 있는 세계 100대 인사'를 선정하면서 일론 머스크를 커버스토리로 내세웠다.

몇 해 전 일론 머스크는 미국 역사상 가장 인기 있다는 뉴스 프로그램 CBS의 '60분(60 Minutes)'에 출연한 적이 있었다. 이 자리에서 그는 어린 시절부터 엔지니어를 꿈꿔왔으며 세상을 크게 바꿔놓을 이들에 관해 관심을 쏟고 있다고 언급했다. 현재 주목받고 있는 테슬라를 창업하면서는 전혀 성공을 예상하지 못했고 오히려 실패할 가능성이 훨씬 클 것으로 생각했다고 밝혔다.

그의 성공 신화에는 이렇게 원대한 꿈과 이상, 고독했던 도전과 혁신이 오롯이 녹아있다. 오직 꿈 하나만을 좇아 미국으로 향했던 그는 미래를 고민하고 서툴렀던 남아프리카공화국의 가난한 청년이었다. 유년 시절에는 우주 과학과 독서, 컴퓨터에 탐닉했다.

일론 머스크는 우주에서 맞이할 인류의 운명을 자신이 지켜내야 할 의무로 받아들이면서 목표를 분명히 한다. 인류 발전에 도움이 되고 싶다는 그의 꿈, 인류 문제를 해결하고 싶다는 그의 희망은 인터넷 사업, 스페이스 X의 항공우주 사업, 솔라시티의 태양광 발전사업 등으로 구체화되었다. 그는 늘 테슬라의 존재 이유를 '지구환경과 인류에게 덜 해로운 연료를 사용하는, 지속 가능한 교통수단 실현'에 두고 있다고 강조했다.

이러한 성공 이면에는 수많은 위기가 있었다. 테슬라는 첫 차량 출시 시기를 여러 번 미뤘다. 스페이스 X의 로켓은 처음 3차례 발사 시도가 모두 실패했다. 2008년 금융위기 때는 거의 파산 직전까지 갔었다. 테슬라는 자금 압박에 몰렸지만 얼마 전 중국 인터넷서비스 전문업체 텐센트로부터 투자를 유치해 한숨 돌렸다. 심지어 일론 머스크는 낯선 기술을 과대 선전하는 허풍쟁이로 취급당하기도 했다. 시련의 연속이었다.

자신의 꿈과 아이디어에 사로잡혀 온몸을 불사르면서 한순간도 낭비하지 않는 유형의 인물, 부를 쫓는 것이 아니라 인류 구원의 길을 추구하는 일론 머스크가 세계에서 가장 탁월한 혁신가로 인정받고 있다. 스티브 잡스가 우리 삶의 방식을 바꿨다면 일론 머스크는 우리가 살고 있는 이 세상을 바꾸고 있다는 극찬을 받는다.

일론 머스크는 성공을 위한 가장 중요한 덕목으로 집요할 정도로 끈질긴 문제 해결 능력을 꼽았다. 미래를 예측하는 가장 좋은 방법은 미래를 만드는 것이라고 했다. 어쩌면 우리의 미래는 현재의 프로들이 아니라 창의적이고 모험적인 아마추어에게 맡겨야 할지도 모른다. 이것이 4차 산업혁명 시대를 준비하는 우리에게 던지는 메시지이다.

30 · 30 · 30에 주목하라

중국 알리바바의 마윈 회장은 유독 '30'이라는 숫자를 강조한다. 30 · 30 · 30은 '30년 지속할 기술을 찾고, 30세인 사람을 눈여겨보며, 30명의 직원을 가진 기업에 관심을 갖는다'는 뜻이다. 30년, 30세, 30명에 집중해야 더 나은 미래가 만들어질 것이라고 강변한다.

장기적으로 지속 가능한 기술과 잠재력이 풍부한 젊은 인재 그리고 중소벤처기업들이 세상을 바꿀 원동력이라는 소신을 밝힌 것이다. 디지털 사회를 쥐락펴락하는 전형적인 자수성가형이자 끊임없이 청년들에게 꿈과 희망을 전파하는 혁신의 아이콘 마윈 회장이기 때문에 이 메시지의 무게는 남다를 수밖에 없다.

현재 큰 조직이 작은 조직을 먹는 시대에서 빠른 조직이 느린 조직을 먹는 문화로 바뀌었다는 세계경제포럼 클라우드 슈밥 회장의 지적이 이를 뒷받침한다. 민첩한 움직임으로 조직문화를 개혁해 나가는 중소기업들이 대기업을 이기는 경우가 점차 늘어날 것으로 예상되고 있다.

지금은 생존 자체가 화두다. 기술 변화 속도가 너무 빨라서 얼마만큼 잘 적응하느냐가 경쟁력의 관건인 셈이다. 이런 상황은 '뷰카(VUCA)'로 정의된다. 뷰카란 변동성(volatility), 불확실성(uncertainty), 복잡성(complexity), 모호성(ambiguity)의 영문 머리글자를 조합한 신조어다.

이는 지난 1990년대에 주변 정황이 제대로 파악되지 않아 즉각적이고 유동적인 대응 태세 및 경각심이 요구되는 때를 나타내는 군사용어였다. 이후 급격하게 변하는 현대 사회와 불안정한 금융 및 고용시장을 표현한 수식어로 쓰이고 있다.

뷰카 시대에서 살아남기 위해서는 경영혁신, 구조조정 등이 필수적이며 기존 지식과 경험에서 탈피해 새로운 자구책을 찾아야 한다. 지금까지의 전략으로는 돌발적이고 불확실한 상황을 돌파할 수 없는 까닭이다.

4차 산업혁명의 총아인 인공지능(AI)에서 급변하는 동향을 살펴볼 수 있다. 여기에 집중 투자하고 있는 구글의 공동창업자 세르게이 브린이 혀를 내두를 정도다. 예상했던 것보다 훨씬 빠르고 갈수록 더 빨

라지고 있는 최근 AI 발전 속도에 본인 스스로 놀라고 있다고 실토한
바 있다.

2016년 초 다보스포럼에서 4차 산업혁명이 선언된 이후 가장 주목
받는 분야가 교육이다. 인공지능이 기존 지식과 직업 체계를 뿌리부
터 뒤바꿀 것이라는 판단에서다. 이스라엘 히브리대 역사학과 교수이
자 베스트셀러 '사피엔스'의 저자인 유발 하라리는 '지금 학교에서 배
우는 것의 80~90%는 아이들이 40대가 됐을 때 별로 필요 없을 것'이
라고 주장한다.

얼마 전 국내에서 개최된 아시아대학 총장 회의 주제는 '미래를 창
조하다-강력한 산학 동맹 구축'이다. 영국 더타임스가 운영하는 세계
적 대학평가기관인 THE(Times Higher Education)가 원탁회의에 앞서
대학 총장 33명을 상대로 4차 산업혁명 시대에 대학의 역할과 관련한
설문조사를 실시한 바 있다. 이 중에서 88%가 4차 산업혁명 시대가
요구하는 직업인을 배출하기 위해 대학은 산학협력 교육을 더욱 강화
해야 한다고 응답했다. 또 절반가량은 대학 교육도 완전히 바뀌어야
한다고 답했다.

이러한 흐름은 국내 대학에서도 이어지고 있다. 미국 MIT의 미디
어랩(융합실용연구), 스탠퍼드대의 디스쿨(디자인 사고)을 모델로 융
합인재를 키우겠다는 비전도 등장했다. 남이 가지 않는 길을 가는 대
학, 파괴적인 대학을 표방하는 대학도 생겨났다. 기존 단과대학을 확
대 개편한 칼리지의 라틴어 이름이 '비어 있는 판'으로서 백지상태를
상징하기도 한다.

'아무도 발견하지 못한 곳으로 가라. 그곳에 기회가 많다. 언제든

　　　　　　　지역 살리기, 거침없이 피보팅하라

역발상이 필요하다'고 주장하는 마윈 회장의 외침은 파격적인 교육 변신과 맞닿아 있다. 지금 30 · 30 · 30을 품어야 하는 세상이 대학에 길을 묻고 있다.

소통과 책임의 리더십이 강조되는 이유

매년 초 사람들의 관심은 두 개의 글로벌 행사에 집중된다. 1월 초 미국 라스베이거스에서 열리는 '국제전자제품박람회(CES)'와 1월 중순 스위스 다보스에서 열리는 세계경제포럼(WEF · 다보스포럼)이 그것이다. 최근 전 세계를 관통하는 산업 · 기술 트렌드 및 정치 · 경제 · 사회적 이슈를 점검해볼 수 있는 풍향계 역할을 하기 때문이다.

CES 2017에서 확인된 것은 폭풍처럼 진화하고 있는 기술 간 융합이었다. 달라진 점은 과거의 CES가 얼리어답터들의 보여주기식 쇼케이스였다면 올해는 실생활에서 행복한 삶을 도와주는 상용화였다.

전문가들은 CES 2017의 키워드로 인공지능(AI), 로봇, 중국, 스타트업(신생 벤처 기업) 등 네 가지를 꼽았다. 인공지능은 3천800여 개 참가 업체 중 1천500여 개가 제품에 AI를 적용했다고 주최 측이 밝혔을 정도로 대세였다. 로봇 역시 '퍼스널 로봇(PR)' 시대가 성큼 다가왔다는 평가를 받을 만큼 화두였다. 변방에서 중심으로 약진한 중국은 1천300여 개 업체가 참여하면서 양적 성장만큼 질적 경쟁력을 갖췄다는 호평을 받았다.

이번에 눈에 띈 것은 스타트업이었다. 3년 전엔 존재하지 않았던 약 20%의 신생 기업들이 CES의 핵심으로 등장했다. 이들은 누구나 쓸 수 있는 글로벌 기업들의 AI 기술로 무장하고 대기업을 능가하는 혁신적인 로봇, 헬스케어 제품으로 신시장 개척에 나선 것이다.

가장 주목받은 기업은 '아마존'이었다. 음성인식 AI 비서 '알렉사'는 현재 약 7천 개의 애플리케이션(앱) 및 디바이스와 연결되면서 스마트폰 이후 차세대 플랫폼으로 각광받고 있다. 알렉사를 빠른 시간 내 수많은 디바이스와 연동시킬 수 있는 튼실한 생태계의 저력을 과시했다. 알렉사의 성공은 아마존 관계자들도 예상치 못했던 것으로 알려졌다.

이렇듯 숨 가쁘게 변화하는 기술이 누구에게나 희망과 이득을 주는 것은 아니다. 이들이 선도하는 4차 산업혁명 시대가 열리면서 미래에 대해 불안해하고 소외되는 계층이 나타나기 시작했다. 지난해 인공지능과 로봇 등 신기술이 인간의 일자리를 대신할 것이라는 보고서가 발표되면서 충격을 준 사례에서 입증된다.

4차 산업혁명에서 촉발될 경제적 불평등과 사회적 양극화 우려가 포퓰리즘 및 보호무역주의로 정치 쟁점화하는 양상이다. CES 2017에 이어 열린 다보스포럼의 핵심 의제가 심각한 이유다.

이번 주제인 '소통과 책임의 리더십'은 표면상 정치적인 것 같지만, 경제적일 수밖에 없고 사회적 과제까지 함축하고 있어 매우 포괄적이다. 작년의 '4차 산업혁명' 선언을 좀 더 세분화해서 구체적으로 실천 전략을 살펴보았다는 점이 특징이다. 한편 전체 토론 주제 중 절반 이상이 '사회적 통합' 관련이어서 경제적 불평등 및 사회적 양극화의 완

지역 살리기, 거침없이 피보팅하라

화 문제에 대한 관심을 엿보게 한다. 이로써 각국 정치·경제 리더들의 역할론이 급부상하고 있다.

불확실성이 커진 기존 시스템에서 대안을 찾지 못하자 지금의 혼란한 정치·경제·사회적 상황을 타개할 구원투수로서 '새로운 큰 게임'(The New Great Game)으로 이끄는 소통과 책임의 리더십 논의가 활발해지고 있는 것이다.

이제 각국의 정치·경제 리더들이 난제 해결의 실마리를 풀어가야 한다. 급변하는 정치·경제·사회적 시스템에 대한 청사진 제공, 신기술에 적응할 수 있는 교육시스템 개혁, 학력과 관계없이 창의력을 바탕으로 4차 산업혁명을 주도할 '뉴(new)칼라'(화이트칼라와 블루칼라 대비) 양성 방안 등이 시급하다.

지역의 정치·경제 리더들도 발 벗고 나섰다. 제주도는 기후 에너지 및 제4차 산업혁명 시대를 맞이해 에너지와 교통을 망라한 산업 생태계 구축 전략을 마련하고 있다. 대전시는 '4차 산업혁명 특별시 조성'을 내세웠다. 이전보다 단순히 발전된 단계가 아니라 완전히 새로운 시대에 부응하는 공간의 가치 창출 준비가 필요하다.

PART 7

인공지능의 대두와
지역 회생의 열쇠

(2016년)

2016년은 '제4차 산업혁명'이라는 용어가 세계 경제 포럼(WEF: World Economic Forum)에서 등장하고, IT 분야 검색어 순위에 '이세돌·알파고'가 선정되는 등 급격한 세계 산업 및 기술변화로 충격을 받은 해였다. 이에 따라 인공지능(AI)·빅데이터에 대한 관심이 증폭됐던 해였다. 이와 관련한 소재로 사람·인재 문제, 반전의 기술, 연구개발 투자, 특이점 등을 다뤘다.

특이점에 대응하라

한 해가 저물어가는 요즘은 남은 며칠을 잘 마무리하려는 일상으로 분주하다. 내년의 새로운 희망을 꿈꾸면서 금년보다 나은 새해를 소망한다. 그래서 올해 어떤 일이 있었는지 되짚어보기도 하고 향후 전망에도 관심을 기울인다.

국내 포털사이트 3사에서는 2016년을 정리하면서 1월부터 11월까지의 검색어 순위를 공개했다. 사람들의 이목을 끌었던 이슈들이 모두 등장했다. 네이버 집계 결과 시사 분야에서는 '최순실'이 꼽혔고 IT 분야에서는 '이세돌 · 알파고'가 선정됐다. 카카오와 구글(한국)에서도 '이세돌'은 종합 순위 5위와 8위를 기록했다. 인공지능의 미래에 대한 관심이 높다는 것을 증명한다.

내년에도 국민의 최대 관심 사항인 경기회복은 어려울 것으로 예측된다. 한국경영자총협회가 259개 사를 대상으로 한 '2017년 최고경영자 경제전망 조사' 결과, 국내 경기의 본격 회복 시점에 대해 최고경

지역 살리기, 거침없이 피보팅하라

영자들은 '2019년 이후'(47.1%)를 가장 높게 꼽았다. 반면 2017년이라는 응답은 12.8%에 불과했다. 지금의 경기 상황을 81.5%가 '장기형 불황'으로 판단하고 있어 우려가 깊어지는 형국이다.

더욱 눈여겨봐야 할 부분은 기업의 수익 모델이다. 현재 주요 수익원의 지속 가능한 기간을 '5년 미만'이라고 응답한 비율이 62.8%에 달했다. 규모별로 300인 이상은 '1년 이상~3년 미만'이 38.5%, 300인 미만은 '3년 이상~5년 미만'이 31.7%로 가장 높았다. 국내 산업의 부가가치 증가세 둔화와 고용 창출력 약세로 인해 경제 활력이 저하되고 있는 실상을 반영하고 있다. 한줄기 부푼 기대보다 걱정을 먼저 해야 하는 내년 이후의 대비책이 절실하다.

그 단초를 '특이점'에서 찾을 수 있다. 인공지능이 인간의 지능을 넘어서는 이 시점을 가슴 설레게 기다리는 사람이 있는데, 바로 소프트뱅크의 손정의 회장이다. 지난 10월 25일 미국 실리콘밸리에서 '특이점 즉 질적 도약이 발생하는 시점이 다가오고 있습니다. 인류에게 정말 큰 기회입니다. 1천억 달러 펀드도 적습니다.'라고 언급해 주목을 받았다.

이와 함께 과거 인도 출신 '니케시 아로라'를 후계자로 지목하고 60세에 은퇴하겠다던 계획을 바꿔서 5년~10년 뒤로 은퇴를 미루겠다고 선언했다. 이유는 인공지능이 확산되면서 정보혁명의 기회가 열린 이 시점에 경영을 더 하고 싶다는 묘한 욕심이 생겼기 때문이라고 밝혔다. 손 회장이 미래 글로벌 경제 판도를 바꿀 4차 산업혁명의 선도적 CEO로 급부상하고 있다.

그런데 우리나라의 현실은 국내 포털 검색어 순위와는 달리 동떨어져 있다. 중소기업중앙회가 10월 31일부터 지난달 15일까지 전국 제조 중소기업 300곳의 최고경영자를 대상으로 '4차 산업혁명에 대한 중소기업 인식 및 대응조사'를 실시한 결과 전체의 52.3%가 '전혀 모른다'고 답했다. '대응을 못하고 있다'는 응답이 93.7%였다.

최근 대통령 직속 청년위원회가 전국 19세~34세 남녀 2천 명을 대상으로 했던 '4차 산업혁명 청년 인식 조사' 결과도 대동소이했다. 4차 산업혁명에 대해 알지 못한다는 청년이 60.8%로, 안다는 답변(39.2%)보다 많았다. 4차 산업혁명에 준비가 필요하다는 응답이 72.1%에 이르지만 12.4%만이 준비된 것으로 나타났다.

소프트뱅크 손정의 회장은 사물인터넷과 인공지능의 결합이 4차 산업혁명을 이끌고 신경제 질서를 창조할 것이라고 단언한다. 적극적인 M&A를 추진하면서 '기업 하나를 인수한 것이 아니라 새로운 패러다임에 투자한 것'이라는 주장은 매우 시사적이다.

분명한 것은 각 나라가 승자독식의 시장을 선점하기 위해 무한경쟁에 뛰어들었다는 사실이다. 이번 기술혁신이 가져올 미래는 시작에 불과하며 전 세계를 저성장의 늪에서 구할 수 있는 돌파구가 될 것으로 예상하기 때문이다. 선진국이 자국의 전통적 강점을 기반으로 외연을 확장·융합시켜나가는 방식을 취하고 있는 만큼 우리도 컨트롤타워 구축, 인재 양성, 지식기반서비스 산업 육성 등 치밀한 특성화 전략 마련에 집중해야 할 때다.

지역 살리기, 거침없이 피보팅하라

답이 없는 시대에서 살아남기

한 때 '삼무(無) 시대'라는 말이 회자된 적이 있었다. 세상에는 정답과 비밀, 공짜 등 세 가지가 없다는 의미다. 현실에서 일어나는 일들을 보면 새삼 그 말이 틀리지 않았음을 확인할 수 있다.

최근 전 세계는 미국 공화당 후보인 도널드 트럼프가 제45대 대통령으로 당선되면서 충격에 휩싸였다. 이를 지칭해서 '트럼프 쇼크', '트럼프 쓰나미', '트럼프 폭풍', '트럼프 한파', '트럼패닉' 등 수많은 신조어가 등장했다. 주요 언론사와 여론 조사 기관들이 예상했던 답이 아니었기 때문이다.

그런데 이러한 현상은 정치적 측면에 국한하지 않고 경제·사회 전반에 걸쳐 다반사로 분출되고 있다. 급격하게 전방위 시스템 변화를 경험하고 있는 오늘날의 핵심어는 단연 불확실성이다. 현대를 사는 모든 이들이 정답은 아니지만, 차선이라도 찾아야 하는 어려운 과제를 안고 사는 셈이다.

그 원인은 다음과 같이 요약될 수 있다. 먼저 세계적인 여론 기관 '갤럽'의 짐 클리프턴 회장은 모바일 기기가 확산되면서 사람들이 여론조사에 비협조적이라는 점을 강조한다. 휴대폰으로 걸면 60~80%는 응대 없이 끊어버린다는 것이다. 정밀하게 연령과 계층을 감안한 표본조사 기법도 무용지물이 되었다는 하소연이다.

또 다른 하나는 리처드 브로디(Richard Brodie)가 정의한 '마인드 바이러스'의 확산이다. 질병을 옮기는 바이러스처럼 사람과 사람 사이에 침투해서 사람들의 사고방식과 행동 변화를 일으킨다. 워싱턴포스트(WP)의 보도처럼 대선 기간 중 등장했던 SNS 가짜 기사 사건이 일례다. 트럼프 지지자들은 가짜 기사 제작자 사이트를 방문하고 이미 가지고 있는 생각과 부합하면 사실 확인 없이 그냥 믿고 공유했다. 정보화 사회가 진전될수록 마인드 바이러스의 침투력이 더욱 강해질 것이라는 전망이 적중한 것이다.

그러나 이번 미국 대선에서 모두 실패한 것은 아니라는 점을 주목해야 한다. 인도 벤처 기업이 개발한 인공지능 '모그IA'는 한 달 전부터 트럼프 당선을 예견했다. 구글, 페이스북, 트위터, 유튜브 등 SNS에서 수집된 2천만 개 데이터 분석에 기초했다. 구글의 '구글 트렌드'도 트럼프를 선택했다. 구글 트렌드를 통해 지난 한 달 동안 클린턴과 트럼프 키워드의 관심도(특정 기간 검색어의 인기도)를 살펴본 결과였다.

누구보다 가장 부각된 사람은 페이팔(온라인 결제회사)의 공동 창업자 피터 틸(Peter Thiel)이다. 실리콘밸리의 동료들이 한목소리로 '트럼프 반대'를 외칠 때, 틸은 혼자 '트럼프 찬성'을 밝히면서 '공공의 적'이 됐던 인물이다. 그는 페이팔 창업부터 페이스북 · 링크드인 등의 스타트업 투자 그리고 이번 미국 대선까지 상황 판단과 투자 결정에서 실패한 적이 없다는 평가를 받는다. 2004년 페이팔을 이베이에 매각한 후 페이팔의 기존 소프트웨어를 기반으로 빅데이터 분석 솔루션을 개발하는 팔란티어(Palantir)를 공동 창업했다. 이 기업은 미국 경제 전문지 '포천'이 선정한 2016년 유니콘(10억 달러 이상의 가치를 인정받는 스타트업) 리스트에서 4위를 기록하고 있다. 통념을 뒤집고 미래 가치를 보는 안목으로 관심을 모은다.

두 가지 성공 사례의 공통점은 빅데이터다. 물론 빅데이터가 만능일 수는 없다. 일부 경영학계와 산업계의 우려도 크다. 그렇지만 빅데이터 연구의 대가로 꼽히는 옥스퍼드대 쇤베르거 교수는 '빅데이터는 새로운 시각으로 세상을 보게 해주는 안경'이라고 정의하면서 이는 단순한 기술이 아니라 인간의 사고방식 자체를 바꿀 것이라고 주장한다.

기업이든 지역이든 경영은 선택이다. 한정된 가용자원에서 방대한 정보를 효과적으로 분석하고 의사 결정하는 기업과 지역만이 경쟁에서 승리할 수 있다. 단편적이고 인위적인 프로그램에 의존하기보다 데이터에서 통찰력을 끌어내는 경영 전략이 중요하다. 이번 미국 대선을 계기로 직관은 실패해도 빅데이터는 성공한 사례를 깊이 음미해 볼 필요가 있다.

지역 발전을 위한 시행착오를 허하라

국내 굴지의 대기업 하반기 입사 시험 언어영역에 '실패를 자산화' 하자는 골자의 '실패학' 문제가 출제돼 화제가 되고 있다. 최근 불거진 자사 스마트폰의 폭발과 판매 중단이라는 실패를 염두에 둔 것으로 해석된다.

얼마 전 국내의 한 백화점은 신규 사업을 추진하다 실패한 직원에게 상을 주기로 했다. '실패열전상'으로 불리는 이 상은 실패를 용인하는 기업문화를 정착시켜 직원들의 도전정신을 키우는 데 목적을 두고 있다.

요즘 실패학이 주목받는 것은 이에 대한 사회적 인식이 낮다는 의미이며 문화적으로 성숙되어 있지 못하다는 것을 입증한다. 매사에 지나치게 성공 가치를 우선한 탓이다. 이런 상황에서는 창의적이고 혁신적인 일보다 쉽게 갈 수 있는 길을 선택하게 된다. 국내 연구개발 과제들의 성공률이 높다는 것은 이와 일맥상통한다. 성공이 실패에서 얻어지는 교훈과 결과라는 평범한 진리는 이미 잊힌 지 오래다.

실패학이 발전한 나라로 미국과 일본을 꼽는다. 미국에서는 1986년 챌린저호 폭발 사고를 계기로 실패를 인정하고 원인을 철저히 분석해 교훈으로 삼자는 운동이 일어났다. 성공 확률이 1% 미만인 실리콘밸리에서는 '실패'라는 단어가 가장 사랑받는다. 실패 경험을 당당하게 드러내고 자랑하는 문화가 강점이다. 벤처 기업인들이 실패담을 공유하며 서로 배우는 '페일콘(FailCon)' 행사가 2008년 처음으로 시작된 곳도 실리콘밸리다.

일본 과학기술청 산하 21세기 과학기술 간담회는 2000년 6월 '실패학을 구축하자'는 보고서를 통해 사회 전체가 실패의 자산을 활용해 전철을 막자고 제안했다. 실패학 전문가로 유명한 도쿄대 공대 하타무라 요타로 교수의 저서 '실패학의 권유'는 2000년에 장기간 베스트셀러 1위를 기록할 정도로 큰 반향을 일으켰다.

실패에서 큰 성공을 거둔 대표적 사례에는 '포스트잇'의 3M, 청바지 리바이스 등이 있다. 그 외에 최근 중국 인터넷 기업 텐센트에 인수된 핀란드 게임 회사 수퍼셀(Supercell)은 게임을 개발하거나 프로젝트에서 실패했을 때 샴페인 파티, 일명 실패 파티를 열어준다. 수퍼셀은 지금까지 개발 과정이나 출시 단계에서 모두 14개 게임을 접고 단 4개만 시장에 내놨다. 그래도 창업 6년 만에 글로벌 게임 기업으로 성장했다. 이 중 하나가 세계적 히트작인 전략게임 '클래시 오브 클랜'이다. 구글이 운영하는 비밀 연구소 구글X에서는 실패에 대해 동료들의 격려는 물론 심지어 진급까지 시켜준다.

이와 관련한 혁신 아이콘들의 어록도 자주 인용된다. 애플의 스티브 잡스는 '점진적 개선이란 개념을 존중하고 내 삶에서 그렇게 해왔다. 하지만 난 좀 더 혁명적인 변화에 항상 매력을 느껴왔다. 왠지 모르겠다. 더 어려워서 그런지도. 혁명적 변화는 감정적으로 스트레스가 더 많다. 그리고 모든 사람이 '당신 완전히 실패했어'라고 말하는 시기를 거치게 된다.' 테슬라의 일론 머스크는 '실패는 하나의 옵션이다. 만일 실패하고 있지 않다면 당신은 충분히 혁신하지 않고 있는 것'이라고 주장한다. 일본 혼다자동차의 창업주 혼다 소이치로는 '99%의 실패가 1%의 성공을 이끈다'는 경영철학을 갖고 있다.

우리나라는 개발 연대를 거치면서 경제 기적의 성공 스토리를 써왔다. 선진국을 따라잡기 위해 노력한 만큼 그 결과는 달콤했다. 그런데 시장을 선도하는 '퍼스트 무버'로의 전환이 필요한 시점에서 난관에 봉착했다. 실패에 대한 차가운 시선을 의식해 새로운 의욕이 위축되고 있기 때문이다.

국가 간 경쟁만큼 지역 간 경쟁도 치열해지면서 지역 발전을 위한 다양한 시도들이 나타나고 있다. 그러나 실패를 껴안고 성공을 만들어 가자는 지역 사회 분위기가 충만하지 않으면 혁신적 도전은 구호에 그칠 뿐이다. 실패에 대한 인식을 바꾸고 이를 지원하는 시스템을 갖춰야 한다. '창조적 실패'를 타산지석으로 삼아 지역 발전의 기폭제가 되도록 해야 한다.

지역 기업의 생존 전략

국내 전자정보통신 분야 전문 일간지는 4차 산업혁명을 테마로 한 창간 34주년 특집호에서 '전대미문 行 열차가 들어오고 있습니다'라는 제목을 달았다. 올해 개봉되어 첫 천만 관객을 돌파한 좀비 영화 '부산행'을 패러디한 느낌이라서 으스스하지만 시사하는 바는 매우 크다. 미래 예측이 더욱 어려워지고 있음을 부각시키고 있는 것이다.

금년 1월 초 열린 다보스포럼에서 4차 산업혁명이 공식 선언된 이후 전 세계는 시시각각으로 놀라운 상황에 직면하고 있다. 3월 이세돌 9단과 알파고의 대결에서 목격한 인간 패배는 인공지능 시대를 알리는 서막에 불과했다. 얼마 뒤 한국의 조혜연 9단은 일본 컴퓨터 바둑 프로그램 '젠'과의 2점 접바둑에서 패했다.

5월에는 미국 라스베이거스 북부 사막에서 초고속 열차 '하이퍼루프 원(Hyperloop One)'의 첫 공개 시험주행이 실시됐다. 테스트용으로 구축한 1㎞ 구간에서 열차는 약 1.1초 만에 시속 186㎞에 도달했다. 하이퍼루프의 최고 시속 1,280㎞로 운행할 경우 서울에서 부산까지 16분이면 주파한다.

폭염에 시달렸던 올여름을 더욱 뜨겁게 달군 것은 증강현실(AR) 기술을 장착한 '포켓몬 고(GO)' 게임이었다. 하계휴가 장소로 유명한 속초가 스마트폰 게임 때문에 인산인해를 이룬 것은 유례가 없는 일이었다.

승용차 한 대 생산에 투입되는 IT 비용이 지속적으로 증가하면서 자동차와 IT 업계 사이에는 협업과 경쟁의 애증 관계가 형성되고 있다. 미국 포드, 독일 벤츠가 테슬라모터스와 구글이 위치한 실리콘밸리에 연구센터를 설립하자 종국에는 주도권을 쥔 IT업체가 기존 자동차 업체에게 OEM 방식으로 조립을 위탁하는 게 아니냐는 전망이 나오고 있다.

기술혁명, 산업혁명, 고용혁명은 이미 시작됐다. 4차 산업혁명은 속도, 범위, 영향력 등에서 3차 산업혁명과는 확연히 다르다. 그간 인류가 경험하지 못한 속도로 진화하고 있으며 파괴적 혁신에 의해 전 산업이 대대적으로 재편 중이다. 이로써 생산, 관리, 지배구조 등을 포함한 전체 시스템 변화가 불가피하다.

지역 산업 정책도 4차 산업혁명이라는 거대한 흐름을 거스를 수는 없다. 기술성장 한계와 공급 과잉에서 촉발된 현 상황에서는 다른 접근이 필요하다. 지금까지의 지역 산업 정책에 대해 그 속도와 방향은 맞는지, 이를 위한 시스템과 수단은 유효한지 그리고 이를 선도할 컨트롤 타워는 있는지를 점검해봐야 한다.

지역 산업 경쟁력의 조건으로는 요소 단위에서 산업 생태계 경쟁으로의 전환, 가격과 기술경쟁력이 합해진 복합 경쟁체제 부상, 기술경계(Technology Frontier) 극복을 위한 제도·문화 혁신 등이 거론된다. 정책 목표로 내수 기반의 지역 내 선순환 구축, 지역 경제 회복력에 대한 기여 증대, 지역맞춤형 스마트 특성화 전략 추진 등을 들 수 있다.

구체적으로는 경쟁이 극심한 예측 불허 상황에서 플랫폼과 생태계를 주도할 컨트롤 타워 기능 강화, 대표 산업군의 선택과 집중 그리고 융·복합산업(태양광·ESS, ICT·스포츠, IoT·의료 등) 육성, 본투글로벌 스타트업 지원을 위한 시스템 마련, 집단지성과 사회적 자산의 활용도 제고, 신조류의 기술변화를 간파할 수 있는 디지털 비즈니스 리더와 아이디어 혁신이 가능한 인재 양성 등을 과제로 꼽는다.

산업 간·기술 간 경계는 무너졌고 과거 소품종 대량생산 체제에서 다품종 소량생산 체제로 이동했다. 현실은 기존 특정 산업·기업이 아니라 아무나 더 잘하는 데가 만들면 되는 시장원리가 지배한다. 저성장·저소비의 경제 위기를 개방과 협력, 지식과 기술의 융·복합 활성화로 돌파해야 한다. 최근 급부상하고 있는 신산업에는 아직 시장을 압도하는 표준기술이 없다. 글로벌 기업을 쫓기보다 차별화가 관건이다. 지역 내 기업(대-대, 대-중 대-중-스타트업) 간 결합과 융합에서 길을 찾을 수 있다. 이것이 지역 기업의 생존 전략이다.

사람은 누구나 폭탄이다

창의력의 아이콘이자 유명 광고인인 박웅현과 그의 동료들이 지난해 펴낸 저서의 도발적 제목이다. '사람은 누구나 폭탄이다'라는 말은 '사람은 누구나 창의적이다'라는 의미로 사용된다. 누구든지 창의력이라는 폭탄을 내재하고 있는데 그 폭탄이 터지는 발화 시점이 다르다는 점을 강조한다. 따라서 가장 중요한 것은 바로 그 폭탄의 뇌관을 찾아주는 일이다.

올해 리우 올림픽에서는 신세대들의 '긍정 에너지'가 화제다. 힘든 훈련을 견뎌내고 과정에 최선을 다하는 선수들을 보면서 국민은 환호했다. 그들의 내적 잠재력이 폭발하는 순간순간마다 감동받았다. 그래서 이번 올림픽의 관전 포인트는 사람이다.

헝그리 정신으로 무장하고 승패에 일희일비하면서 금메달에 연연했던 기성세대와는 달리 올림픽 자체를 즐기는 선수들이 늘고 있다. 펜싱 에페 사상 첫 번째 금메달을 획득한 박상영 선수가 대표적이다. 그는 세계 랭킹 21위, 올림픽 첫 출전의 스물한 살 새내기였다. 그의 모바일 메신저 프로필에 '올림픽은 재밌는 놀이'라고 쓰고, '올림픽은 최고의 축제니까 마지막까지 즐기겠다'고 밝힌 바 있다.

개인 결승 종료 2분 24초 전 박상영 선수는 10-14로 벼랑 끝에 몰렸다. 에페에서 그 점수 차는 회복 불능에 가깝다. 이길 방법은 상대방의 칼을 모두 피하고 5번 연속 먼저 찌르는 것뿐이었다. 이 절체절명의 순간에 '할 수 있다' '할 수 있다'를 되뇌면서 마음을 다잡았다. 그리고 '47초의 기적'을 일궈냈다.

양궁의 장혜진 선수는 좀처럼 낙담하지 않는 성격 때문에 '장 긍정'이라는 별명을 얻었다. 개인 4강전 1세트의 두 번째 화살이 3점 과녁에 꽂힌 위기에서도 미소 지으며 탈출했다. 매사에 밝고 쾌활한 심성이 토대가 됐다. 결국, 단체 금메달을 포함해 이번 대회 우리나라의 첫 2관왕에 올랐다.

장혜진 선수도 올림픽에 처음 출전했다. 세계 랭킹은 6위로서 동료 최미선(1위), 기보배(3위) 선수에 밀렸다. 단체전 8연패에 대한 부담 탓에 리우에서 악몽을 꾸면서도 '하늘에서 지켜줄 거라 믿고 좋게 생각하려 노력했다'고 털어놨다.

이들이 늘 순탄했던 것은 아니다. 박상영 선수는 부모의 사업 실패로 펜싱 장비를 살 여유가 없었던 어려움을 겪었고 왼쪽 무릎 전방십자인대 파열로 최대 고비를 맞기도 했다. 장혜진 선수는 늦깎이 양궁 인생으로 '만년 4등'(3명 출전)이란 꼬리표를 달고 다녔다. 이런 상황을 간절한 마음으로 하나하나 세심하게 준비하면서 반전을 이뤄냈다. 주목받지 못했던 이들의 성공은 우연이나 기적이 아니다. 열정과 긍정의 힘이며 투혼의 산물이다.

신예들의 활약은 '펜싱 사상 최고의 역전극이었다'는 찬사와 '무자비한 한국 양궁'이라는 최상의 평가를 받았다. 이들이 쓴 새로운 역사는 요즘 취업난 등으로 의기소침해진 젊은이들의 학습 본능을 자극하기에 충분했다. 또 같은 또래 청년들에게 포기를 모르는 '긍정 바이러스'를 전파하고 있다.

이룰 수 없는 꿈을 꾸고 이길 수 없는 적과 싸우며 잡을 수 없는 저별을 잡으려 했던 세르반테스는 꿈과 이상을 향한 인간의 도전 의지를 그렸다. 그의 작품 '돈키호테'는 2002년 노르웨이 노벨연구소가 선정한 역사상 최고의 소설이다. 여전히 힘들어 하는 젊은이들이 진정으로 원하는 꿈을 꾸게 해야 한다. 모두가 폭탄이라는 믿음을 갖고 발

지역 살리기, 거침없이 피보팅하라

화 시점을 앞당길 수 있는 계기를 마련해줘야 한다.

그런 차원에서 다산 정약용 선생이 중시했던 오득천조(吾得天助)의 교훈은 유용한 실천적 해법이 될 것이다. 누구나 할 수 있는 일 말고 나만이 할 수 있는 일을 하고, 다른 누구보다 잘할 수 있는 일에 몰두하며, 자신의 장점을 살려서 개성을 추구하도록 인도해야 한다. '즐기자는 생각만 했는데 금메달이 찾아왔다'던 박상영 선수의 말이 지금 우울한 청년 세대에게 '행복의 묘약'이 되길 소망한다.

저성장 기조 탈출을 위한 대안 찾기

정부가 추가경정예산 편성 카드를 뽑았다. 총 11조 원 규모의 추경 예산안 목표로 구조조정 지원, 일자리 창출 및 민생안정, 지역 경제 활성화, 지방재정 보강 등 4가지가 꼽혔다. 향후 국회 논의 과정에서 변동 가능성은 남아있지만 현 경제상황에 대한 절박함을 내포하고 있다.

최근 미국의 글로벌 투자은행 모건스탠리는 우리나라에 대해 저성 장 · 저물가가 장기화하면서 내년 경기 흐름이 악화될 소지가 크다고 분석했다. 이에 대응해 금리 인하와 금융안정을 위한 거시건전성 조치, 생산성 제고를 위한 구조개혁, 대외 충격을 완화할 수 있는 확장적 재정지출 등의 정책과제를 주문했다. 그런 점에서 정부의 이번 추경예산 편성은 대안 중 하나임이 틀림없다.

하지만 추경만으로 지금의 난국을 극복할 수는 없다. 대내외 환경 변화는 논외로 하더라도 올해 초 'CES 2016'과 '다보스포럼'에서 확인된 것처럼 빠른 혁신의 제4차 산업혁명이 진행 중이기 때문이다. 하나의 키워드로 요약하면 디지털 빅뱅이다. 이를 촉발하는 핵심 기술은 인공지능, 소프트웨어와 ICBM(사물인터넷, 클라우드컴퓨팅, 빅데이터, 모바일)이다. 폭발적으로 증가하는 데이터, 가치를 생산하는 네트워크, 세상을 지배하는 알고리즘, 무한히 확장 가능한 아키텍처를 자산으로 불연속적인 미래에 대비해야 한다.

우리나라의 정보통신기술(ICT)과 제조업은 튼실한 반면 인공지능과 사물인터넷, 클라우드 등 SW 분야는 상대적으로 취약한 편이다. 그렇다면 ICT 기반 지능정보 산업을 난관 돌파의 '제5원소'로 삼고 '스마트팩토리', '디지털 헬스케어'와 같이 당장 시너지를 발휘할 수 있는 분야에서 해답을 찾아야 한다.

주변 여건은 어렵지만, 반전의 흐름이 감지되고 있다. 내수보다는 수출 시장에서 크게 성공을 거두고 수익성과 성장성에서도 일반 중소 · 중견 · 대기업에 비해 높으며 소비재 업종으로의 벤처 트렌드를 선도하는 기업들이 있다. 한류 바람을 타고 중국과 신흥국 소비시장을 뚫고 있는 '벤처천억기업'이 그들이다.

얼마 전 중소기업청과 벤처기업협회는 2015년 기준으로 매출 1천억 원 이상 달성한 벤처 기업 수가 전년보다 14개(3.0%) 증가한 474개라고 밝혔다. 벤처천억기업의 평균 매출액은 2014년 대비 2015년(2천129억 원) 기준으로 5.4% 증가하면서 대기업 −3.8%, 중소기업 4.2%를 웃돌았다. 수익성 면에서는 2015년 기준으로 매출액 영업

지역 살리기, 거침없이 피보팅하라

이익률 7.5%, 매출액 순이익률 5.2%를 달성해 대기업 5.2%, 4.3% 중소기업 5.1%, 3.1%를 앞질렀다. 지난해 우리나라 수출성장률은 −8.0%로 부진했지만, 이들 수출은 평균 18.7% 늘었다. 세계 일류상품 생산 기업 중에서 세계 1등 시장 점유율을 자랑하는 기업이 14.3%에 이른다.

이들의 매출액 합은 100조 원을 넘어섰다. 삼성(215조 원), 현대차(163조 원), SK(137조 원), LG(114조 원)에 이어 재계 5위권(101조 원)이다. 재계 10위까지의 매출 총액과 비교한 비중은 2005년 2.9%에서 2015년 10.3%로 대폭 높아졌다.

충북의 벤처천억기업은 2015년 기준 25개 사로서 총 474개 중에서 5.3%를 차지했다. 지역내총생산(GRDP)이 3%대에 머물고 있음을 감안할 때 양호한 수치다. 이들의 성공 요인으로는 적기에 이뤄진 벤처투자, 산업재산권 등 기술력 확보를 통한 경쟁력 강화, 적극적인 해외시장 개척이 거론된다. 경제성장의 주역이 바뀔 조짐을 보이고 있는 것이다.

단순 제조의 부가가치는 지속적으로 하락하지만, 제조와 연결된 전·후방 가치사슬의 강화 추세가 뚜렷하다. 제조업의 생산과정에 중간재로 투입되면서 제품의 부가가치를 높이는 SW 개발·공급, 컴퓨터 프로그래밍, 엔지니어링, 디자인 등 지식기반서비스산업 육성도 서둘러야 한다. 이들은 지역별·업종별로 입지적 특성이 상이한바 경쟁우위 제조업과 연계한 집적 및 클러스터 촉진 전략을 마련해야 할 것이다.

연구개발 투자의 늪

2016년은 국가 차원에서 과학기술 진흥을 시작한 지 50주년이 되는 해다. 1966년 한국과학기술연구원(KIST) 설립을 기점으로 그간 과학입국과 기술자립에 힘썼다. 이것이 경제 빈국에서 선진국으로 발전해 나가는 원동력이 되었다. 정부에서는 '과학기술 50년, 미래희망 100년'이라는 슬로건으로 내일의 꿈을 다지고 있다.

경제성장의 원천이 노동과 자본에서 기술혁신으로 전환되면서 연구개발(R&D)의 경제성장 기여도가 계속 증가해 왔다. 이를 뒷받침하는 것이 1950년대 이후 정립된 '내생적 성장 이론'이다. 경제성장에서 기술을 미지의 외부 요인(외생변수)으로 간주하던 통설에서 벗어나 연구개발과 같은 축적된 기술혁신이 성장을 좌우한다는 논리다. 따라서 경제 도약이나 경기 침체 극복을 위한 정책의 중심에는 늘 연구개발 투자가 있었다.

이처럼 기대를 모으는 국내 연구개발 관행에 적신호가 켜졌다. 국제 과학 학술지 '네이처'가 우리나라 과학계에 따끔한 일침을 놨다. 우리나라의 GDP 대비 연구개발 예산 비중이 1999년 2.07%에서 2014년 4.29%로 늘었는데 실적인 논문 수는 1.22%에 불과한 스페인과 비슷하다는 것이다. 투자 대비 성과가 미흡하다는 따가운 질책이다.

이뿐이 아니다. 지난 5월 말 스위스 국제경영개발대학원(IMD)은 '2016년 IMD 국가경쟁력 평가 순위'를 발표했는데 우리나라는 1년 전보다 4단계 내려앉은 29위(61개국 중)로 나타났다. 중국은 25위,

태국은 28위였다. 설상가상으로 과학 인프라는 6위에서 8위, 기술 인프라는 13위에서 15위로 밀리는 형국이다.

우리나라 과학기술 역량이 기초·응용·산업 분야 가릴 것 없이 중국에 뒤진다는 보고서도 나왔다. 최근 일본과학기술진흥기구(JST)의 '주요국 과학기술 역량 비교·분석 보고서'는 우리나라를 비롯해 미국·유럽·중국·일본 5개국의 과학기술 역량을 상대 평가했다. 환경·에너지, 생명과학·임상과학, 나노기술·재료, 정보과학, 시스템과학 등에서 나노기술·재료를 제외하고 4개 분야에서 가장 뒤졌다.

네이처가 지적한 대로 우리나라는 OECD 국가 중 국내총생산 대비 연구개발 투자 1위, 절대 규모 6위를 차지할 정도로 막대한 예산을 쏟아붓지만, 실적은 부진하다. 그런데 네이처는 기초과학연구원(IBS)을 주목하고 정부의 과감한 투자 의지와 기초과학 연구의 대표적 현장으로 꼽았다. 이곳에서 '엑시온(이론상 가장 작고 가벼운 입자)'을 실제 발견한다면 노벨상을 받을 수 있다고 전망했다. 여기서 돌파구를 찾아야 할 것이다.

우리나라의 저성장세가 지속되는 이유는 기술력 제고와 인적 자본 확충에서 한계를 보이기 때문이다. 대응 방안으로는 기술적 측면에서 국제과학비즈니스벨트 사업을 조기에 정착시켜야 한다. 그동안 과학비즈니스벨트 사업은 여러 가지 논란으로 난항을 겪다가 다행히 이달 30일 핵심 시설인 기초과학연구원이 본격적으로 조성공사에 들어간다.

또한, 거점지구의 기초연구 결과를 연계·확산하는 청주·세종·

천안 기능지구 활성화 전략을 다시 짜야 한다. 기업들의 기술력이 높아지고 산업집적이 견고해질수록 연구개발 투자의 과학 사업화는 더욱 속도를 낼 것이다. 대덕연구개발특구 범위를 세 기능지구까지 넓히는 빙인도 적극 검토해야 한다. 거점지구의 장기 투자와 기능지구의 기업 중심 응용연구를 결합한 선순환 시스템을 구축하여 연구개발의 고투자ㆍ저성과라는 불명예를 씻어내야 한다.

한편 제4차 산업혁명을 주도할 인적 구성을 갖춰야 한다. 정해진 틀 없이 문제를 해결해 나가는 여러 전문가들의 효과적 협업 즉 '빅티밍(Big Teaming)'이 중요해진 지금, 첨단 기술 흐름을 읽는 '뉴 하드 스킬(New Hard Skill)'로 무장한 비즈니스 리더, 산업 간ㆍ기술 간 경계를 넘나들면서 새로운 시장을 만들어내는 미들맨 그리고 창의력을 바탕으로 난제를 풀어가는 인재가 반드시 필요하다.

반전의 기술

2015~2016시즌 잉글랜드 프리미어리그(EPL)가 막을 내렸다. 우리 국민들에게도 낯익은 맨체스터 유나이티드, 첼시, 아스널, 토트넘이 아닌 레스터시티가 창단 132년 만에 첫 리그 우승을 차지했다. 0.02%의 확률을 뒤집고 챔피언에 등극하는 기적을 일궈냈다. 그간 변변한 실적이 없었던 64세의 클라우디오 라니에리 감독은 이로써 '올해의 감독'으로 뽑혔다.

'레스터시티가 만든 동화', '언더독(Underdog)의 반란'으로 불리면서 전 세계 축구 팬들을 흥분시켰다. 철저히 무명 선수들의 집합체였고 강등을 걱정하던 레스터시티가 1부 리그 우승컵을 들어 올리자 잉글랜드 대표팀 로이 호지슨 감독은 유로 2016에서 레스터시티의 모습을 재연하자고 선수들을 독려하고 있다. 이런 반전드라마는 늘 짜릿한 감동을 준다.

최근 국내 한 연구기관에서는 한국경제가 한 번도 경험하지 못한 새로운 경기 침체 양상을 보이고 있다는 결론을 내놨다. 대규모의 경제 외적 충격이 발생하지 않았는데도 경기 회복이 장기간 지연되면서 미래에 대한 긍정적 신호가 소멸되는 이른바 '늪지형 불황'에 빠졌다는 평가다. 한편 창업 15년 만에 대기업 반열에 올라선 충북의 바이오시밀러 대표기업 회장은 얼마 전 특강에서 현 위기 지속에 따른 제2의 IMF 사태를 우려했다. 시기는 2018년경으로 전망했다. 레스터시티의 성공 신화가 부러운 이유다.

10년 전에 씌워진 책이지만 구글 알파고와 이세돌 9단의 바둑 대국을 계기로 주목받는 저서가 있다. 레이 커즈와일의 '특이점이 온다(Singularity is near)'가 그것이다. 처음 발간 당시에는 과학 도서인지 공상 소설인지 헷갈렸던 독자들이 인공지능으로 무장한 알파고가 이세돌 9단을 이기는 것에 쇼크를 받고 새삼 그 내용을 되새기고 있다.

커즈와일은 2029년까지는 기계가 인간 지능 수준을 갖추게 될 것이며 2045년이면 기계가 인간 능력을 뛰어넘을 것이라고 주장한다. 그 시기를 '특이점'이라 명명했다. 그 근거는 기하급수적 발전에 의한 수

확 가속의 법칙이다. 이미 그가 예상한 대로 두뇌에 해당하는 1천202개의 중앙처리장치(CPU)와 176개의 그래픽처리장치(GPU)로 구성되어 있고 자기 학습으로 더 많은 양질의 데이터를 생성하는 알파고가 등장했다. 그리고 바둑에서 인간을 이겼다.

커즈와일은 앞으로 유전학(Genetics), 나노기술(Nanotechnology), 로봇공학(Robotics) 혁명이 놀랄 만한 결과를 가져올 것으로 예측한 바 있다. 디지털 기술은 벌써 기존의 모든 비즈니스 상식을 파괴하고 있다. 15년 이후 사물인터넷이 발전된 만물인터넷 시대에는 2천억 대의 기기가 서로 연결되면서 엄청난 데이터를 쏟아낼 것이다. 관련 빅데이터 시장은 연평균 31.7%씩 성장할 것으로 분석된다. 현재 실리콘밸리에서는 인공지능과 로봇공학의 스타트업 붐이 일고 있으며 2019년까지 매년 17% 신장세가 점쳐지고 있다.

지금 시급히 필요한 것은 반전의 모멘텀이다. 보다 근본적인 접근이 요구된다. 급속하게 진화하는 기술을 쫓는 것이 아니라 세상을 주도하면서 산업 지형을 바꾸는 사람과 기업을 살필 일이다. 구글과 페이스북 창업자 세르게이 브린, 마크 저커버그는 그들의 성공에 뜻밖의 행운이라는 세렌디피티(Serendipity) 개념이 담겨 있다고 언급했다. 과거의 만유인력, 다이너마이트, 페니실린 등도 같은 맥락으로 해석된다.

세렌디피티란 '뜻밖의 발견이나 발명'이라는 의미다. 그 환경은 아이디어 창출(사색)과 확산(교차) 그리고 실현(연결)으로 이어지는 상호 작용에서 완성된다. 미국 미시간대 오웬 스미스 교수는 직장에서 동료와의 동선이 30m 겹칠 때마다 협업이 최대 20%까지 증가한다고 밝혔다. 우연을 성공으로 만드는 힘은 치열한 고민과 실행이다. 우연히 접한 결정적 기회를 포착하는 능력도 갖춰야 한다. 각고의 노력 끝에 만나는 행운은 필연인 셈이다.

세렌디피티를 통해 미래 혁신 기업을 꾸준히 배출하는 창조 지역으로 거듭나야 한다. 이를 위해 소통과 공감이 활성화되는 프로그램과 제도를 적극 도입해야 한다. 일의 성패는 작은 것에서 싹튼다는 '성패소생(成敗小生)'의 경구가 더욱 무겁게 느껴지는 요즘이다.

인재가 머무는 지역 만들기

알파고와 이세돌 9단과의 바둑 대국이 막을 내리고 한 달 남짓 지났다. 아직도 알파고 신드롬은 확대 재생산되고 있다. 최근 인터넷서점에서는 바둑 입문서가 판매 순위(취미, 레저 부문) 2위에 올랐다. 사회 전 분야에 걸쳐 알파고와 인공지능 관련 서적이 쏟아지면서 서점가는 열풍에 휩싸여 있다.

이제 모든 것은 알파고로 통한다. 풀기 어려운 문제를 설명할 때 알파고도 못 푸는 난제라고 비유한다. 새로운 트렌드가 만들어내는 신조어도 다수 등장했다. '빅데이터 경제학', '데이터리터러시', '알고리즘 비즈니스' 등의 용어가 회자되고 있다. 인공지능 프로그램에 필요한 대규모 데이터와 핵심 요소에 관한 표현들이다.

지난해 인공지능 시장 규모는 약 1천270억 달러, 150조 원 이상으로 커졌고 2017년까지 1천650억 달러 규모로 확대될 전망이다. 미래를 이끌 견인차로써 인공지능발(發) 제4차 산업혁명이 꼽히고 있다.

그렇지만 전문가들은 인공지능 자체보다 그 이면의 알고리즘을 주목한다. 인공지능이 스스로 학습하고 문제를 해결하도록 하는 것이 알고리즘이기 때문이다. 이렇듯 지능정보 시대 경쟁력의 원천이 소프트웨어 기술력을 갖춘 인재인 만큼 이들이 지역에 얼마나 머물고 역할을 하는가가 소프트웨어 중심 사회 진입의 시금석이 될 것이다.

지역의 산업구조가 기술집약 및 지식기반형으로 전환되면서 고급 인력 확보를 위한 지역 간 경쟁이 치열하다. 그런데 인재 확보 역량에 대한 유형은 각기 다르다. 얼마 전 산업연구원(KIET)이 발표한 자료에서는 충북은 '인재 절대 부족형'으로서 인재 유인 및 양성 지수 모두 전국 평균을 밑돌고 있다. 신성장동력산업으로 업종 구조고도화를 추진 중이나 정책목표 달성을 위해서는 전문 인력 확보가 시급함을 의미한다.

서울, 경기, 대전, 울산 등의 '인재 비교우위형', 충남의 '역외 인재 의존형', 광주, 인천, 대구의 '역내 인재 의존형'과는 달리 대부분의 도 단위 광역지자체들은 충북과 같은 유형이다. 이 지역들은 역외로부터의 인재 유인과 역내에서 양성된 인재의 역외 유출을 방지하는 두 경로가 상호 윈윈하도록 하는 과제를 안고 있다. 인재 집적 → 기업유치 및 투자 증대 → 고용 증가 → 지역부(富) 창출의 선순환을 착근시키는 방안이 조속히 마련되어야 한다.

미국의 대표적 글로벌 IT 기업인 마이크로소프트와 아마존 사례에서 이를 확인해 볼 수 있다. 이들이 워싱턴주 시애틀에 입지하면서 새

지역 살리기, 거침없이 피보팅하라

로운 고소득 직종(프로그래머, 관리직, 기술직) 일자리가 늘어났으며 연관된 중소규모 IT 기업들의 지역 생태계가 성장하는 계기가 됐다.

풍부한 IT 기업 생태계는 구글, 페이스북, 애플, 트위터, 드롭박스 등의 기술 본부를 끌어들이고 중국의 알리바바가 입지하는 동인을 제공했다. 2014년 기준 미국 내 인구 유입이 가장 높은 주 순위 6위(2013년 대비 26단계 상승)를 기록했으며 25~44세 연령대의 시애틀 도심 인구 증가율은 지역 평균의 세 배에 이르렀다.

특히 양질의 일자리 창출로 인한 경제적 부의 증가가 기존 도시시설에 대한 수요 확대로 이어져 도시 경제 시스템의 선순환을 공고히 했다는 평가를 받고 있다.

올해 초 발간된 '지역 만들기의 정치경제학'은 이러한 측면에서 매우 시사적이다. 일본의 지방자치 역사와 함께한 지역 경제정책을 면밀히 분석하면서 외부 기업 및 자본에 의한 '외부요인 만능주의'와 '프로젝트형 지역개발'의 한계를 지적하고 있다. 지역 내 재투자로부터 촉발되는 순환형 경제체계 구축이 지역 발전의 해답임을 강조한다.

알파고 쇼크 이후 일부 대학에서는 인문 · 사회 · 예체능 · 자연 계열 등 올해 신입생 전원에게 소프트웨어 기초 교양과목을 하나 이상 수강토록 했다고 밝힌 바 있다. 중요한 것은 지역 인재 양성과 유치의 관점을 글로벌 · 초일류 · 융합에 두고 이들이 지역에 머물도록 하는 매력적인 '빅디자인'의 존재 유무다. 이에 대한 총체적 모니터링 시스템도 겸비되어야 한다.

인공지능의 진격, 인간의 대응

인공지능에 의해 야기된 '3월의 광풍'이 사그라지지 않고 있다. 이세돌 9단과 구글 인공지능(AI) 프로그램 '알파고'의 바둑 대결에 온 세상의 이목이 집중되었다. 광풍이 휩쓸고 간 뒤 여진은 계속되고 있다. 인공지능에 대한 관심은 최고조에 달해 있다.

알파고는 예상보다 강했고 결과는 충격적이었다. 인간 이세돌 9단이 대국에서 졌다는 것보다도 알파고가 인간이 생각하지 못하는 방식으로 이겼다는 것이 더욱 놀라웠다. 처음에는 알파고의 착점에 바둑 고수들이 고개를 갸우뚱했지만, 그것이 신의 한수로 밝혀졌다.

우리 모두의 불안은 여기서 시작된 것으로 보인다. 자기 학습 강화로 스스로를 인식하게 된 로봇이 인간을 공격하는 공상과학영화를 떠올리면서 두려움을 느꼈을 것이다. 빌 게이츠, 스티븐 호킹, 일론 머스크 등 세계 최고 두뇌들의 인공지능에 대한 경고가 공포심을 배가시켰을 것이다.

여전히 인공지능이 열어나갈 미래에 대해 유토피아와 디스토피아 간 의견이 분분하지만, 그에 대한 대책도 등장하고 있다. 지난해 말 미국 전기자동차 회사 테슬라의 CEO 일론 머스크를 중심으로 초대형 비영리 인공지능 연구소 '오픈 AI'가 설립됐다. 전체 인류에게 혜택이 돌아가는 친절한 인공지능 개발을 목표로 하고 있다.

분명한 것은 이번 바둑 대국이 우리에게 사고의 전환점을 제공했다는 사실이다. 인공지능 시대가 멀리 있지 않고 가까이에 있음을 확인

지역 살리기, 거침없이 피보팅하라

했다. 이제는 대결보다 공존의 시각으로 접근해야 한다는 목소리가 높다. 지금의 현실을 직시하고 시사점을 찾아야 한다.

우선 인공지능과 충북의 대표 산업이 시너지를 창출해야 한다. 2014년 딥마인드를 인수한 구글은 이어서 구글딥마인드헬스(Google Deepmind Health)를 설립하고 적극 육성하고 있다. 미국의 경제전문지 포천 등은 다음 부상 업종으로 자율 주행차를 꼽는다. 뇌를 모방한 반도체 칩도 주목받고 있다. 충북의 대표 산업군 중에서 바이오의약, 의료기기, 지능형 자동차부품(동력기반 기계 및 전기전자 부품), 반도체 등을 눈여겨봐야 한다.

또한, 인공지능 스타트업의 생태계를 조성해야 한다. 알파고를 개발한 딥마인드는 데미스 하사비스가 영국에서 창업한 스타트업이었다. 구글과 페이스북 간에 벌어진 인공지능 바둑 프로그램 승부는 2년 전 예정된 일이었다. 딥마인드 인수전에서 구글이 페이스북을 이겼기 때문이다. 구글이 인공지능 분야에서 가장 각광받는 기업으로 등극하는 결정적 계기를 딥마인드가 마련해준 셈이다. 작지만 잠재력 있는 인공지능 관련 스타트업을 육성해야 한다. 그 토대로서 클라우드 컴퓨팅, 빅데이터 기반 점검도 필수적이다.

지역 문화와의 접목도 필요하다. 바둑은 한·중·일 중심의 동양 문화다. 이번 대국이 베이징이나 도쿄가 아니라 서울에서 열린 것은 이세돌이라는 특출난 기사가 있기에 가능했다. 구글 본사가 있는 실리콘밸리와 딥마인드가 소재한 런던은 8,600여 km 떨어져 있다. 서울과 이들 지역 간 거리도 비슷하다. 이러한 공간적 간극을 뛰어넘고 온·오프라인 구분 없이 전 세계 미디어와 네티즌을 사로잡은 글로벌 삼각 이벤트였다. 전 세계인들의 호기심을 자극하는 지역 문화콘텐츠를 발굴한다면 이 같은 장소 마케팅은 언제든 가능할 것이다.

무엇보다도 알파고가 던진 첫 번째 과제는 SW 인재 육성이다. 최양희 미래창조과학부 장관이 삼성전자와 LG전자 연구개발센터를 찾아 인공지능 분야의 현황 브리핑을 받는 자리에서 가장 먼저 들은 얘기는 인공지능 분야 인력을 찾기가 '하늘의 별 따기'라는 것이었다. 삼성과 LG의 인공지능 연구자는 구글 자회사 딥마인드보다 적은 것으로 알려졌다. 딥러닝을 통해 강화학습을 하는 현 인공지능의 목전에서 창의 인재 양성이 시급하다.

알파고는 동서양이 망라된 드림팀의 작품이다. 인공지능은 글로벌 연구와 학문적 융합의 산물이다. 컴퓨팅 파워, 데이터베이스, 알고리즘 등과 인문학적 소양을 갖춘 월드클래스급 지역 인재를 키우는 것이 필요충분조건이다. 결국, 사람·인재 문제로 귀결된다.

낙수 효과는 유효한가

우리나라 경제 발전의 성공 스토리에 의문을 품는 전문가는 없다. 전 세계적으로 지난 50년 동안 유일한 성공사례로 꼽힌다. 2014년 기준 국내총생산(GDP) 규모로 세계 14위, 무역 규모는 1조 달러를 넘어 수출 7위, 수입 9위의 교역국으로 성장했다.

신흥국들은 부존자원에 의존하지 않고 경공업에서 첨단 산업에 이르기까지 혁신역량을 자산으로 신화를 써온 우리나라를 벤치마킹하고 있다. 더욱이 고도화된 산업 포트폴리오 구축 사례는 이들의 교과서 역할을 하고 있다. 그 이면에는 압축 성장을 이루기 위한 불균형 성장전략과 낙수 효과가 자리하고 있었다.

그런데 이러한 경제정책의 유효성에 의문을 제기하는 목소리가 이어지고 있다. 지난해 6월 국제통화기금(IMF)이 낙수 효과를 정면으로 반박하는 보고서를 내놓은 뒤 경제협력개발기구(OECD)도 고도성장기부터 현재까지의 대기업 위주 수출정책과 그에 따른 낙수 효과가 이제는 한계에 도달했다고 지적했다.

이 같은 우려는 국내에서도 1997년 외환위기와 2008년 글로벌 금융위기를 경험한 후 가계와 기업 부문의 양극화가 지속되면서 꾸준히 있었다. 대표적인 국제기구들의 연이은 부정적 평가를 계기로 낙수 효과에 대한 경고를 면밀히 살펴보아야 한다. 미래 성장 동력이 더 이상 약화하는 것을 막기 위함이다.

수출, 대기업 및 중화학공업과 같은 특정 부문을 선도적으로 육성하는 불균형 성장전략은 그 과실이 경제 전체에 파급되는 낙수 효과를 전제로 하고 있다. 성장과 효율을 우선하면서 분배와 형평은 부차적인 고려사항이 됐다. 선성장·후분배 전략은 경제개발 초기 성장단계에서는 매우 효과적이었고 성과도 거뒀다.

지금도 시장에서는 낙수 효과를 찾아볼 수 있다. 예로서 자동차 기업은 중대형 고급차 부문에 집중 투자해 얻은 많은 이윤으로 연구개발을 활성화하면서 소형차 부문의 경쟁력을 확보하는 전략을 구사한다. 증권시장에서는 대기업인 삼성과 현대, LG 주식이 오르면 이와 관련한 소재, 부품, 장비주들이 강세를 띠는 것이 목격된다.

구글, 페이스북, 에릭슨과 같은 글로벌 IT업계 대표주자들은 자체 개발한 프로그래밍 언어와 소프트웨어를 공개하고 중소기업, 스타트업들은 이를 기반으로 대규모 사용자를 위한 웹, 모바일 애플리케이션 개발에 뛰어든다. 대기업들은 중소업체들의 애로사항을 해결해 주면서 부족한 개발자들을 중소기업을 통해 충원하는 혁신적 선순환 생태계를 만드는 것이다. 이것을 글로벌 IT 업계의 낙수 효과라 할 수 있다.

아직도 우리 경제는 무역의존도와 수출의 성장기여도가 매우 높다. 따라서 대기업의 강점을 간과할 수 없는 것이 사실이다. 충북경제의 경우는 최근 5년간 경제성장률이 16개 시·도 중 2위를 기록하는 등 빠르게 성장하고 있고 튼실한 구조도 갖추고 있다. 제조업 중심의 산업기반에서 창출되는 수출은 같은 기간 연평균 증가율이 11.9%로 전국 및 9개도 평균 9.5%와 8.5%를 웃도는 신장세를 보여 왔다.

충북경제 성장에 대한 지출항목별 기여율(2013년 최종수요 기준)은 수출이 74.8%로서 소비·투자에 비해 그 비중이 높게 나타나고 있다. 결과적으로 지역 경제 성장은 제조업, 수출 그리고 일부 품목(반도체, 축전지, 광학기기부품 등)이 견인하고 있는 것이다. 우리나라에서 확대 재생산이 가능했던 시기의 성장패턴과 유사하다.

요즘 낙수 효과의 유효성 논란은 기업 성장과 정책적 안정의 부조화에서 촉발되고 있다는 점에 주목해야 한다. 단편적 정책이 아닌 생태계 관점에서 가치사슬의 경쟁력을 고민해야 할 때다. 낙수 효과를 전적으로 맹신하거나 불신할 것이 아니라 낙수 효과와 분수효과를 결합

지역 살리기, 거침없이 피보팅하라

한 선순환 시스템을 구축하여야 한다. 수출 · 제조업 중심의 물적 생산 거점에서 사람 · 인재 중심의 네트워크 거점으로 경제 기조 전환도 필요하다.

'혁신 이후의 혁신' 시대에서 살아남는 법

올 초 세계 최대의 가전 박람회인 'CES 2016'이 미국 라스베이거스에서 열렸다. 금년에 50회를 맞을 정도로 긴 역사를 갖고 있으면서 연중 가장 먼저 개최되는 행사인 만큼 전 세계인들의 관심이 높다. 이번에도 많은 화제를 모으면서 폐막했다.

행사의 성격이 변하고 전시 규모는 커졌으며 볼거리도 풍성해졌다. CES를 주관하는 게리 샤피로 CTA 회장은 개막일 기조연설에서 이번 행사를 통해 '혁신 이후의 혁신(innovation after innovation)'을 보게 될 것이라고 강조했다.

지난해 CES에서는 존 체임버스 시스코 회장의 기조연설 주제가 '빠른 혁신 : 파괴하느냐 파괴당하느냐'였다. 이 당시도 신기술 트렌드의 변화가 매우 빨라지고 있음을 지적하면서 10년 내 현존하는 주요 기업 중 40%만 살아남을 것이라고 전망했었다. 일 년 사이에 빠른 혁신 그 이후를 논할 정도로 광속으로 진화하고 있다.

올해 박람회의 몇 가지 특징을 정리하면 다음과 같다. 우선 CES가 다양한 기술을 선보이는 주 무대로 등장했다는 점이다. 이 행사의 주관기관 명칭이 기존 미국 소비자가전협회(CEA)에서 미국 소비자기술협회(CTA)로 바뀌었다. 그간 가전기기에 한정돼 있던 틀을 깨고 자동차, 3D 프린터, 드론 등 최첨단 기술을 포괄하는 혁신성의 상징으로 부상하고 있음을 의미한다. 특화된 기술을 중심으로 산업 간 경계가 무너지고 있다는 방증이기도 하다.

또한, 지난해의 미래 기술들이 빠르게 현실화되고 있다는 점이다. 작년에는 실물 없이 설계도와 계획만 들고 나온 업체도 주목을 받았지만 금년에는 제품을 만들 수 있는 업체가 대거 참가했다. 수년 전과는 달리 사물인터넷(IoT)과 결합된 새로운 먹거리들이 다수 등장했다. 그 실체의 핵심에는 인공지능 기술이 자리하고 있다.

한편 기업 간 합종연횡이 치열하게 전개되고 있다는 점이다. 이종 산업 간 IT 융·복합 기술이 전 산업으로 확산하면서 CES에 참여하는 기업들의 범위가 갈수록 넓어지고 있다. 특히 자동차 분야에서는 포드와 아마존, 볼보와 마이크로소프트, BMW와 삼성전자, 다임러와 퀄컴 등이 짝짓기를 통해 새 활로를 모색 중이다. 구글과 애플은 독자적인 자율 주행차를 선보일 예정이다.

그런데 이면에는 자동차 업체들의 위기의식이 숨어 있다. 하드웨어의 자동차 기업과 소프트웨어의 IT 기업이 사업 재편을 통해 시너지를 내는 모양새지만 속내는 다르게 해석된다. 이와 관련해서 파이낸셜타임스는 아이폰 등장 이후 노키아와 블루베리 등 휴대폰 시장의 강자들이 쓰러졌던 것처럼 전기차와 자율 주행차, 커넥티드카의 등장으로 기존 자동차 업체들의 지위가 크게 흔들릴 가능성을 점치고 있다.

지금까지의 흐름에는 글로벌 경기 침체와 저성장 기조가 이어지면서 기존 비즈니스모델로는 생존하기 어려운 경제 환경도 한몫하고 있다. 기업의 성장이 정체되면 새로운 돌파구로서 다른 회사를 인수 · 합병(M&A)하는 방법을 구사하는 것과 비슷하다. 결국, 각 기업이 불확실한 신사업에 직접 진출하기보다는 협업을 통해 잘하는 분야에 집중하면서 새로운 비즈니스모델을 만들려는 노력이라 할 수 있다.

실제로 CES에는 2014년에 웨어러블 기기, 3D 프린터와 드론, 2015년에 IT 기술을 접목한 스마트 자동차가 등장했고 올해는 많은 완성차 업체들이 자율 주행차와 전기차를 선보였다. 융 · 복합 기술의 광폭 진보와 가시적 성과로 놀라운 신세계가 출현하고 있다.

이 같은 변화는 더욱 가속화될 것이다. 충북의 대표 산업군은 사물인터넷(반도체 칩, 센서, 배터리, 디스플레이), 에너지 신산업(태양광, 이차전지, 전기전자 부품), 지능형 자동차부품(동력기반 기계 부품, 전기전자 부품)의 기반이 되는 업종들이다. 지역의 기업 및 기술 간 경쟁 구도를 개방 · 협력 모드로 전환해야 한다. 사기(史記)에 나오는 견미지저(見微知著), 즉 사소한 것을 보고 장차 드러날 것을 알 수 있다는 고전의 지혜를 되새겨야 할 시점이다.

2016년 지역 경제의 향배

미국이 그간 설왕설래하던 금리 인상을 단행했다. 이로써 미국의 '제로금리' 시대는 막을 내렸다. 2008년 말 금리를 제로로 낮춘 지 7년

만이다. 이번 금리 인상이 수년 전부터 예고됐고 상당 부분 시장에 반영되어 있어서 세계 경제에 미치는 영향은 크지 않을 것으로 보는 시각도 있다. 하지만 현재의 흐름은 그렇게 간단치 않아 보인다.

이제는 더 이상 세계 각국의 정책 공조를 기대하기 어렵게 되어가고 있다. 2008년 글로벌 금융위기 이후 거의 모든 나라는 경기 침체를 막고자 양적 완화를 취해 왔다. 그러나 미국이 금리를 인상하고 난 뒤 각국의 정책 반응은 사뭇 다르다. 영국의 파이낸셜타임스는 '세계 경제 회복세가 지지부진한 가운데 미국과 유럽·일본 간의 통화정책이 엇갈리는 대분기점(great divergence)에 돌입했다'고 지적했다.

미국이 금리를 올린 것은 미국 경기가 회복세에 들어섰다고 판단했기 때문이다. 문제는 다른 주요 국가들에서 그런 기미가 보이지 않고 있다는 점이다. 자국의 이익에 맞춰 정책적 동조화 또는 탈동조화를 반복하면서 혼란스러운 상황 전개도 예견된다. 그만큼 국제 금융시장의 변동성은 커질 수밖에 없을 것이다. 지금부터 세계 각국은 경제 체력에 따라 홀로서기를 해야 하는 국면에 봉착했다.

유의해야 할 것은 미국의 양적 완화 기간 동안 글로벌 유동성이 확대되면서 엄청난 규모의 자금이 흘러든 신흥국이다. 미국 금리 인상으로 자금 이탈이 가속화 하는 경우 그 파장은 의외로 커질 수 있다. 지난 16일 국제 신용평가기관 무디스는 '취약 4개국'으로 브라질, 러시아, 남아프리카공화국, 터키를 꼽았다.

우리나라는 이와 관련해서 오히려 상대적 강점을 인정받고 있다. 현재의 주요 경제지표가 과거 외환위기 때와는 달리 매우 양호한 까닭이다. 이와 함께 과거의 학습효과로 다른 신흥국들과는 차별화될 것으로 인식되고 있다.

최근 신용평가기관 무디스는 우리나라의 국가신용등급을 Aa3에서 Aa2로 한 단계 상향 조정한다고 밝혔는데 이는 사상 최고 등급에 해당한다. 신용등급 전망도 '안정적'으로 제시하고 있어 고무적이다.

그렇지만 내년의 국내 경제에는 많은 난관들이 잠복해 있는 것이 사실이다. 우선 미국의 금리 인상이 얼마나 지속될지 또는 환경 변화로 인해 금리를 다시 내릴지 지금으로서는 예단하기 힘들다. 무엇보다도 국내 경기 침체의 근본 원인은 잠재 성장률 하락에 있다. 우리나라의 성장잠재력은 대외경제 충격으로 지속해서 낮아져 왔다.

더욱이 지난해 전기전자, 자동차, 화학, 해운 등 주력산업의 성장성과 수익성이 미국 · 중국 · 일본 등에 모두 뒤진 것으로 나타났다. 또한, 수출에 의존하는 국내 경제는 중국과 신흥국들의 여건 악화로부터 파생되는 충격을 피하기 어렵다.

내년 지역 경제도 심한 부침이 예상된다. 지역 경제는 산업경쟁력과 한계기업의 존재 유무, 주요 수출대상국의 국제적 대응력 여부, 유가 및 원자재 가격 변동 그리고 부동산 거품으로 인한 가계부채 과다 유무에 따라 명암이 갈릴 것으로 보인다.

세계 경제의 불확실성이 큰 만큼 산업경쟁력 점검 및 미래 고성장산업 발굴, 한계기업 구조조정, 중국을 넘어 새로운 기회 시장 개척, 불가측성에 대비한 모니터링 시스템 구축 등에 주안점을 둬야 한다. 한편 지금 같은 구조적 장기 침체기에 유용한 조기 재정집행과 적극적 재정정책도 준비할 필요가 있다.

결국, 각 지역은 홀로 생존해야 하는 '각지도생(各地圖生)'에 나서야

한다. 2016년 지역 경제의 향배는 많은 난제들을 어떻게 판별하고 과
감한 결단을 통해 위험을 기회로 바꿀 것인가 하는 선택 문제로 귀결
될 것이다. 급격한 금리·환율·유가 변동 등에 대한 단기적 대응 외
에 3년~5년 후의 기초체력 보강을 위한 중장기 전략도 함께 모색되는
것이 바람직하다.

지역 살리기, 거침없이 피보팅하라

PART 8

지역 미래 산업의
현안과 위기
(2015년)

2015년은 연초부터 정부, 기업, 대학을 막론하고 구조개혁이 화두였다. 중국과 일본에서도 2015년을 '개혁의 해'로 규정할 만큼 어렵게 시작한 한해였다. 구조개혁을 통해 경제 체질을 강화하고 성장잠재력을 확충하는 방안으로, 지역의 미래를 신기술 또는 역사 속에서 찾기, 장수기업 육성, 지역 경제 회복력 제고 등을 주제로 다뤘다. 충북 맞춤형으로는 충북형 R&D 전략, 청주공항 MRO 산업 경쟁력 점검에 대한 대안을 제시했다.

지역 경제, 회복력이 관건이다

지역의 경기 부진이 여전하다. 오히려 체감경기가 악화하면서 경기 회복에 대한 기대감 또한 낮아지고 있는 것으로 파악된다. 지역과 업종에 따라 편차는 있지만, 지금이 IMF 외환위기 때보다 더 어렵다는 하소연도 들린다.

최근 IMF는 '지역 경제전망(REO)' 보고서 수정판을 내면서 우리나라의 올해 경제성장률 전망치를 2.7%로 하향 조정했다. 지난해 10월 4.0%를 제시한 이후 계속 낮춰 왔는데 결국 3%대가 깨진 것이다. 국내 경제 침체는 기업 활동과 소비심리의 무기력에 기인한다고 진단했다.

결국, 미국은 금리 인상 시기로 가장 유력했던 지난 9월 연방공개시장위원회(FOMC)를 통해 끝내 금리를 동결했다. 이유는 중국 경기 둔화 등 세계 경제의 불확실성 때문이었다. 이번처럼 '해외 경제에 대한 충격'을 이유로 미국의 금리 정책을 결정한 것은 매우 이례적인 일로

지역 살리기, 거침없이 피보팅하라

받아들여지고 있다. 그만큼 국내·외를 막론하고 심각하다는 증거다.

지역 경제의 회복력(resilience)에 대한 관심은 외부 충격 이후 원상태로 되돌아가는 시간이 지역마다 차이가 난다는 점에서 출발한다. 같은 경험을 하지만 다른 결과물을 만들어내는 힘, 바로 회복력이 상이한 까닭이다.

국토연구원의 한 연구논문에서는 1997년 IMF 외환위기와 2008년 글로벌 금융위기를 겪으면서 국내 15개(울산은 경남에 포함) 시·도가 급변하는 환경변화에 얼마나 빠르게 적응하는가를 살펴본 바 있다.

고용과 총부가가치 증감률이라는 두 가지 지표를 토대로 지역의 동태적 적응과정을 통해 네 가지 유형, 즉 번성, 변환, 침체, 추락 등으로 구분하고 있는데 충북은 충남, 광주, 경남과 함께 변환 지역에 속하는 것으로 나타났다.

충북은 1997년 위기 때 상당한 타격을 받았고 2000년대 중반까지 고용과 총부가가치 증가율이 전국평균을 하회하는 성장 지체 지역으로 분류됐다. 그러나 2008년 금융위기를 잘 견뎌내고 2010년~2011년 기간 동안 전국 평균을 상회하는 성과를 창출하면서 성공적으로 변환을 이뤘다는 평가를 받았다.

한편 우리나라 각 시·군의 지역 회복력에 관한 또 다른 보고서에서는 1997년 IMF 사태를 기점으로 인적, 물적, 혁신, 경제 자본 등 4개 영역의 관련 지표들을 활용해 회복력 수준을 분석했다.

1997년과 2010년을 비교하여 우량, 개선(향상), 허약, 쇠퇴 지역 등으로 나누고 있는데 충북의 12개(청주, 청원 통합 前) 시·군은 우량지역 8개, 개선(향상) 지역 3개, 허약 지역 1개로 유형화되면서 회복력이 타 지역과 비교해 양호했다. 쇠퇴 지역에는 숫자가 많지는 않지만, 서울과 경기 일부가 포함되어 있어 주목된다. 전반적으로 진단지수 순위가 낮은 지역들은 강원, 충남, 전북, 전남, 경북 등에 위치해 있다.

결론적으로 충북도와 각 시·군은 대외 충격에 잘 대처하면서 성장경로를 복원하고 새로운 성장추세를 만들어가는 회복력이 상대적으로 양호하다. 반면 충북은 IMF 외환위기 충격에서 종사자 수가 회복되는 데 걸린 시간이 4.42년으로 전국평균 3.88년보다 길어서 대안마련이 필요해 보인다. 변동성과 불확실성 하에서 리스크를 피할 수없다면 탄력적으로 재생할 수 있는 자구책을 찾는데 진력해야 한다.

간과하지 말아야 할 것은 회복력에 관한 접근이 정태적이 아니라 동태적이라는 점과 외부 충격 시기뿐만 아니라 일상적인 과제로 등장했다는 점이다. 위기 시에 부정적 효과를 최소화하기 위한 단기적, 양적 처방 능력은 물론 안정기에도 지역 경제의 재구조화 및 재창조화를 꾸준히 추진할 수 있는 민첩한 역동성을 갖춰야 한다. 대외 환경변화가 극심해지고 복잡해지는 요즘 회복력 제고는 지역 경제의 요체가 되고 있다.

'제2의 한미약품'을 발굴하자

한미약품이 일을 냈다. 우리나라의 제약사(史)를 새로 쓴 것이다.

지역 살리기, 거침없이 피보팅하라

우리나라가 신약 강국으로 부상할 수 있다는 자신감을 불어넣어 주었다. 동시에 2015년을 대한민국 제약 100년사에서 신약 개발 강국의 원년으로 자리매김하게 했다.

한미약품은 지난 3월 스펙트럼과의 비공개 체결 건을 제외하더라도 3월 일라이 릴리, 7월 베링거인겔하임, 11월 사노피 및 얀센 등과 계약금 7천여억 원 그리고 미래 수입(임상, 허가, 상업화에 따른 개발단계별 기술료) 7조 원 규모의 신약 기술수출을 성사시켰다. 제품 출시 이후에는 판매 로열티가 두 자릿수 비율로 추가 유입된다. 이로써 올해 매출 1조 3천억 원 이상이 기대되면서 단숨에 업계 1위로 등극할 것이 확실시된다.

그렇지만 바이오 관련 기업이 늘 각광받는 것은 아니다. 한미약품도 우여곡절이 많았다. 이번에 대박을 터트린 퀀텀 프로젝트에 지속적인 투자를 하던 2년~3년 전은 적자 상태였다. 얼마 전에는 2분기 실적이 발표되고 나서 주가가 급락하는 상황에 직면했다. 이유는 영업이익이 71% 감소한 때문인데 매출 대비 19.7%인 481억 원을 R&D에 집중 투자한 것과 메르스 영향에 의한 국내 영업 부진이 겹친 결과였다. 한미약품의 어닝쇼크는 다른 제약사 주식들의 투매를 야기했다.

최근 한미약품이 보여준 잇따른 기술수출 쾌거는 국내 제약산업과 기업들에 대한 인식을 확 바꿔버렸다는데 큰 의미가 있다. 이를 계기로 지금까지 R&D 투자에도 불구하고 수익을 내지 못했던 제약기업들을 재평가하는 시도가 이뤄질 전망이다.

한미약품의 성공 스토리는 충북에 희망을 주고 있다. 우리 지역의

8개 대표 산업 가운데 하나인 바이오의약 산업은 2009년부터 2013년까지 전국 연평균 성장률을 웃도는 성과를 나타냈다. 전국 종사자 수, 기업체 수, 생산액의 연평균 증가율이 2.8%, 2.7%, 1.5%인데 충북은 2.9%, 4.8%, 13.9%로 모든 부문에서 잎서 있다. 8개 내표 산업의 종사자 수 기준 특화도 평균이 1.5~1.6인데 비해 바이오의약은 3.5를 기록하면서 확실한 비교우위 산업임을 입증했다. 신약 대박을 꿈꾸는 '제2의 한미약품'이 우리 지역에서 배출될 가능성이 높아지고 있는 셈이다.

이들 중에는 바이오시밀러 분야의 대표주자로 본사를 수도권에서 오창으로 옮긴 셀트리온(제약)이 있다. 중견·대기업으로 글로벌 시장을 겨냥해 신약 개발에 집중하고 있는 종근당(비만 치료제), 대웅제약(모툴리눔 톡신), 녹십자(면역 결핍 치료제), LG생명과학(예방 백신), 코오롱생명과학(퇴행성 관절염) 등이 있다. 한편 셀트리온, 대웅제약, 녹십자, LG생명과학, 유한양행, 일동제약 등 6개 기업은 상반기 국내 제약사의 R&D 투자 상위 10위 안에 포함되어 있어 주목된다.

또한, 바이오의약 산업의 유망품목으로 꼽히는 유전자재조합의약품에 메디톡스, 휴메딕스, 제넥신과 바이오시밀러에 라파젠 그리고 세포치료제에 코아스템, 보령바이오파마 등 다수의 중소벤처기업들이 입지해 있어 잠재력도 양호하다.

분명한 것은 한미약품의 성공이 결코 우연이 아니라는 사실이다. 역설적이지만 40년의 무모한(?) R&D 투자가 비결이라는 주장도 있다. 연구소장이 관리하는 특허가 1,000개 남짓으로 알려졌다. R&D

지역 살리기, 거침없이 피보팅하라

의 정도(正道)로서 경영철학, 전략, 조직시스템, 기술 개발, R&D 문화 등도 새롭게 회자된다.

지난 3월과 이달 초 정부는 바이오헬스 산업에 대한 육성전략과 규제개혁 및 활성화 방안을 발표했다. 세계적 트렌드 변화도 지역에 우호적인데 글로벌 제약사와 중소벤처기업이 협업하는 개방형 혁신의 확산과 천연물 신약 부상이 그것이다. 이를 토대로 지역에서 포스트 한미약품이 나올 수 있도록 '글로벌 스타 기업 육성 프로젝트'를 시작해야 한다. R&D 투자에 대한 지역의 뚝심을 보여줄 때 또 다른 신화 창조는 가능할 것이다.

디지털 비즈니스 리더의 자격

지난 9일 정부는 미래 성장 동력 발굴과 신시장 창출에 초점을 맞춘 총 32조 원 규모의 내년도 경제혁신 분야 예산안을 발표했다. 물류·교통망 확충 등 지역 경제 활성화 사업 예산은 줄이고 미래 성장 동력과 직결되는 벤처·창업 생태계 활성화, 수출 활력 제고, 신산업 창출 등에 지원 금액을 늘렸다.

한편 미래부는 과거 성공적으로 추진된 초고속정보통신망, 광대역 통합망 전략에 이어 새로운 네트워크 발전 전략으로 오는 2020년까지 세계 최고 수준의 초연결 지능망을 구축할 계획이다. 이를 위해 사물 인터넷, 빅데이터, 클라우드 등 ICT 첨단기술과 금융, 교통, 도시 등을 융합한 신성장동력 발굴에도 예산을 투입한다.

전반적인 세계 경제 저성장 기조 속에서 역동적인 경제 생태계가 마련되도록 예산안을 준비했다고 밝혔지만, 우리나라의 벤처·창업 생태계 활성화를 위한 과제는 아직 많이 남아있는 것이 사실이다. 고조되는 사회적 관심과 창업 열기에도 불구하고 창업 생존율이 저조하기 때문이다.

얼마 전 한국무역협회 국제무역연구원이 발표한 자료를 따르면 국내 창업 기업 수는 2014년 8만 4천697개로 전년 대비 12.1%가 늘었는데 이는 지난 10년간 가장 높은 증가율 수치다. 반면 2013년 기준 3년 후 생존율은 41%로 OECD 17개 주요 회원국 중 최하위에 그치면서 많은 기업들이 창업 이후 '죽음의 계곡(Death Valley)'을 넘지 못하고 좌초한 것으로 확인됐다.

이에 대한 해법은 무엇보다도 근본적인 산업 환경 변화에서 찾아야 한다. 모든 것이 네트워크로 연결되는 초연결 사회와 디지털 경제에 진입하면서 과거의 비즈니스 환경과는 전혀 다른 세상이 열리고 있는 까닭이다. 빨라진 기술 진화에 상상을 초월하는 새로운 시장이 만들어지고 있다. 디지털 비즈니스에 대한 미국 정보기술 자문회사 가트너(Gartner)의 지적은 매우 날카롭다.

디지털 비즈니스가 가져오는 파괴적인 영향을 간과해서는 안 된다고 강조한다. 한 조사 결과에서는 디지털 비즈니스 실행계획을 갖고 있는 기업들 가운데 대다수가 과거의 비즈니스 전략과 디지털 비즈니스 전략 간 경계가 불분명하다고 진단했다. 2017년이 되면 불충분한 비즈니스 프로세스 관리로 인해 자신들의 성과 목표 중 80%를 상실하게 될 것으로 전망한다. 디지털 비즈니스에서의 우선순위는 신기술 채택 방식, 고도화된 협업 환경 구축, 수요자 중심의 기술 구성 순이었다.

공공정책에서도 급변하는 비즈니스 환경을 이끌어 나갈 강력한 기업가형 리더십이 요청되고 있다. 이번 발표에서 나타나듯이 앞으로 공급자 중심 R&D의 양적 확대를 기대하기는 어려워졌다. 그렇다면 현재의 과학기술 인프라와 협업을 위한 거버넌스 강화, 기술 수요-공급 간 정보 비대칭 해소 및 기술금융 확대 등을 통해 성장판을 마련해야 할 것이다.

충북에는 바이오 수도, 세계 3대 바이오밸리, 오송생명과학단지, 오송첨단의료복합단지, 오창과학산업단지, 태양광특구, 제천자동차 부품산업클러스터, 옥천의료기기클러스터, 항공MRO 그리고 최근 태양광기술지원센터, 건물에너지기술지원센터, 대용량ESS시험평가센터, 기후환경실증센터, 유기농 특화도 등 우리나라를 대표하는 과학기술 자산과 정책, 인력들을 모두 나열하기 힘들 정도로 풍성하다.

결국, 지역의 디지털 비즈니스 리더는 유용한 구슬(자산)을 선별하는 능력과 이들을 잘 꿰어 지역 발전에 기여할 보배로 만드는 탁월한 역량을 갖춰야 한다. 주요 기술변화가 기업, 문화, 거버넌스에 미칠 영향들을 면밀히 살피고 이에 걸맞은 신축적인 프로세스를 정립해야 한다. 어쩌면 지역 간 성장격차가 디지털 비즈니스 리더의 존재 유무에 의해 갈릴지도 모를 일이다.

충북형 R&D 찾기

얼마 전 국내 증시에서는 '10시 15분'의 공포라는 신조어가 난무했다. 중국 중앙은행인 인민은행이 중국증시 개장 직전 사흘간에 걸쳐 평가절하를 발표했기 때문이다. 기습적인 조치로 인해 국내뿐만 아니라 전 세계 증시와 외환시장이 크게 요동쳤다.

그 여파는 아직도 진행 중이며 평가는 엇갈리고 있다. 위안화 평가절하 자체가 중국 정부의 강력한 경기 부양 의지를 보여준 만큼 국내 및 글로벌 경기에 호재로 작용할 것이라는 기대와는 중국 경기의 심각성을 반영하고 있어 불확실성이 더욱 증폭될 것이라는 우려가 상존한다.

일부는 이에 대해 경기 부양의 목적보다는 위안화를 달러화에 버금가는 기축통화로 만들기 위한 고도의 전략이라는 관점에서 경제적 측면이 아닌 정치적 시각으로 접근해야 한다고 주장한다. 그렇다면 중국으로서는 위안화 가치를 낮추면서 수출 경기를 부양하고 위안화의 위상 강화도 함께 꾀하는 묘수를 찾은 셈이다.

문제는 우리나라와 중국 경제가 호재든 악재든 밀접한 상관관계를 갖는다는 점이다. 한국개발연구원(KDI)은 중국 성장률이 1%포인트 하락하면 우리나라 성장률이 최대 0.17%포인트 떨어진다고 발표한 바 있다.

또한 대한무역투자진흥공사(KOTRA)가 2004년부터 지난해까지 10년간 우리나라의 주요 수출 대상국 50개 나라를 대상으로 한국산 제품의 시장 점유율 변화를 분석한 결과, 신흥국 시장과는 반대로 선진국 시장에서 시장 점유율이 하락하는 가장 큰 원인이 중국산 중저가 제품의 공격적인 진출인 것으로 확인됐다.

그렇지 않아도 한국 경제는 2분기에 사실상 제로성장에 머무는 등 저성장 기조의 고착화가 우려되는 상황이다. 수출 주도 성장의 한계, 저출산·고령화에 의한 인구구조 변화, 미래의 기대성장률 하락 등이 중첩된 구조적 취약성을 내포하고 있다. 여기에 설상가상으로 중국의 경기 침체까지 가중되는 형국이다. 이를 극복할 수 있는 근본적 대안이 필요하다.

주목되는 것은 얼마 전 미래창조과학부가 광복 70년을 맞이해 발표했던 국가 경제 발전에 기여한 '대표성과 70선'이다. 우리나라가 세계사에서 유례를 찾아볼 수 없을 정도로 고속 성장을 이룬 원동력이 바로 과학기술이었다는 인식에서 출발한다.

특히 1997년 IMF 사태 이후 과학기술계가 선진국과 경쟁할 수 있는 수준의 연구개발에 몰두하면서 한국형 유망 기술들이 대거 등장하기 시작했다는 점을 높이 평가했다. 2000년부터 2010년대까지 국내에서 순수 기술자립을 통해 거둔 성과가 21건에 이른다고 밝혔다.

이러한 사례는 전국 4% 경제 실현을 추구하는 충북에 많은 시사점을 주고 있다. 단기적 처방에 의한 것이 아니라 튼실한 경쟁력을 토대로 지속 가능한 성장을 견인해야 한다는 메시지다. 중국은 지난 3월 전국인민대표대회 국정보고에서 심상치 않은 경기 흐름에 대한 대응책으로 창업과 혁신을 경제 발전의 새 엔진으로 삼아 일자리 창출과 안정적 성장을 이루겠다는 재도약 의지를 표명한 바 있다.

충청북도도 과학기술진흥에 역점을 둔 시책들을 다양하게 추진하고 있다. 지난해의 과학기술진흥 지원 조례 제정과 과학기술위원회 출범, 과학기술포럼 운영 그리고 금년 초 미래 100년 준비지원단 발족 등은 시의적절한 시도라 할 수 있다. 이 같은 사회적 자본 확충은 충북형 R&D 발굴에 크게 기여할 것으로 보인다.

중요한 것은 지역 과학 기술 정책의 방향성이다. 디지털 경제와 초연결 사회 안에서 현재의 저출산·고령화, 에너지 및 자원고갈, 기후변화 문제 등을 미래 핵심 기술과 연계해 해결해 나가야 한다. 이를 통해 지속적으로 신성장동력을 찾고 산업 체질을 개선해야 한다. 무엇보다 산학연관의 효율적인 거버넌스와 생태계 구축이 관건이 될 것이다. 궁극적으로 대외변수에 흔들리지 않는 굳건한 지역의 내발적 성장을 달성하는 일이다.

장수기업은 무엇으로 사는가

충북의 대표적 향토 기업인 한국도자기가 창립 이래 처음으로 공장 가동을 일시 중단하면서 지역민들의 궁금증을 사고 있다. 회사에서는 경영 위기가 아니라는 입장이지만 경제계의 해석은 다르다. 이유야 어떻든 그간 한국도자기가 지역 사회와 함께해온 역사와 공헌으로 볼 때 지역 주민들에게 진한 아쉬움을 주고 있다.

1943년 청주의 작은 도자기 공장에서 출발한 한국도자기는 창업주로부터 이어져 온 지역 기업으로서의 경영철학을 고수하는 지역 착근형 기업이다. 이를 계기로 지역의 장수기업과 전반적인 기업 생태계에 관심이 높아지고 있다.

기업 성장 과정은 지난하다. 성공한 기업의 최고 경영자들은 대부분 2번~3번의 큰 좌절을 겪은 후에 꿈을 이룬다는 얘기가 회자된다. 그만큼 30년 또는 50년 이상의 장수기업으로 남는다는 것은 결코 쉬운 일이 아니다.

이는 통계에서 확인된다. 2014년 말 통계청이 발표한 '2013년 기준 기업 생멸 행정통계 결과'에 따르면 도내 신생기업의 1년 생존율은 57.0%로 나타났으며 기간이 길어지면서 낮아지다가 5년 생존율은 29.2%에 그쳤다. 창업 후 1년 만에 10개 중 4개 이상이 폐업하고 5년 후엔 7개 이상이 문을 닫고 있다. 전국 평균인 1년 생존율 59.8%와 5년 생존율 30.9%보다는 약간 낮은 수치다.

국내의 한 신용평가기관 자료를 보면 최근 기준으로 충북에서는 30년 이상 존속한 기업이 85개 사로 전국 대비 2.6%를 차지하고 있으며 50년 이상 존속 기업은 13개 사 2.7%로 큰 차이가 없다. 반면 서울은 30년 이상 존속 기업이 1천280개 사로 전국 대비 39.9%에서 50년 이상 존속 기업 244개 사 50.7%로 높아지면서 장수기업들이 집중되고 있다.

주목되는 것은 서울의 신생기업 1년 생존율 61.2%, 5년 생존율 31.6%가 충북과 별반 다르지 않지만 30년 또는 50년 이상 존속하는 장수기업의 경우 전국 비중 면에서 서울과 충북의 격차가 기간이 길수록 더욱 벌어지고 있다는 점이다. 결론적으로 서울의 장수기업 생태계가 양호함을 의미한다.

장수기업은 창업주의 손에서 만들어지지만, 자생적으로 오랜 시간에 걸쳐 진화해온 유기체라 할 수 있다. 따라서 기업과 기업인, 시장, 제도 등이 시로 영향을 주고받으며 선순환하는 기업 생태계를 조성하는 것이 장수기업 육성의 시작이다.

오늘날 독일 경제의 저력과 성공비결을 통해 장수기업에 대한 많은 시사점을 얻을 수 있다. 독일 중소기업의 꽃이라 불리는 '히든 챔피언'은 독일 경제의 주역이다. 상당수는 가업을 승계한 장수 가족기업으로 알려져 있다. 이들은 해당 사업 분야에서 독자적인 시장지배력과 교섭력을 행사하면서 대기업 중심의 경제체제 변화를 리드한다. 특화된 고기술 제품과 서비스에 초점을 맞추어 글로벌 마켓리더를 지향하고 가족기업으로서 장기적인 관점의 경영활동에 역점을 두는 것이 특징이다.

얼마 전 발간된 경영 관련 서적에는 글로벌 기업에서 세계 1등으로 거듭난 유럽 강소기업의 성장 비밀 4개 키워드가 제시되어 있는데 상품을 뛰어넘어 경영이념까지 확대하는 디자인, 새로운 시장개척을 위한 룰메이킹(규칙 제정 주도), 인재를 모으는 개방형 플랫폼으로서의 오픈, 모든 비즈니스의 출발점인 로컬(지역 중시) 등이 그것이다. 독일과 유럽 중소기업의 성공 방정식을 반면교사로 삼아야 한다.

모든 기업의 생존 여부는 시장경쟁력 유무에 달려있다. 현재의 기업환경은 과거와 사뭇 다르다. 인터넷 발달로 비즈니스 패러다임은 급격히 변하고 있으며 고객의 니즈는 더욱 다양해지고 까다로워지고 있다. 역사가 깊은 장수기업이라 해서 예외가 될 수는 없다. 지역의

지역 살리기, 거침없이 피보팅하라

장수기업을 지키기 위한 건강하고 매력적인 기업 생태계가 과연 무엇
인지 중지를 모아야 할 때다.

청주공항 MRO 산업의 경쟁우위 요소 점검 필요

청주국제공항을 중심으로 한 항공 정비 산업에 대해 지역의 관심이
뜨겁다. 그도 그럴 것이 청주공항은 2009년 국토부의 '항공정비 시범
단지'와 2010년 지식경제부의 'MRO 유망거점 지역'으로 지정된 바 있
지만, 그 이후 별다른 결론 없이 올 연말 항공 정비 사업 입지 선정을
앞두고 있기 때문이다.

그동안 여러 지역이 경쟁 상대로 등장했다. 각자의 비전과 논리를
갖추고 구축된 네트워크 활용을 극대화하면서 입지 선정을 위해 동분
서주하고 있다. 많은 지역이 이 사업에 관심을 갖는다는 것 자체가 지
역 경제 발전에 대한 MRO 산업의 큰 기여를 예상한다는 증거다.

사실상 국내 MRO 산업 육성은 시급한 과제였다. 세계 6위의 항공
운송(여객, 화물) 강국이라지만 국가적 차원의 정비 체계 구축은 미흡
하다는 지적을 받아왔다. MRO 기업의 가격경쟁에서 가장 중요한 요
인으로 언급되는 시간당 평균 노동비용 즉 임률이 북미 수준에 근접
해 있어 부정적으로 작용했다. 기술력과 사업성에서도 우려가 컸다.
이러한 결과는 연간 약 6천억 원 이상의 해외 유출로 나타났다.

국토부는 항공사가 참여하는 전문 항공 정비법인 설립을 전제로 입

지, 정비고, 기술력 확보 등 맞춤형 지원을 하겠다는 방침을 밝혔다. 전문 MRO 기업이 구체적인 계획서를 연말까지 제출하면 심사를 거쳐 사업자를 선정할 계획이다. 그간 지적된 문제점들을 극복할 수 있는 사업계획서 작성이 입지 선정의 관건이 될 전망이다.

여기에는 MRO 산업의 경쟁력을 좌우하는 정비와 관계된 인력·비용·기간·능력·시설과 사업 기반, 지리적 입지 등이 적시되어야 한다. 덧붙여서 청주공항을 통해 특화될 수 있는 핵심 사안을 집중 부각시켜야 할 것이다.

우선 사업성과 관련한 수익모델이다. 올해 지방 공항을 둘러싼 환경변화에 주목해야 한다. 늘 적자를 기록하던 11개 지방 공항 중에서 청주공항은 처음으로 금년 1분기에 흑자로 돌아섰다. 주요인으로 LCC(저가항공사)의 급속한 성장, 중국 등 해외 노선 확충이 꼽힌다. 우리나라에서도 LCC가 여객기 수의 증가를 이끌고 있다. 충북은 아시아나는 물론 세 곳의 저가항공사와 MOU를 체결하면서 초기 정비 물량(129대)을 선점했다. 이로써 경제성 위주의 사업적 토대가 확인된 셈이다. 그와 함께 지방 공항 운영의 성공사례 창출도 가능하다.

또한, 지역 거점이 아니라 글로벌 허브로서의 위상이 중요하다. 국내 MRO 산업을 수입 대체적 관점으로 접근해 국내 항공사들의 해외 외주를 내수화한다고 해서 사업성이 담보되는 것은 아니다. 국내 LCC들을 통해 내수 기반을 튼튼히 하고 중국, 일본 등의 동북아 LCC들을 인바운드(Inbound)화해서 수출주도형 MRO 산업으로 육성해야 한다. 지금의 LCC 거점공항으로서의 입지와 중국 등 아시아 노선 확보를 토대로 차별화해야 한다. 더불어 글로벌사업 추진 주체

지역 살리기, 거침없이 피보팅하라

로서 충북경제자유구역청 기 발족과 충북경제자유구역 지정도 장점
이다.

그리고 항공 정비사업의 확장 가능성에 대한 잠재력이 강점이다.
2024년 세계 MRO 시장은 현재 군수 위주에서 민수 중심으로 재편될
것으로 예상된다. 아시아나를 축으로 하는 기존 틀에서 민군 겸용 활
용도 제고 시나리오를 상정할 때 최근 충청권을 연고로 하는 한화그
룹이 군수MRO의 선도기업인 삼성테크윈을 인수했다는 것은 매우 시
의적절한 낭보다. 삼성테크윈이 가지고 있는 국내 운용 전투기, 헬기
용 엔진 등 군용엔진 중심의 축적된 역량(제조 부문의 32% 비중)을
접목하는 컨소시엄은 새로운 기폭제가 될 것이다.

청주공항의 입지경쟁력은 의심의 여지가 없다. 외부 전문가들도 모
두 인정하고 있다. 그렇지만 국내 타 지역과의 상대적 비교우위에 만
족해서는 궁극적으로 냉엄한 글로벌 MRO 시장에서 살아남기 어렵
다. 보다 중요한 것은 충북의 MRO 산업 육성이 국내 관련 산업의 경
쟁력 강화는 물론 차세대 수출챔피언으로 성장할 것이라는 확신을 정
부에 전달하는 일이다. 경쟁이 치열한 만큼 MRO 산업의 미래를 위
한 섬세한 로드맵이 필요하다.

에너지 신산업 육성이 해법이다

얼마 전 통계청이 발표한 '2015년 1/4분기 지역 경제 동향'에 따르

면 충북은 생산·수출·고용 등 주요 지표에서 전년 동분기 대비 증가세를 나타냈다. 이 지표들은 전국 평균을 웃돌 뿐만 아니라 생산(11.3%)과 수출(18.6%)의 경우 충청권에서 가장 높은 상승세를 보여줘 지역 경기 회복에 대한 일말의 기대감을 주고 있다.

반면 국내의 금년도 경제성장률 예상치는 계속 낮아지고 있다. 국제통화기금(IMF)은 올해 우리나라 경제성장률을 작년 10월부터 4.0%, 3.7%, 3.3%에 이어 최근 3.1%로 낮춰 제시했는데 이는 아직도 저성장 기조에서 벗어날 기미가 안 보인다는 뜻이다. 이를 대변하듯 1/4분기 지역 경제 동향에서 전국의 생산과 수출지표는 -1.0%, -2.9%로 마이너스를 기록했다. 경기 침체에서 벗어나고 있다는 긍정적 신호를 좀처럼 찾기가 어렵다.

더구나 미래창조과학부와 한국과학기술기획평가원(KISTEP)은 '2014년도 기술 수준 평가' 결과를 통해 향후 우리나라 미래 먹거리 창출의 원천인 국가 전략기술 120개 중에서 세계 1등은 하나도 없다고 밝혔다. 이를 뒷받침해야 할 정부 R&D는 투자 확대에 비해 성과가 부진하다는 따가운 질책을 받고 있다.

지난 18일 현 상황을 타개하고자 열린 정부와 민간·국책 경제연구기관장 회의에서는 대외요인 변화에 맞춰 수출 포트폴리오를 재구성하고 글로벌 밸류 체인을 고려한 수출 전략을 수립, '차세대 수출챔피언'을 육성하고자 하는 방침이 공개됐다. 또한, 세계적 공급과잉에 대비한 기업들의 자발적 사업 재편 지원과 기업 간 협업 생태계 구축 계획도 언급됐다.

이러한 여건에도 불구하고 올해 초부터 생산·수출·고용지표가 전

지역 살리기, 거침없이 피보팅하라

국 평균을 뛰어넘는 증가세를 시현한다는 것은 분명 희소식이 틀림없다. 그렇지만 한 단계 도약을 위해서는 좀 더 치밀하고 구체적인 지역 산업 정책 변화가 필요한 시점이다. 그 대안으로 최근 EU, OECD에서 논의가 활발한 스마트 전문화 전략을 고려해 볼 수 있다.

스마트 전문화 전략은 기 구축된 지역 클러스터에서 먼저 개발되어야 할 분야를 발굴하는데 기준으로는 핵심 역량 및 다양한 잠재력 존재 여부, 임계 규모 달성 여부, 글로벌 가치사슬에서의 국제적 위상 등을 들 수 있다. 이론이나 분석보다는 '기업가적 발견과정'이라고 하는 경험적 방법에 의해 우선 지원 분야를 선정한다. 그리고 특정 활동에 대한 집중 투자를 토대로 집적, 클러스터를 강화하면서 지역 경제의 질적 변화를 도모하는 것이다. 표적 분야에서 차세대 수출챔피언을 육성하는 타깃팅 전략이 바람직하다는 시사점을 준다.

여러 가지를 감안할 때 우선적인 고려 대상은 에너지 신산업이 될 것이다. 미래학의 세계 최고 석학으로 꼽히는 토마스 프레이 박사는 미래사회 신기술 방향을 '환경 위해 요소'와의 싸움으로 정의했다. 그리고 현재 겪고 있는 기후변화 등 다양한 환경 문제들을 극복하기 위해서 가장 시급한 기술로 대량 에너지저장시스템(ESS)을 지적했다. 정부에서도 에너지 신산업을 기후변화 대응, 에너지 안보, 수요관리 등 에너지 분야의 주요 현안에 효과적인 '문제 해결형 산업'으로 인식하고 있다.

이와 관련한 태양전지, 이차전지, 전력IT기술은 이미 우리 지역에서 자리 잡은 성장 동력이다. 더불어 ESS 통합서비스, 전기자동차, 태양광 대여, 제로 에너지 빌딩, 친환경 에너지 타운 등 주요 사업 모델에서도 우리 지역이 시범 사업에 포함되어 있거나 기반을 구축한 상황이어서 다른 지역에 앞서있다.

더욱 반가운 것은 그간 침체를 겪었던 태양광 모듈 시장이 수요 개선과 가동률 상승요인이 겹치면서 올해 20% 이상 성장하리라는 뉴스다. 지난 8일 시장조사기관 IHS는 2009년~2011년의 좋았던 시절까지는 아니지만 태양광 산업이 터닝 포인트를 맞고 있다는 것은 확실하다고 평가했다. 지금의 우호적인 여건 변화를 바탕으로 태양광 발전부터 ESS, 친환경 에너지 타운에 이르는 에너지 신산업의 선순환 구조 정착은 지역 경제 도약의 촉매제가 될 전망이다.

지역의 미래 비전, 역사 속에 있다

모든 사물을 네트워크로 연결하는 사물인터넷 시대가 열리고 있다. 사람과 세상 만물이 인터넷으로 이어져 사람과 사물, 사물과 사물끼리 정보를 주고받는 사물인터넷 세상은 그간 모든 비즈니스의 핵심을 파괴하면서 마케팅 방법, 제품개발 전략까지 바꿔놓을 것으로 전문가들은 진단한다.

기존의 비즈니스가 소비자의 실체를 정확히 모르는 상태에서 이루어진 공급자 중심이었다면 앞으로는 소비자가 실시간 보여주는 데이터를 바탕으로 마케팅하고 다양한 기술을 통해 상호 연계된 제품을 개발하는 방식으로 전환될 것이다.

　　　　　　　　　지역 살리기, 거침없이 피보팅하라

이렇게 1년이 과거 10년처럼 지나가고 하루가 다르게 변하는 세태 속에서 잠시라도 뒤처지지 않기 위한 조급증이 일반화되고 있다. 낡은 것은 모두 허물고 새 활로를 찾지 않으면 살아남을 수 없다는 위기 의식의 발로다.

그렇지만 비전 만들기는 내일을 향한 단선적 접근만으로는 충분치 않다. 과거의 경험 안에서 미래를 위한 지혜를 찾을 수 있기 때문이 다. 기업 전략분석의 대가로 꼽히는 미국 뉴욕대 조지 데이비드 스미 스 교수는 기업의 역사 자체가 변화·혁신의 연속이므로 그로부터 많 은 힌트를 얻을 수 있다고 주장한다.

택배회사 UPS는 1990년 말 치열한 시장 상황에서 그간 트럭 배송, 화물 비행기를 이용한 화물 운송, 웹 기반의 배송 추적 시스템과 같 이 쉴 새 없는 신사업 개척으로 UPS가 시장 선도 기업이 되었음을 직 원들과 공유하면서 어려움을 극복할 수 있었다. IBM의 경우 2002년 당시 최고 경영자는 회사의 기록물과 창업주의 연설문을 보며 IBM이 중시해야 할 가치를 도출해냈다. 그건 고객 만족, 장기적 관계 형성, 틀을 깨는 혁신 창조였다. 이 점을 들어 돈 안 되는 하드디스크와 PC 사업을 정리해야 한다고 직원들을 설득했다. 결국, 기업의 혁신적 미 래 전략을 역사에서 찾은 것이다. 이러한 사례는 지역의 비전 만들기 에도 적용된다.

그런데 지난 시간의 기록만이 아니라 소외되고 관심 밖이었던 물리 적 공간도 과거를 바탕으로 다시 태어나고 있다. 최근 지자체마다 사 양산업의 폐쇄시설을 새로운 고부가가치 시설로 업사이클링하는 바 람이 불고 있다. 업사이클링이란 버려지는 자원에 디자인이나 용도를 새롭게 추가해 완전히 재탄생시키는 것을 말하는데, 경기도 광명시는 1912년부터 약 60년 동안 금, 은, 구리, 아연 등을 생산했던 광산을 창조공간으로 업사이클링해서 2018년까지 환경 체험과 일자리 창출이 선순환하는 관광테마파크로 조성할 계획이다.

서울시는 중랑물재생센터 및 중고차 매매시장이 위치한 장안평 일대를 국내 최대의 업사이클링 타운으로 만들고 향후 업사이클링 소재 플래너, 에코 디자이너 등 미래 일자리 2만 개를 창출하는 서울의 핵심 신성장동력으로 육성할 예정이다.

내년이면 충청북도가 출범한 지 120년이 된다. 충북정도 120년의 역사 속에서 오늘날 달라진 환경에서 어떤 시·공간적 대안이 필요한지 살펴봐야 한다. 우선 기록물을 토대로 변화와 혁신에 관한 사실을 정확히 파악해야 한다. 여기에 그 소임을 다하기 위해 헌신했던 귀중한 경험담으로 스토리를 입힌다. 그리고 축적된 기존 정보에 도전과 희망을 담은 시나리오를 덧붙여 미래 비전을 그려야 할 것이다.

아울러 사물인터넷 시대에는 소비자 변화와 그에 따른 비즈니스 파괴가 빠르게 진행될 것이다. 그만큼 정보의 중요성이 더욱 부각되고 있다. 여기서 염두에 둬야 할 것이 최적의 투자 방법을 제시한 '켈리 공식(The Kelly Criterion)'인데 정보의 정확도가 높을수록 부(富)가 빨리 늘어난다는 법칙이다. 고도의 지식정보사회를 살아가기 위한 필수적 생존 전략이다.

과거와 상황은 다를지라도 기회와 위기에 어떻게 대응했는지 그 결과가 지금 어떻게 남아있는지를 점검해봄으로써 새로운 의사결정 시에 유용한 통찰력을 얻을 수 있다. 이것이 역사로부터 배우는 교훈일

지역 살리기, 거침없이 피보팅하라

것이다.

저금리·저성장 시대의 지역과학기술정책 방향

한국은행이 기준금리를 연 1.75%로 전격 인하한 가운데 정부가 10조 원 규모의 추가 경기 활성화 대책을 발표했다. 지난해 '46조 원 정책패키지'를 보완한 유효수요 증대 방안으로서 기준금리가 역사상 최저로 떨어진 지 8일 만이다. 우리 경제의 절박함에 대한 방증이다.

올 초부터 지난해 우리나라의 소비자물가 상승률 1.3%는 주요 7개국(1.6%)은 물론 경제협력개발기구 회원국 평균치(1.7%)를 밑돌면서 이미 성숙기에 접어든 선진국보다 경제 활력이 떨어지고 있다는 지적이 많았다. 더욱이 올해 경제성장률이 세계 평균보다 낮게 예측되면서 본격적인 저성장 국면에 진입할 가능성도 점쳐졌었다. 드디어 저금리와 저성장 기조가 고착화되는 소위 '뉴노멀(new normal)' 시대가 도래한 느낌이다.

통계청의 1월 산업활동 동향에서 수치로 확인된다. 1월 전체 산업생산은 전월보다 1.7% 감소했다. 특히 광공업생산은 전월보다 3.7% 감소해 글로벌 금융위기가 발생한 직후인 2008년 12월 마이너스 10.5%를 기록한 이후 6년 1개월 만에 가장 큰 폭으로 떨어졌다. 소비와 투자도 좋지 않다. 경상수지는 올해 1월까지 35개월째 흑자를 냈지만, 내수 부진과 수입 감소에 따른 불황형 흑자라는 평가가 우세하다.

경기회복 지연에 대한 논의는 비단 어제, 오늘의 얘기가 아니다. 우리 경제는 2010년 6.5%, 2011년 3.7%의 성장률을 나타내고 나서 줄곧 낮은 성장세를 유지해 왔다. 저성장을 방치했을 경우 그 파장은 심각하다. 1980년대 미국의 불경기와 1990년대 일본의 저성장을 설명하는 용어인 이른바 '이력효과(hysteresis)'는 저성장이 장기화될 때 경제 주체가 성장에 대한 확신을 잃어버리게 되고 그에 따라 경제행위가 위축되면서 실제 성장률이 떨어지는 현상을 가리킨다. 이를 극복하지 못하면 일본식 장기 불황에 빠져들게 된다. 이제는 저금리 · 저성장에 저물가 · 저투자를 더한 4저 공포를 걱정해야 할 처지에 직면해 있다.

이번 10조 원 규모의 추가 경기부양책에서 5조 원은 기업투자 촉진 프로그램을 통해 신성장 산업에 집중하는 것으로 발표되었다. 이 처방들은 과거처럼 일시적 활황이나 벤처 버블이 아니라 지속 성장을 담보할 수 있는 구조적 한계 돌파에 방점을 둬야 한다.

일본과 닮은꼴로 진행되고 있다는 점에서 일본이 겪은 경험을 통해 시사점을 찾을 수 있다. 일본은 저성장 기조 탈피, 재해로부터의 부흥 · 재생 실현, 에너지 안정 확보, 저탄소사회 실현, 고령화 문제 대응 등의 과제를 해결하는 데 연구개발 역량을 집중하고 있다. 일본 과학기술정책의 특징은 컨트롤 타워 기능 강화, 관련 시책의 선택과 집중, 부처별 정책의 정합성 유지, 연구개발에서 실용화 · 사업화를 연계한 예산집중 등으로 요약된다. 이렇듯 일본은 저성장 기조에서 벗어나 지속적인 성장과 사회발전을 달성하기 위해 과학기술정책을 전략적으로 활용하고 있다.

저성장 시대를 맞아 충북도 혁신자원의 공급 확대보다는 자원의 질 향상과 시스템의 효율성 강화에 역점을 둬야 할 것이다. 우선 양적인 측면에서 충북의 과학기술 분야 투자가 전국 평균을 웃돌고 있어 매우 긍정적이다. 우리나라 시·도별 총예산 중 과학기술 관련 분야 평균 투자 비중은 2012년도 1.2%에서 2013년 1.5%로 높아졌다. 충북은 2013년 기준으로 2.4%를 나타내 전국 평균 1.5%를 크게 상회하면서 대구(3.9%), 울산(2.6%), 전북(2.5%)에 이어 4위를 기록했다. 재정 자주도가 울산(69.80%), 대구(63.38%)에 비해 낮다는 점 (48.24%)을 감안하면 그간 충북의 과학기술 분야 투자는 적극적이었다. 이를 지속 가능한 지역 경제 성장과 고령화 등 사회 문제 해결에 중점을 두도록 과학기술정책의 패러다임이 전환되어야 한다.

저금리·저성장 시대를 지나면서 시·도별 성장의 차별화가 나타날 가능성이 크다. 지금까지 익숙했던 높고 빠른 큰 성장이 아닌 낮고 작은 성장에서 지역 경제의 내실을 찾는 혜안이 요구된다. 지역 사회의 발전과 함께 여기에 속한 시스템이 더욱 다양해지고 복잡해진 만큼 새로운 이슈를 다룰 수 있는 거버넌스와 의사결정 체계의 재점검도 필요하다.

충북경제의 길, 신기술에서 찾다

얼마 전 '충북경제 4% 실현 비전 선포식'이 열렸다. 민선 6기 도정 목표에 대한 구체적인 로드맵이 완성된 것이다. 이제는 투자유치 37조 원, 지역 고용률 72%, 충북 수출 230억 불 달성을 위해 실효성 높은 대안들을 엮어서 가시적 성과를 만드는 과제가 남았다.

우선적으로 해법은 시장에서 찾아야 한다. 기업을 중심으로 기업들의 성장 동력을 극대화하고 이를 지역의 비전과 접목해야 한다. 기업 성장의 원천은 기술력이다. 문제는 신기술 트렌드가 매우 빠르게 변하고 있다는 점이다.

'10년 내 현존하는 주요 기업 중 40%만 살아남을 것이다.' 존 체임버스 시스코 회장이 올 초 미국 라스베이거스에서 열린 세계 최대 전자제품 박람회(CES) 기조연설에서 한 말이다. 기조연설 주제는 '빠른 혁신 : 파괴하느냐 파괴당하느냐'였다.

실제 CES에는 파괴적 혁신을 표방하면서 내세운 신기술 즉, 3D 프린터, 사물인터넷, 웨어러블, 로봇 등이 전시장을 뒤덮었다. 이 중 압권으로 사물인터넷이 꼽혔다. CES 참가 기업 4곳 가운데 한 곳 이상은 사물인터넷을 기반으로 한 신제품을 전면에 내세울 정도였다. 인터넷이 지금까지 미친 영향보다 향후 사물인터넷이 주는 영향은 훨씬 클 것으로 예상한다. 2015년을 사물인터넷 시대의 비즈니스 원년으로 지칭하는 이유가 여기에 있다.

이 같은 기술 트렌드와 관련하여 최근 발표된 자료는 관심을 끌기에 충분하다. 전자부품연구원은 '사물인터넷 특허 출원 동향' 보고서를 통해 LG전자가 스웨덴 에릭슨(206건), 미국 인텔(198건), 퀄컴(143건)에 이어 네 번째(139건)로 많았다고 밝혔다. 국가별로는 미국이 전체의 35.3%로 가장 많았고 한국이 24.9%로 2위였다.

지역 살리기, 거침없이 피보팅하라

LG전자가 사물인터넷 특허 출원에서 삼성전자(73건, 7위)를 제치고 세계 4위에 올랐다는 사실은 충북 IT산업을 한 단계 업그레이드하는 모멘텀이 될 수 있다. 얼마 전 충북창조경제혁신센터가 LG그룹과 손잡고 설립됐다. 이때 가장 강조된 키워드는 '특허'였다. 대기업이 중소기업을 무작정 돕는 게 아니라 중소기업의 자립 기반을 마련해줄 때 특허를 공유하는 것이 가장 효과적이라는 판단 때문이다. 이를 위해 LG그룹 보유 특허와 정부 출연 연구기관의 특허를 데이터베이스화해 공개하겠다고 언급했다. 여기에는 바이오, 화장품 외에도 전자, 화학, 통신 분야도 망라됐다. 차세대 시장을 주도할 사물인터넷 관련 지역 강소기업을 LG그룹과 함께 키워나가는 전략은 지역 경제의 질적 성장을 위한 시발점이 될 것이다.

이뿐만이 아니다. 신약 개발 기술과 실적을 겸비한 바이오 기업들이 시장에서 각광 받고 있다. 2000년대 바이오 버블 이후 바이오 기업에 대한 투자가 다시 늘어나는 것은 국내 바이오 산업이 그만큼 성숙해졌다는 뜻이다. 특히 올해 주요 항체의약품들의 선진국 특허가 만료되면서 바이오시밀러 시대가 본격적으로 열릴 것이란 기대감이 시장에 충만하다. 바이오시밀러 임팩트의 가시화 속에서 가장 주목받고 있는 기업이 지난번 '충북경제 4% 실현 비전 선포식'에서 투자 협약을 맺은 바로 그 기업이다. 그 외에 줄기세포, 화장품 분야에서 부상하는 지역 강소기업들도 있어 매우 긍정적이다.

이러한 우호적인 변화를 더욱 공고히 하기 위해서는 신기술을 선도할 젊은 인재들이 지역에 머물러야 한다. 작년 말 월스트리트저널은 미국 IT 기업들이 20~30대 젊은 인재 수혈과 도심지역의 편의성이라는 장점을 적극 활용하기 위해 비싼 임차료에도 불구하고 뉴욕, 보스턴 등의 도심지역으로 사무실을 이전·확장하고 있다고 보도했다. 젊은 IT 고급 인력들의 라이프 스타일이 도시에 최적화되어 있고 IT산업의 가장 큰 특징 중 하나가 기업 간 커뮤니케이션을 토대로 한 협업임을 감안할 때 도시의 입지적 강점이 부각되고 있는 것이다.

충북에는 오송·오창 과학산업단지, 음성·진천 혁신도시, 충주 기업도시, 제천 바이오밸리, 옥천 의료기기클러스터 등 거점지역이 산재해 있다. 여기에 젊은 인재들을 유혹할 수 있는 공간적 인프라를 준비해야 한다. 작은 성공이 위대한 차이를 보여주는 사례를 만들 때다.

구조개혁이 불가피한 이유

연초부터 구조개혁 바람이 거세다. 정부, 기업, 대학을 막론하고 혁신을 외치고 있다. 특히 정부는 올해의 가장 중요한 과제로 경제 전반의 구조개혁에 박차를 가해 경제체질을 강화하고 성장잠재력을 확충하는 일이라고 천명했다.

외국도 마찬가지다. 유로존의 경기전망은 더욱 불투명하다. 그리스의 탈퇴 논란으로 유럽 증시가 급락하고 유로화 가치가 9년 만에 최저치를 기록하는 등 발생하는 사안마다 일희일비하고 있다. 그만큼 내적으로 튼실하지 못하다는 증거다.

중국과 일본의 정상들도 2015년을 '개혁의 해'로 규정하고 이를 통해 국가경쟁력을 한 단계 높이겠다고 공언했다. 중국은 사회 구조개혁, 일본은 경제 구조개혁에 방점이 있어 강조점은 다르지만, 개혁 없이 지속 성장을 이룰 수 없다는 인식은 같다.

기업들은 더욱 절박하다. 대기업 총수들의 신년 화두는 공격 투자, 정글에서의 생존 정신, 시장 선도 등으로 정리된다. 중소기업계 신년 하례회에서는 필사즉생(必死即生)의 각오로 어려운 환경을 극복해 나가자는 결의를 다지기도 했다.

그런데 당면한 문제가 그리 간단치 않아 보인다. 저성장, 저물가, 장기불황의 그늘이 점점 짙어지고 있고 환율과 유가의 불안정한 움직임은 수출 비중이 높은 우리에게 큰 난제다. 국내에서 명성을 얻고 있는 한 미래학자는 2015년 제2차 경제 위기를 거론하고 2년~3년 후부터 지방자치단체의 부도 도미노가 시작될 것이라고 예측한 바 있다.

여기서 주목해야 할 것은 불안감의 진짜 원인이 주변 환경 때문만은 아니라는 점이다. 최근 톰슨 로이터와 IBK 투자증권에 따르면 모건스탠리캐피탈인터내셔널(MSCI) 지수에 편입된 기업을 대상으로 조사한 결과 미국, 중국, 일본, 유럽연합의 주요 기업 순이익이 지난해 큰 폭으로 증가한 반면 우리나라는 감소한 것으로 나타났다. 매출 증가율 역시 미국, 중국, 일본에 뒤졌다.

이러한 현상은 비단 작년만의 문제가 아니다. 제조기업만 보더라도 경영성과는 하락세가 지속되어 왔고 지난해 성장성과 수익성은 역사적 최저수준으로 떨어진 것으로 파악됐다. 원인은 경기적 측면 못지않게 구조적 요인에서 출발하고 있으며 결국 경쟁력 약화에서 비롯되었다는 점에 심각성이 있다. 그간 각광받던 혁신의 아이콘들은 사라지고 새로운 신기술들이 부상하면서 주도권 다툼의 현장이 되었던 세계 최대 전자제품 박람회 CES에서 우리나라 기술선도 제품이 두드러지지 못했다는 우려도 같은 맥락이다.

우리나라를 대표하는 삼성전자조차 위기라는 지적을 받는다. 2014년에 등장해서 중국 ICT 업계의 벤처성공 스토리를 쓰고 있는 마윈 알리바바 회장과 레이쥔 샤오미 회장 등 중국 IT 업계 거물들은 새해 포부로 '삼성 따라잡기'를 외치고 있다. 하지만 세계적인 미래학자이면서 디지털 구루(Guru)로 인정받는 돈 탭스콧 막시인사이트 회장은 글로벌 5대 IT 기업(구글, 아마존, 알리바바, 애플, 삼성) 중 삼성전자의 미래가 가장 어둡다는 평가를 내놨다.

아무리 1등 기업이라고 해도 판 자체를 바꾸어 새로운 시장을 스스로 창출하지 못하면 한계에 봉착한다. 우리나라의 위기는 시스템에서 찾을 수 있다. 지금 우리나라의 시스템은 국민소득 2만 달러 수준에 맞춰져 있다. 국민소득 4만 달러를 달성하려면 그에 걸맞은 틀을 다시 만들어야 한다.

최근 들어 전 세계 정부에서 일어나고 있는 변화 중 하나가 창조적 관료제(creative bureaucracy)라고 통칭되는 혁신이다. 디지털 시대의 새 국가 지배구조로서 정부가 민간기업 및 모든 기관들과 국가 경영을 함께하는 것을 의미한다. 모든 것이 디지털 비즈니스화 되어가는 현재의 트렌드를 반영하고 있다.

충북은 영충호 시대 리더 · 신수도권의 중심이 되기 위해 4% 경제 실현을 목표로 설정했다. 그리고 창조경제혁신센터 설립을 앞두고 있다. 지역을 창업의 메카로 등극시킬 수 있는 생태계 구축이 과제로 등장했다. 창조경제의 새 판을 짜고 4% 경제 실현을 위한 시스템을 준비해야 한다. '포천'지의 크리스 앤더슨이 언급한 '비범한 확신에서 오는 힘'을 기를 때다.

PART 9

창조 경제의 진화와
인재들의 역할

(2014년)

2014년은 지방선거를 통해 민선 6기가 출범한 해였다. 전국적으로는 안전 문제가 동시다발적으로 이슈화됐던 해이기도 했다. 이와 관련해 R&D 기반의 방재산업 육성 방안을 다뤘다. 좋은 일자리 만들기를 강조하면서 세상을 바꾸는 사람들, 도전하는 사람들을 소재로 삼았다. 창조경제 시대, 충북의 성공방정식을 'Made in Chungbuk'이 아니라 주변 지역 및 세계의 자본, 인재들과 함께 새로운 가치를 만들어 가는 'Made with Chungbuk'으로 삼을 것을 제안했다.

PIVOTING

충북경제 4% 실현의 길

민선 6기 출범과 함께 충북경제에 새로운 과제가 등장했다. 그간 3%대에서 꼼짝하지 않고 있는 전국 비중을 4%로 끌어올리려는 계획이 바로 그것이다. 충북경제를 얘기할 때면 늘 언급되는 3%의 벽을 넘어서자는 의지의 표현이라 할 수 있다.

3%와 4%의 차이는 1%로서 쉽게 달성될 것으로 여겨지지만 만만치 않은 목표인 것이 사실이다. 우선 추세적으로 오랫동안 3%대에 머물러 있었기 때문에 시계열상 상승곡선을 기대하기는 어렵다. 또한, 지표의 특징이 전국 대비 비중이라는 상대적 개념이어서 충북경제만의 성과로 목표를 달성하는 것도 가능하지 않다.

흔히 지역 경제 성장요인을 분해할 때 전국 경제 성장 효과, 산업구조 효과, 지역 경쟁력(지역할당) 효과로 나눈다. 이렇듯 지역 경제 성장요인은 매우 복합적이다. 국가적인 경제동향에 의존하면서 성장산업 위주의 구조를 갖고 있는가가 중요하다. 지역 나름대로의 특화된

294   지역 살리기, 거침없이 피보팅하라

입지적 경쟁력을 유지해야만 원하는 성과를 창출할 수 있다는 뜻도 내포되어 있다.

결국은 새로운 모멘텀을 찾는 작업부터 시작해야 한다. 지역 특수적이고 비교역적 자산인 펀더멘탈을 강화하고 지역의 외부경제(전문 공급자와 서비스 네트워크 등)를 잘 활용할 수 있어야 한다. 지역 경쟁력을 특정 지표의 합 또는 평균으로 단순히 해석하는 것이 아니라 투입요소들 간의 상호의존적 자기강화 과정으로 이해하는 동태적 관점이 필요하다.

한편 양적 확대에 치중하는 존속적 혁신이 아니라 질적 변화를 일으키는 파괴적 혁신이 전제되어야 한다. 고객의 니즈에 맞추고 감동시키면서 기존 시장을 확장하는 것에서 벗어나 숨겨져 있는 잠재 고객을 발굴하고 새로운 시장을 개척할 수 있어야 한다.

무엇보다 시급한 것은 글로벌 생산네트워크의 변화에 적응하면서 대응책을 마련하는 일이다. 산업적 가치사슬 구조가 기존 통합형에서 모듈형으로 재편되고 있다. 모든 생산 공정이 일체형에서 모듈 단위로 분화되면서 모듈과 모듈 간 융복합의 가능성은 더욱 커진 상황이다. 기회를 잘 잡는다면 경제 블럭 단위의 글로벌 생산 네트워크 중심부로 진입하는 것이 전보다 훨씬 수월할 수 있다.

최근 미국계 IT · 반도체 전문매체인 EE타임스는 글로벌 시장에서 차이나 애플로 불리는 샤오미의 성공비결을 분석하면서 직접 제조하는 부품이 거의 없으면서도 삼성전자, 애플을 위협하는 글로벌 거대 기업으로 성장한 데는 주요 부품의 출처를 낱낱이 공개하는 투명경영이 주효했다고 진단한 바 있다. 이는 전 세계의 경쟁력 있는 부품들을 모아서 새로운 시장을 지배할 수 있음을 보여준 좋은 사례다.

달리 표현하면 샤오미와 같은 글로벌 메이저 기업에 납품하는 최강의 소재 부품 중소벤처기업 육성이 대안 중 하나가 될 수 있다는 의미다. 그렇다면 어떤 모듈 단위의 특성화된 클러스터가 존재하는가를 파악하는 일이 긴요하다. 그리고 이 클러스터들의 체계적 발전을 위한 현실적 방안이 무엇인가를 찾는 작업이 뒤따라야 한다. 지역 산업 중에서는 특화도가 높은 반도체, 이차전지, 화장품 등이 최우선 관심 업종들이다.

얼마 전 중소기업청에서 발표한 자료를 보면 지난해 연말 기준 세계시장 점유율 1위 기업 중에서 벤처 기업 수는 총 63개사로 1위 점유율을 달성한 전체기업 130개사에서 차지하는 비중이 48.5%에 이르렀다. 우리나라에서도 2000년대 초의 벤처 버블과는 차원이 다른 스타트업 열기가 뜨거워지고 있다. 이를 지역에서 어떻게 구현하는가가 관건이다.

충북경제 4% 실현은 단지 통계상의 목표 수치가 아니다. 그리고 불가능한 것도 아니다. 일자리 창출 40만 개, 고용률 72%, 도민소득 4만 달러 등의 민선 6기 도정목표 달성을 위한 필요조건이다. 더불어 글로벌 지배제품과 융복합 신제품 개발이 어우러지는 대·중소기업 간 협업시스템 구축, 이를 실효성 있게 추진할 중재자로서의 지역 거점 기관 육성 등 충분조건이 구비될 때 충북경제 4% 실현의 꿈은 앞당겨질 수 있을 것이다.

지역 살리기, 거침없이 피보팅하라

좋은 일자리 만들기

민선 6기가 출범했다. 치열했던 지난 6 · 4 지방선거의 후유증을 마무리하면서 새로운 도약을 꿈꾸고 있다. 지역의 많은 중소 기업인들도 경제 활성화에 기대감을 표시했다. 중소기업중앙회 충북지역본부 조사 결과 민선 6기 출범 이후 중소기업 지원 정책이 강화되고 지역 경제가 활성화될 것이라는 희망을 갖고 있는 것으로 나타났다.

이번에 당선된 단체장들의 취임 제일성(第一聲)은 경제 살리기로 모아진다. 지역 주민들이 바라는 첫 번째 관심 사항은 단연 일자리 창출이다. 이에 부응해서 일자리에 모든 것을 걸겠다고 천명한 '일자리 시장'이 등장했다. 어느 기초지자체는 일자리 천국을 만들겠다고 다짐한다. 어떤 광역시에서는 일자리 위주의 조직개편을 예고하고 있다.

현재 가장 절박한 민생 과제를 꼽으라면 단연코 일자리 창출일 것이다. 정부에서는 이를 해결하기 위해 고용률 70% 달성이라는 쉽지 않은 목표를 내걸고 일자리 만들기에 진력하고 있다. 그렇지만 일부에서는 비정규직과 청년실업 문제가 날로 심각해지고 노동시장은 '좋은 일자리'와 '나쁜 일자리'로 점차 양극화되고 있다고 지적한다. 늘어나는 양에 비해 질은 개선되지 않고 있다는 비판이 거세지고 있다. 지금까지 일자리의 양적인 면만을 주목했지 질에 대해서는 깊은 논의가 부족했음을 자성하기도 한다.

이제는 일자리를 만드는 열정뿐만 아니라 그 열의가 주민들의 만족도를 높이고 삶과 연결되면서 궁극적으로 행복 지수를 제고하는 데 주안점을 둬야 한다. 그만큼 일자리 창출은 녹록지 않은 (과제임에) 과제임이 틀림없다.

사전적으로 좋은 일자리는 전체 산업 명목 월 평균 임금 수준을 웃도는 산업부문에서 창출되는 일자리로 정의된다. 국제노동기구(ILO)가 제시하는 기준은 고용 안정성, 높은 임금, 자아실현 가능성 등이다.

국내 한 경제연구기관에서 발표한 최근 자료는 2000년대 우리나라의 일자리 현황에 대해 '고용 없는 제조업, 좋은 일자리 없는 서비스업'으로 정리한다. 이는 제조업의 고용유발계수가 감소세에 있으며 서비스업은 음식 및 숙박업, 도소매업 등 생계형 일자리에서 주로 늘었기 때문이다. 반면 고용의 질을 고려했을 때 제조업에서 좋은 일자리 비중이 상승하고 서비스업은 소폭 개선되는 데 그쳤다.

제조업 가운데에서 주력산업인 자동차, 반도체, 디스플레이, 선박, 전기기계, 영상, 통신 분야가 좋은 일자리 창출에 기여한 것으로 나타났다. 한편 서비스업은 분야별로 양극화가 뚜렷한데 사업 관련 전문서비스, 교육, 공공행정, 금융, 보험 등에서 좋은 일자리 비중이 높고 음식점 및 숙박, 사회복지사업, 기타사업서비스, 도소매 등은 낮았다.

이러한 분석 결과를 토대로 한 시사점은 다음과 같다. 우선 제조업 기반의 일자리 창출 효과를 극대화할 필요가 있다. 충북의 경우 대표 산업군으로 꼽히는 바이오의약, 반도체, 태양광, 전기전자 부품, 동력기반 기계부품, 화장품·뷰티, 의료기기, 이차전지 등의 산업육성

정책을 지속·강화해야 한다. 그리고 이들 내의 서비스 영역과 생산자서비스업, 즉 사업 관련 전문서비스업을 연계하는 패키지형 산업정책이 마련되어야 할 것이다.

또한, 성장거점 지역을 일자리 확대의 허브로 삼아야 한다. 일례로 광명시는 지난 9년간 미뤄져 왔던 KTX 광명역세권 개발을 통해 글로벌 기업과 유망 기업을 유치하면서 획기적인 변화와 일자리 창출의 조화를 꾀하고 있다. 충북에는 경제자유구역, 음성·진천의 혁신도시 등이 대상이 될 수 있다. 특히 청년 일자리 창출과 관련해서는 노후산단 재생을 통한 복합 지식산업단지 조성과 무분별한 개별입지의 준산업단지화도 적극 고려되어야 할 것이다.

민선 6기 충북도정 목표에는 일자리 창출 40만 개와 고용률 72% 달성이 포함되어 있다. 이를 위해 투자유치 30조 원, 수출 200억 달러를 달성하고 도민소득 4만 달러 시대를 열겠다는 야심찬 계획을 세웠다. 얼마 전 청주 인근 6개 시·군이 공동 제출하여 지역행복생활권 선도 사업으로 선정된 '청주권 일자리중심 허브센터 운영사업'은 새로운 동력을 제공해줄 것으로 기대된다. 좋은 일자리 창출에 대한 과감한 접근이 시급하다.

안전을 완전하게 만들자

요즘처럼 안전 문제가 동시다발적으로 이슈화된 적은 없었다. 세월호 침몰 참사의 충격 여파가 마무리되기도 전에 지난 2일 서울 지하철 2호선에서는 전동차 추돌·탈선 사고가 터졌다. 같은 날 남해와 동해 해상에서는 엔진 고장으로 여객선의 회항 사고가 잇따랐다. 지난해 7월 미국 샌프란시스코 공항에서 발생한 아시아나 항공기 추락사고까지 감안하면 우리나라의 육지·바다·하늘 어디에도 안전한 곳은 없는 셈이다.

이 상황에서 가슴을 철렁하게 만든 것은 지난달 19일 인천에서 사이판으로 비행한 국내 항공기가 운항 중 엔진 이상을 발견하고도 인근 후쿠오카 공항으로 회항하지 않고 목적지까지 비행했다는 사실이다. 우리나라 전체에 안전이라는 단어는 존재하지 않는 느낌이다. 고장 난 나라라는 자조적인 표현 속에 총체적 난맥상으로 압축된다.

이러한 상황을 의식한 듯 지방선거 출마 후보자들의 안심 관련 공약들이 봇물이 터지듯 나온다. 사고가 난 4월 16일을 '국가재난의 날'로 지정하자는 주장부터 지역맞춤형 재난안전대책 전담조직 신설, 재난위험평가제도 도입, 안전 지킴이 양성, 재난·재해 통합관리 클러스터 조성, 관련 조례 제정 등 다양한 정책들이 경쟁적으로 제시되고 있다. 대단위 핵발전소가 위치한 지역에서는 원전 안전 공약도 등장했다. 때 되면 나타나는 고육지책들이 썩 반가울 리 없다. 그래도 대형 사고 이후 몇 단계씩 업그레이드되었던 외국 사례를 교훈 삼아 환골탈태의 출발점으로 만들어야 한다는 절박함이 앞선다.

오래전 영국의 경우는 되새겨 볼 만하다. 2000년 새로운 밀레니엄을 기념하여 만들었던 '런던아이(London Eye)'는 박근혜 대통령이 작년 8월 창조경제 사례로 언급했던 밀레니엄 돔과 더불어 '밀레니엄 프로젝트'의 하나로 건립되었다. 런던아이는 당초 밀레니엄의 시작과 함께 운행될 예정이었으나 기술적인 문제가 발생하면서 이를 개선한 뒤 2000년 3월 일반인에게 공개된 바 있다. 안전 점검에서 32개 관람용 캡슐 중 하나만 문제가 있었는데 이를 기화로 승객탑승이 전면 취소됐다. 해당 캡슐을 제외하고 나머지는 하자가 없었지만 모든 캡슐을 교체하라는 안전검사관의 권고에 따라 운행이 지연된 것이다. 전 세계의 이목이 집중된 국가적 행사를 앞두고 승객 안전을 이유로 운행 연기를 결정한 안전검사관과 이를 과감히 수용한 영국 정부가 안전에 대해 무한 책임을 지는 모습을 보여준 의미 있는 사례로 기억되고 있다.

한국의 육 · 해 · 공 어느 교통수단도 안전하지 않다는 인식이 확산될 경우 신한류를 모멘텀으로 하는 인바운드 관광 특수는 기대하기 어렵다. 이번 참사를 계기로 대형 안전사고에 대한 지역 산업의 기여방안을 모색하여야 한다. 특히 지역 내 재난 · 재해 관련 R&D 기반을 토대로 관련 산업을 육성하는 방안이 검토될 수 있다. 강원도는 세라믹 · 방재산업을 집중 지원하고 있으며 각종 재난에 대응하기 위한 삼척방재산업사업단이 강원테크노파크에 조직돼 있다.

방재산업은 공공성이 매우 강해 잠재수요가 크며 IT를 접목한 방재기술은 부가가치가 높아 내수시장 확보는 물론 수출 전망도 기대되는 분야다. 대구시는 국토교통부와 함께 '대한민국 물 산업전'을 개최하면서 우수한 환경 · 방재 신기술 제품들을 선보이고 사업화를 견인하고 있다.

고려시대 불교를 다시 일으켜 세운 지눌 보조국사는 '땅에 넘어진자, 그 땅을 짚고 일어서야 한다.'고 설파했다. 우리는 땅을 떠나서는 단 한 순간도 존재할 수 없는 숙명을 지고 있다. 땅 위에 살면서 넘어지고 그래서 실패하고 좌절하고 절망한다. 이제는 지금의 진흙투성이, 만신창이에서 다시 일어나야 한다. 이번 참사의 아픔을 극복하고 우뚝 서서 우리 삶을 스스로 온전히 지켜낼 수 있도록 해야 할 것이다.

그간 완전하고 깊이 있는 사고를 방해해 왔던 생각의 왜곡과 편향을 버리고 새롭게 시작해야 한다. 생각의 힘은 재능이 아니라 습관이라고 한다. 나태하고 무책임한 생각의 관습을 훌훌 털고 우리 사회의 안전을 완벽하게 만들어나가는 생각의 습관을 길러야 할 때다.

머뭇거리지 말고 시작해

'머뭇거리지 말고 시작해'는 2005년에 발간된 책 이름이다. 각계각층에서 활약하고 있는 명사들이 인생을 살면서 자신을 움직였던 한 마디와 그에 얽힌 사연들을 오롯이 기록한 책이다. 책 제목과 같은 타이틀의 한 명사 글에는 이렇게 적혀있다. "완전한 것이 어디 있을까? 수영을 잘하기 전에는 수영장에 들어가지 않겠다는 식의 각오라니, 배신이 두려워 친구를 사귀지 않거나 이별이 두려워 사랑을 하지 않겠다는 것과 다를 것이 없었다." 그리고는 "자, 머뭇거리지 말고 발을 내디뎌."라고 마무리한다.

지역 살리기, 거침없이 피보팅하라

이들 힐링 도서들은 현실에서 고통받고 방황하는 사람들에게 많은 위안을 주고 있다. 그러나 세상살이는 늘 힘들고 어렵다. 나날이 변화하는 주변은 나의 의지와는 상관없이 진화하고 있다. 어떻게 처신해야 할지 난감하다.

전 세계가 주목하는 두 사람이 있다. 미국 전기자동차 회사 테슬라 모터스의 창업자 일론 머스크와 우리나라 대표적 포털사이트 네이버의 이해진 이사회 의장이 그들이다. 일론 머스크는 지난달 30일(현지 시간) 미국 역사상 가장 인기 있다는 뉴스 프로그램 CBS의 '60분(60 Minutes)'에 출연했다. 이 자리에서 자신은 어린 시절부터 엔지니어를 꿈꿔왔으며 지금 세상을 크게 바꾸어 놓을 이들에 관한 관심을 쏟고 있다고 밝혔다. 테슬라를 창업하면서는 전혀 성공을 예상하지 못했고 오히려 실패할 가능성이 훨씬 클 것으로 생각했다고 한다.

많은 분석가들은 일론 머스크에 대해 꿈과 도전이라는 아이콘을 가지고 광범위한 인적 네트워크를 구성하면서 과감한 투자로 미래 시장을 선도하는 인물로 평가한다. 기술적인 자신감과 함께 이를 마케팅으로 연계해 차별화된 서비스를 선보이고 결과적으로 경쟁에서 우위를 확보하고 있다고 판단한다. 역발상의 전략, 광고 없이 고객과 직접 부딪히는 스킨십도 성공 요인으로 꼽는다.

이해진 네이버 의장은 지난해 말 개정된 자본시장법에 의해 금융감독원에 제출된 연봉 5억 원 이상의 대기업 등기임원 개별보수 중에서 주요 포털사만을 기준으로 최고 연봉을 받았다. 네이버는 지난 7일 유가증권 시장 시가총액 8위에 올랐다. 지난 20년간 새롭게 설립된 기업이 시가총액 10위에 오른 경우가 많지 않은데 순수하게 창업

한 후 성장한 기업으로는 네이버가 유일한 셈이다.

이 의장은 최근 사내 강연에서 서비스를 만드는 속도는 기업이 결정하는 것이 아니라 시장과 사용자가 정하는 것이며 세상과 사용자가 바뀌고 있는 상황에서 회사가 살아남으려면 그걸 수용하고 빠르게 변화해야 한다고 언급했다. 도쿄에서 열린 '모바일 메신저 라인 가입자 3억 명 돌파' 기념 기자회견에서는 인터넷 서비스의 성공이 천재의 영감으로 순식간에 이뤄지는 게 아니고 정말 실패하고 또 실패하고 더 이상 갈 곳이 없을 때 달성되는 것이라고 강조했다. 세상을 쥐락펴락하는 스타 기업인들의 행동양식도 보통 사람들과 별반 달라 보이지 않는다. 불확실한 미래를 향해 끊임없이 도전하고 쟁취하는 노력만이 있을 뿐이다.

현실은 하루가 다르게 변하고 있다. 세계는 무인비행기 '드론(drone)' 열풍에 휩싸여 있다. 자연재해 예측, 농업, 인명 구조, 지형도 작성, 물건 배달에 이르기까지 다양한 부문에서 새로운 형태로 진화 중이다. 문제는 국민들이 군사용, 자폭용 공격기로 사용될 수 있음을 절감한 최근 상황이다. 이 또한 맘먹기에 따라 유용한 기기일 수도 있지만 무서운 흉기가 될 수도 있는 선택의 기로에 서 있다.

국내외 미래 성장 동력으로 거론되는 3D 프린팅 기술은 과거에는 제조업의 뿌리라고 할 수 있는 주조, 금형, 용접산업이었다. 지금은 새로운 3D(Digital, Dynamic, Decent)로 가기 위한 신공법, 신기술로 탈바꿈하고 있다. 2007년 아이폰이 촉발한 모바일 혁명과 비교되기도 하고 더 폭발력 있을 것으로 예견되는 것이 사물인터넷에 의한 변화다. 관심 있는 이슈를 넘어 이미 우리 생활 속에 들어와 있다. 조만

지역 살리기, 거침없이 피보팅하라

간 자동차가 운전자의 건강상태를 체크해주고 위급상황 시 긴급 신호를 보내는 일종의 '헬스케어' 자동차도 등장할 전망이다.

충북은 산업적, 기술적 측면에서 미래 성장 동력의 토대를 공고히 다져왔다. 2001~2010년 동안 지역 전략 산업의 사업체수, 종사자 수, 생산액, 부가가치 연평균 증가율은 전국과 비교해 높았다. 특히 바이오, 반도체, 차세대전지, 전기전자융합부품 등 전략산업은 우리나라 미래 성장 동력의 근간이라는 점에서 급부상하고 있는 신기술의 테스트 베드가 될 가능성이 높다. 관건은 급변하는 환경을 여하히 극복하는가에 달려있다. 작은 생각이 큰 세상을 열어가는 요즘 머뭇거리지 말고 과감히 시작해볼 일이다.

참 소중한 당신

미국의 애니메이션 영화 '겨울왕국'이 드디어 관람객 1,000만을 넘어섰다. 3월 3일 영화진흥위원회 영화관입장권통합전산망에 따르면 겨울왕국은 지난 2일 하루 건국 515개 상영관에서 8만 1천963명의 관객을 모으면서 1천4만 3천500명을 기록했다.

애니메이션은 어린이 영화라는 고정관념을 깨고 10대에서 40대~50대까지 폭넓은 사랑을 받은 것으로 나타났다. 애니메이션으로는 처음이고, 할리우드 3D 영화 '아바타(1,330만)'에 이어 외화로는 두 번째로 1,000만을 돌파했다. 전 세계적으로 1조 원이 넘는 흥행수입을 올린 것으로 알려졌고 우리나라에서만 7,200만 달러(한화 797억 7,893만 원)을 벌어들였다. 수입 면에서도 미국을 제외하면 전 세계에서 우리나라가 두 번째다.

한 번도 안 본 사람은 있어도 한 번만 본 사람은 없다고 할 정도로 세계가 온통 '엘가 앓이' 중이다. 이를 극복할 방법은 즐기는 것밖에 없다는 그럴듯한 처방 댓글이 인터넷에 도배되어 있다. 엘사, 안나, 울라프, 스벤 등 귀여운 캐릭터들과 아름다운 배경, 중독성 있는 주제곡 '렛 잇 고(Let it go)'가 어우러진 환상의 작품으로 인해 관련 시장 규모가 두 배 이상 커질 것이라는 예측이 나올 정도다.

그런데 이러한 특수는 따뜻한 스토리가 있어 가능했다. 그간 많이 보아왔던 뭇 남성과 아름다운 공주와의 사랑이 아니라 자매의 진한 우정을 그린 보기 드문 영화라는 평이다. 서로가 최고의 친구이면서 참 소중한 언니와 동생의 이야기다.

영화의 명대사, '나는 따뜻한 포옹을 좋아해', '누군가를 위해서라면 녹을 만한 가치가 있지', '진실한 사랑은 나보다 타인을 먼저 생각하는 거야' 등이 회자되고 있다. 영화는 끝났지만, 잔상에 취한 관객들은 '진정한 사랑만이 얼어붙은 심장을 녹이리라'는 진한 여운을 잡고 일어설 줄 모른다.

더욱 치열해지는 경쟁사회 속에서 겨울왕국이 주는 시사점은 남다르다. 이타심보다는 이기심이 앞서고 남을 이겨야만 생존할 수 있는 사회 환경은 주변 사람들에 대한 관심 자체가 사치스럽게 느껴질 정도다.

국가 간, 산업 간, 제품 간, 기술 간의 모든 경계가 사라진 21세기

초경쟁사회에서는 자신의 강점에만 안주할 수 없다. 그래서 불확실한 경영환경에서는 기존처럼 계획-관리의 경영방법에서 벗어나, 행동하면서 최적의 기회를 찾는 '리얼 옵션(Real Option)' 전략을 구사해야 한다고 전문가들은 조언한다. 혼자서는 살아남기가 더욱 힘들어지고 있다.

현대의 또 다른 특징은 초연결 사회라는 점이다. '나눌 만한 가치가 있는 아이디어'를 주제로 (하고 있는) 하는 테드(TED)가 금년에 30주년을 맞는데 올해의 키워드로 연결(Wired)과 재편(Reshape) 등이 떠올랐다. 테드의 인기 비결로 '공감'이 꼽힌다. 강연을 듣는 사람들이 주목하는 주제가 많아서 지루함을 느낄 새가 없다. 연사와 청중 사이의 소통 극대화도 장점이다.

이렇듯 각박하면서도 서로의 관심을 필요로 하는 여건이 더욱 강화되고 있다. 심지어 삭막한 산업과 기술 현장도 마찬가지다. 모든 사물이 연결되는 세상, 사물인터넷(IoT) 시대의 도래가 대표적이다. 사물인터넷은 최근 IT 업계에서 화두가 되고 있는 기술이며 인터넷에 연결된 사물이라는 의미다. 일반인들에게는 아직 생소한 용어지만 이미 오래전부터 광의의 IoT 세계를 경험하고 있다.

사물인터넷은 세계적인 IT 리서치 자문기업 가트너가 발표한 2014년 10대 전략기술 중 하나이며 웹과 모바일에 이어서 가장 각광받는 미래기술이다. 미래창조과학부는 지난달 10일 경제성장을 견인할 13대 집중육성 분야인 '미래성장동력'을 내놨는데 4대 기반산업에 '지능형 사물인터넷'을 포함시켰다. 최근 시스코는 향후 10년간 사물인터넷(IoT) 기술이 전 세계 공공부문에서 4조 6,000억 달러(약 4,900조 원)의 경제적 가치를 창출하게 될 것이라는 연구 결과를 발표한 바 있다.

어쩌면 겨울왕국의 흥행 대박은 경쟁사회에서 방황하는 현대인들의 잃어버린 감성, 즉 진정한 사랑에 대한 갈증에서 비롯된 것일 수도 있다. 인간과 인간 사이, 인간과 자연 사이, 인간과 기계 사이 등 '사이'가 점점 부각되고 있다. 지금부터라도 평범한 일상 속에서 어딘가에 있을 우리에게 참 소중한 인연을 찾아 나서야 할 때다. 창조경제시대 충북의 성공방정식도 충북 내에서 모든 것을 독자적으로 하는 'Made in Chungbuk'이 아니라 주변 지역 및 세계의 자본, 인재들과 함께 새로운 가치를 만들어가는 'Made with Chungbuk'이 되어야 할 것이다.

세상을 바꾸는 사람들

2013년 '올해의 KAIST인 상' 주인공은 그간 주목받아 본 적도 없는 학과 소속이면서 주변 동료들이 의아해하는 교수에게 돌아갔다. 그는 KAIST 내에서 별종으로 통한다. 고지식한 과학자들의 세계에 떨어진 '별에서 온 그대'라 불릴 정도다.

그 이유는 남다른 디자인 철학 때문이다. 그는 '전 세계 디자인이 구매력을 가지고 있는 상위 10%를 위해 디자인하고 서비스한다. 그러나 우리는 90%의 사람들을 위해 디자인했다. 10%의 사람들은 욕망과 관련된 것이고 90%의 사람들은 목숨과 직결된 문제였다. 우리는 디자인을 통해 진짜 문제를 해결하고자 했다'고 설명한다. 새로운 상품을 개발해 자선활동을 펼치면서 인도적 사회순환시스템을 창조하는 것을 목표로 하고 있다.

미국 경영월간지 '패스트컴퍼니'에 의해 세계에서 가장 혁신적인 기업 디자인 부문 1위로 선정된 아이디오(IDEO)에는 인류학을 전공한 엔지니어, 심리학에 심취한 건축가, MBA 학위를 취득한 디자이너와 같은 인재들이 일한다. 아이디오의 21세기 경영 전략인 '디자인적 사고'는 경영학과 인문학, 심리학, 엔지니어링, 디자인 등 다양한 영역을 넘나들며 체득한 통합적 사고가 디자인의 전통적 개념을 바꿀 수 있다는 확신에 기초한다.

최근 학술지 '플로스원'에는 앞으로 건축학도가 미생물학을 공부해야 할 것이라는 주장이 실려 있다. 건물의 설계가 실내에 존재하는 미생물의 분포에 영향을 미친다는 캐나다 퀘벡대와 미국 오레곤대 공동 연구팀의 연구 결과에 근거한다. 이처럼 생각의 경계가 허물어지고 있는 증거들은 더 이상 흥미롭지 않다. 생존의 필수조건이 되어가고 있을 뿐이다.

지난달 22일부터 25일까지 열렸던 2014년 다보스포럼의 주제는 '세계의 재편'이었다. 세계 각국의 정계, 관계, 재계 수뇌들이 모여 기술과 통신의 발달, 높아지는 지정학적 불안, 국가 · 지역별로 달라진 경제 상황 등이 빚어내는 변화가 불러온 새로운 세상이 관심사였다. 세계경제포럼 슈밥 회장은 올해 글로벌 경제전망에서 '세계는 줄어든 기대와 늘어난 불확실성의 시대로 접어들고 있어 낮아지는 성장률과 사는 법을 배워야 한다'고 언급했다.

그렇지만 금년의 주제가 2012년 '거대한 전환, 새로운 모델의 형성'이나 2013년 '탄력적 역동성' 등의 화두에서 크게 벗어나지 못하고 있다는 점에서 거대담론은 있는데 미세조정에 필요한 구체적 논의가 부족했다는 비판을 받고 있다. 그만큼 급변하는 세계 경제 속에서 산적한 문제에 대한 해답을 찾기가 쉽지 않을 듯하다.

박근혜 대통령은 이번 포럼의 기조연설을 통해 창조경제를 25번 언급하면서 이것이 세계 각국이 겪고 있는 저성장, 높은 실업률, 소득 불균형을 해결할 대안임을 강조했다. 창조경제가 미래로 가는 동력인 셈이다. 얼마 전 정부는 작년이 창조경제를 전파하는 해였다면 올해는 실질적으로 창조경제의 틀을 다지는 해로 만들겠다는 선언을 한 바 있다. 이와 함께 금년 초 '경제혁신 3개년 계획' 구상을 발표했다. 충북도는 정부가 2월 말 세부계획을 확정하는 일정을 감안해서 그 전에 지역의 현안 과제들을 발굴하고 이를 정부에 건의할 예정이다.

변화무쌍한 환경 속에서 세상을 바꾸려는 사람들의 시도는 계속되고 있다. 생각의 틀을 뛰어넘고 그간의 구습을 버리면서 현재에 없는 새로운 패러다임을 도출하려는 노력이 그것이다. 그러나 상황은 그렇게 녹록지 않다. 각종 언론의 헤드라인에 '특허 삼각동맹', '사활 건 미래', '파괴적 빅뱅' 등 전쟁터에서나 쓰일 용어들이 난무하는 것에서 확인된다.

지역에서도 무작정 열심히 하는 것이 아니라 현명하게 일하고 지혜롭게 투자하면서 지역을 바꾸는 힘을 보여줄 때다. 우선 창조경제의 원조 존 호킨스가 지난해 말 두 번째 개정판을 내면서 우리나라에 대해 몇 가지 충고를 하고 있는데 눈여겨볼 필요가 있다. 창조경제는 모

지역 살리기, 거침없이 피보팅하라

든 산업분야에 걸친 새로운 경제 시스템이지 과학기술과 정보통신기술(ICT) 등 특정 부문만을 대상으로 하는 것이 아니라는 점, 이스라엘식이 아니라 한국은 대기업과 함께하는 독자적 모델 창출이 중요하다는 점, 생산만을 의미하는 것이 아니기 때문에 사회복지 · 노동 문제까지 아울러야 하며 개인과 사회 · 문화가 융합되어야 한다는 점을 강조한다.

이렇게 창조경제도 나날이 진화하고 있다. 지역에서는 이를 담당할 컨트롤 타워 구축이 시급하다. 관련해서 주목되는 것이 전국 17개 광역시 · 도에 설치하려는 '창조경제혁신센터'다. 이 조직은 추격형에서 선도형 경제를 만들어 가는 '트렌드 세터'의 역할과 1%의 가능성을 믿고 도전하면서 성공 확률을 높일 수 있는 치열한 실험 정신을 갖춰야 한다. 타 지역과 비교해 시도는 비슷하지만, 확실히 차별화된 결과를 보여줄 수 있는 컨트롤 타워 구축이 지역 창조경제 구현의 관건이 될 전망이다.

PART 10

정부 정책 변화와
지역 산업 모델
(2012년~2013년)

2013년은 박근혜 정부가 출범하고 민선 5기(2010년~2014년)의 중반에 해당하는 해였다. 새 정부 정책의 핵심 키워드는 '창조경제'였다. 당시 민간 연구기관이 발표한 자료에는 우리나라 창조경제 역량지수가 OECD 31개국 중에서 20위에 그치고 있었다. 이에 대한 대안으로 기업의 경제적 가치와 정부의 사회적 가치로 구분하던 이분법적 사고에서 벗어나 이들을 함께 공유하는 '임팩트 비즈니스'(Impact Business)를 소재로 삼았다. 새 정부의 지역 산업 정책에 대한 주제도 다뤘다. 충북 맞춤형으로는 충북경제자유구역의 비상을 위한 대안, 그간 부진했던 과학비즈니스벨트 청주기능지구에 대한 인식 전환 등을 제시했다.

그날에

"금년도 자동차 시장에서 가장 큰 관심을 끌고 있는 미국 전기자동
차 기업 테슬라모터스가 충북에 진출하기로 결정했습니다. 또한, 전
기차 배터리로 사용되는 리튬이온 2차전지의 공급업체로 우리 지역
에 소재한 LG화학이 선정된 것으로 알려져 충북경제에 미치는 효과
가 배가될 전망입니다. 더욱이 테슬라모터스는 태양열로 발전된 전력
을 활용해 무료 충전 서비스를 제공할 계획이어서 충북이 그간 구축
한 태양광 산업 인프라와의 연계를 염두에 둔 전략적 투자인 것으로
밝혀졌습니다. 이로써 충북은 그간 육성해온 태양광 산업이 2차전지,
ESS(에너지저장장치)로 이어지는 가치사슬의 완성과 함께 전기자동
차 기업을 유치함으로써 신재생에너지 산업 메카로 전 세계에 자리매
김할 것으로 예상됩니다." 이상은 물론 상상력을 동원해 재구성한 것
이다. 그렇지만 전혀 불가능해 보이지는 않는다.

요즘 뉴욕 주식시장에서 연일 화제가 되는 '핫(hot)'한 기업은 단연 전기차 제조업체인 테슬라모터스다. 그만큼 전기자동차 시장의 성장세가 주목받고 있다는 증거다. 테슬라의 모델S는 지난 5월 컨슈머리포트가 지금까지 시험한 차 중 최고라고 평가한 바 있으며 8월에는 미국 교통안전국(NHTSA)이 실시한 충돌테스트에서 최고 등급인 별 다섯 개를 받았다. 공식적으로 안전성까지 입증하며 판매가 급증하고 있다.

그런데 테슬라모터스 이상으로 흥미로운 대상은 이 회사의 최고경영자인 일론 머스크다. 최근 미국 금융 전문매체 '마켓워치'는 2013년 최고 경영자로 일론 머스크 테슬라모터스 설립자 겸 CEO를 선정했다고 발표했다. 널리 알려진 페이스북이나 미국 최대 온라인 스트리밍 업체인 넷플릭스의 CEO 등 쟁쟁한 상대를 모두 누르고 일론 머스크가 당당히 최고 CEO 자리에 오른 것이다. 한편 미국의 경제전문지 포천이 뽑은 '올해의 기업인' 50인 중에서도 1위에 선정되었다.

미국의 한 언론에서 IT 기업, 신생기업, 과학연구 등 경력자들을 대상으로 조사한 결과에 따르면 이룬 것도 있지만, 앞으로 성장할 잠재력이 큰 발명가를 지명하라고 했을 때, 1위는 월등히 일론 머스크였다. 그는 여러 가지 면에서 탁월한 역량을 발휘하고 있다.

화재 사건 이후 주가가 잠시 하락했지만, 사람들의 예상을 뛰어넘고 있는 전기차 업종의 '테슬라', 우주공학을 이끌고 있는 '스페이스X', 그리고 태양광 전문업체인 '솔라시티'가 그것이다. 캘리포니아 해안을 초고속으로 이동할 수 있게 해준다는 '하이퍼루프'도 이목을 집중시킨다.

일론 머스크의 테슬라는 시장을 통째로 바꾸는 '게임체인저'임에 틀림없다. 그들은 게임을 앞서간 정도가 아니라 아예 게임을 창조하고 지배한다. 투자자들은 테슬라의 정체성에 혼란스러워하고 있다. 디트로이트 기업인지 실리콘밸리 회사인지, 기계업종인지 IT 산업인지 헷갈린다. 테슬라는 지속적인 혁신을 통해 게임의 판도를 바꾸는 중이다.

테슬라는 충북의 대표 산업인 태양광 및 2차전지와 뗄 수 없는 상관관계를 갖는다. 테슬라로 시작된 전기차 충격은 2차전지 등 관련 산업으로 확대되고 있다. 리튬이온 2차전지 시장은 지난 2010년까지 종주국인 일본 기업들이 우위를 점했으나 2011년부터 우리나라의 삼성 SDI와 LG화학이 연간 합계 점유율 40%를 기록하며 35.4%인 일본을 제치고 새로운 강자로 급부상했다. 특히 올해 1월부터는 업계 3위였던 LG화학이 2위 파나소닉을 추월하였다.

그러나 이러한 판세는 하반기 들어 테슬라 열풍으로 급변하고 있다. 테슬라가 지난달 19일 도쿄에서 파나소닉이 전기차 배터리의 우선 공급 업체 지위를 계속 유지할 것이라고 밝혔기 때문이다. 한 · 일전으로 압축된 소형 2차전지 시장이 주목받는 이유가 여기에 있다.

더욱이 테슬라는 태양열로 발전된 전력을 축적한 슈퍼스테이션에서 무료 충전 서비스를 제공하고 있어 종전의 전기차들이 유료로 충전하는 방식과 차별화시켰다. 고가의 테슬라를 구입하는 고객들에게 친환경 보조금은 물론 무료 충전으로 유지비용을 낮춰준 셈이다. 석유 원료에 의존하지 않기 때문에 지구온난화를 줄일 수 있다는 환경론자들의 칭찬이 자자하다.

최근 태양광이나 전기차 부품 같은 신기술 사업에 대규모 투자를 했

지역 살리기, 거침없이 피보팅하라

지만, 시장이 성숙되지 않아 힘들어하는 업체들이 많다. 그렇지만 올들어 '자동차업계의 애플'로 떠오른 테슬라의 등장은 지역 산업육성에 많은 시사점을 주고 있다. 튼실한 태양광 발전의 토대를 에너지원으로 하고 지역 기업의 2차전지를 활용해 전기자동차를 만들어나가는 '충북형 테슬라' 같은 혁신 아이콘이 필요하다는 강력한 메시지를 던진다. 이를 구현할 히든 챔피언 발굴도 요구된다. 우리 지역이 신재생에너지 산업의 중심으로 전 세계에 우뚝 서는 그 날을 기대해 본다.

바이오산업 다시 보기

얼마 전 충북 출신으로서 지역발전위원회 수장에 임명된 이원종 위원장의 언론 인터뷰 내용이 지역발전위원회 홈페이지에 게재된 바 있다. 이때 광역단체장 시절, 기억에 남는 정책이나 사업이 있느냐는 질문에 고민 없이 오송에 바이오산업단지를 조성했던 일을 꼽았다.

그는 '충북지사로 재임했던 90년대 말 충북은 작고, 힘없고, 뒤떨어진 지역이었으며 전통산업인 농업에 의존하면서 가라앉은 호수와 비슷한 정서가 지배했던 곳'으로 기억한다. 당시 충북을 살리기 위해 생각했던 것이 첨단산업이었고 그중에서도 바이오산업이었다. 처음엔 다들 턱도 없는 소리라며 귀담아듣지 않았다. 그래서 선택한 것이 '2002 오송국제바이오엑스포'였다. 바이오가 무엇이고 왜 이걸 해야 하는지 그리고 21세기 부강한 나라로 가기 위해서는 필수불가결한 선택임을 설득하는 데 주력했다.

이 위원장은 '그때 내 주장은 바이오엑스포가 끝나는 날이 새 출발이라는 것이었다. 도정 목표, 캐치프레이즈도 바이오테크와 유토피아를 합성한 바이오토피아로 정했다. 그 수단으로 오송에 생명과학단지를 만들었다. 결국, 첨단산업의 불모지와 같은 곳을 바이오토피아 충북으로 만들었다'고 회고했다. 그러면서 '지금은 바이오하면 오송, 바이오하면 충북이라고 한다. 내겐 아직도 자랑스럽고 뿌듯하게 느껴지는 일'이라고 덧붙였다.

사실 그 당시 바이오산업에 대한 개념과 이해는 일반적이지 못했지만, 선점 경쟁은 국가 간, 지역 간 매우 치열했다. 오직 승자만이 모든 것을 차지하는 생존게임에서 충북의 행보는 결과를 장담하기 어려울 지경이었다. 성공에 대한 희망은 있었지만 확신할 수 있는 것은 아무것도 없었다.

그렇지만 끝은 대성공이었다. 전국에서 80만이 넘는 관람객이 방문했다. 선례도 경험도 없는 바이오분야의 전문종합엑스포로서는 놀라운 성과였다. 각 지역이 경제적 생존을 위해 필사의 노력을 다하면서 '미인선발대회' 또는 '장소전쟁'이라 불리던 '장소 마케팅(place marketing)'에서 오송과 충북이 서서히 빛을 발하기 시작한 것이다.

충북은 2002년 오송국제바이오엑스포를 계기로, 이원종 위원장의 언급처럼, 물리적 인프라 구축과 핵심 거점기관 유치 등 바이오산업 육성을 위한 기반 조성에 힘써왔다. 하지만 지금까지의 노력은 시작 단계에 불과하다. 왜냐하면, 아직도 많은 과제가 남아있는 까닭이다.

바이오산업이 미래의 성장 엔진인 것만은 분명하다. 그 근거는 다

지역 살리기, 거침없이 피보팅하라

음과 같다. 우선 중국, 중동, 러시아 등 기존 선진국 이외 국가의 GDP가 빠르게 상승 중이며 노령인구의 증가와 자산에 대한 소유 비중 증가로 건강 및 웰빙(well-being)에 대한 관심이 높아지고 있다. 또한, 각 국가는 유류에 대한 에너지 의존도를 낮추기 위해 에너지원 다변화 노력을 펼치고 있고 곡물 가격의 추세적 상승이 예상되는 가운데 국가의 식량 자급률을 높이기 위한 지원을 확대하고 있기 때문이다.

더욱이 현 정부는 글로벌 환경변화에 따른 대응 수단으로서 정보통신(ICT)의 역할에 주목하고 있다. 국내 65세 이상 고령 인구 증가로 경제·사회적 이슈 해결 필요성의 증대, 접속 및 협력기반의 새로운 생산과 소비 패턴 등장, 요소기반 성장에서 혁신기반 성장으로의 경제성장 기조 전환에 기인한다. 이 같은 메가트렌드가 바이오 경제와 접목되면서 바이오산업 혁신과 융합의 중요성이 점차 커지고 있다.

여기서 간과하지 말아야 할 점은 생명공학분야와 같이 과학을 기반으로 한 비즈니스가 빠른 시간 내에 성공할 것으로 기대됐지만, 현재까지 그렇지 못하다는 전문가들의 주장이다. 약 20년에 걸쳐 생산성을 분석한 결과에서도 뚜렷한 변화가 없었다는 지적도 있다. 바이오산업의 성과는 원한다고 해서 쉽게 얻어지는 것이 아니라는 점을 시사한다.

이제 충북의 미래 먹거리인 바이오산업 육성을 위해 또 다른 도전을 시작해야 한다. 그간 조성된 기반을 토대로 성과확산과 재도약을 위한 로드맵을 새롭게 짜야 할 시점이다. 기업 차원의 전략 및 비즈니스 모델뿐만 아니라 지역 차원의 합리적 제도와 정책 대안도 찾아야 한다. 전환점은 '2014 오송국제바이오산업엑스포'가 될 것이다.

최근 바이오산업의 경계는 한층 넓어지고 있다. 기후 온난화로 인해 자연재해가 전 지구적으로 확산되는 가운데 화석연료를 대체할 바이오 연료(에탄올), 녹조 현상 등을 해결할 바이오 환경(화학)의 부상은 바이오산업의 성장성을 짐작케 한다. 특히 경영여건이 급속히 개선되고 있는 태양광 산업과 바이오 연료를 묶어서 충북을 신재생에너지산업의 허브로 만드는 패러다임 변화를 모색해야 할 때다.

새로운 시장, 동유럽을 주목한다

최근 각국의 엇갈린 경제 전망들로 인해 혼란이 가중되고 있다. 우리나라에서는 이달 초 6일, 기획재정부가 우리 경제의 회복 조짐을 밝힌 반면 한국개발연구원(KDI)은 아직 부진한 상태에 머물러 있다고 진단했다.

비단 우리나라뿐만이 아니다. 향후 중국 경제의 향배를 놓고 안정적인 성장을 지속할 것이라는 낙관론과 위기를 맞을 수 있다는 비관론이 팽팽하다. 일부에서는 중국의 경착륙 가능성을 거론하고 있는데 경제전문지 이코노미스트는 '거대한 감속'이라는 표현까지 사용하고 있다. 그런데 7월 발표된 경제지표(산업생산, 수출액)의 호조에 이어 HSBC가 집계하는 8월 제조업 구매관리지수(PMI)가 50.1을 기록하면서 경기반등론에 힘이 실리는 양상이다.

미국의 경우도 마찬가지다. 얼마 전 발표된 주택 지표는 반등에 성공했으나 소비 지표는 예상 밖으로 급락했다. 경제 상황이 점차 개선될 것으로 보이지만 확장세는 약하다는 평가다. 일부에서는 향후 수년간 2.2~2.8%의 저성장 국면이 지속될 것으로 예측하고 있다.

전반적으로 글로벌 경제가 완전히 상승세로 전환됐다고 보기는 어렵다. 당분간 시장은 엇갈리는 경제지표 결과와 미국의 양적 완화 축소 이슈에 따라 등락을 반복할 가능성이 크다. 외부 변동에 여전히 취약한 우리나라 경제는 경기회복을 위한 확실한 대안을 찾아야 할 시점이다.

긍정적인 것은 유럽경제에 대한 낙관론이 확산되고 있다는 점이다. 유로존 PMI 역시 7월 50.5에서 8월 51.7로 오르며 2011년 6월 이후 2년 2개월 만에 최고 수준을 나타냈다. 지난 14일(현지 시간) 발표된 유로존 GDP 성장률은 0.3%로 시장 기대치인 0.2%를 넘어섰다. 이는 7분기 만에 첫 플러스 기록이다.

유럽의 경기 회복 추세는 수출 주도형 경제 구조를 가진 국내 시장에 긍정적인 영향을 미치게 된다. 먼저 대외수요가 증가하는 직접효과와 우리의 최대 수출국인 중국경제 회복에 따른 간접효과가 그것이다. 블룸버그가 인용한 JP모건 분석에 따르면 유럽 내수 회복으로 GDP가 1%포인트 오를 때 유럽 외 GDP는 향후 1년 동안 0.7%포인트 증가하는 연쇄효과가 발생한다. 발 빠른 투자자들의 눈은 이미 유럽을 주시하고 있다.

이러한 차원에서 주목해야 할 시장이 러시아를 포함한 동유럽이다. 그중에서도 러시아와 불가리아가 관심을 끈다. 러시아는 한때

BRICs(브라질, 러시아, 인도, 중국)로 일컬어지며 부상하는 신흥국으로 분류되었다. 2008년 리먼 쇼크로 큰 폭의 경기후퇴에 빠진 이후 지금은 전과 같이 강한 기세가 나타나지는 않지만, 경제성장률 4% 정도를 유지하고 있다.

'강한 러시아 부활'을 내걸고 지난해 5월 집권한 푸틴 대통령은 러시아와 독립국가연합(CIS)의 경제동맹체인 '유라시아경제연합'을 추진 중이다. 성사된다면 유럽연합(EU)과 맞먹는 규모가 된다. 그간 외국 기업 투자유치에 부적합했던 환경을 개선하는 데 총력을 기울이고 있다. 자원이나 인재는 풍부하지만, 이들을 부가가치 창출로 연결시키지 못했던 약점을 민간 부문 성장을 통해 극복하고자 하는 전략이다.

한편 불가리아 경제는 2007년 유럽연합에 가입한 이후 지속적인 EU기금 지원에 의해 다방면에서 역동적인 모습을 보이고 있다. 기타 동유럽 시장과 비교할 때 생산거점으로서 소프트 인프라는 미흡하나 저임금 노동력이 매력적이며 중산층 확대와 신흥국형 고령화 소비패턴이 주요 특징이다. KOTRA 소피아 무역관은 금년도에 한-EU 자유무역협정 수혜 품목과 가격대비 품질 경쟁력을 갖춘 제품군을 중심으로 수출이 활성화될 것으로 예상한다. 특히 자동차 부품인 브레이크패드, 의료기기 제품인 X선 및 방사선기기, 진공청소기를 비롯한 소형 가전 및 전자제품 등을 유망품목으로 꼽는다. 화장품도 부상하고 있다.

새로운 시장개척은 국가적으로나 지역적으로 현안이 틀림없다. 글로벌 경기 침체 여파로 세계 경제의 앞날이 불투명하기 때문이다. 따라서 급속히 성장하는 동유럽에서 우리 기업의 제품들을 선도 브랜드로 만드는 방안을 적극 찾아야 한다. 또한, 동반 진출하는 지역의 우수 아이템들을 묶어서 경쟁력 있는 한국 상품 카테고리를 창출해가야 할 것이다. 뒤늦게 줄을 서기보다는 새로운 줄을 만드는 도전만이 살 길이다.

과학 벨트 기능지구에 대한 재인식 필요하다

정부는 지난 8일 '제3차 과학기술기본계획'을 발표했다. 여기에는 '창조적 과학기술로 여는 희망의 새 시대'라는 비전과 함께 향후 5년간 총 92조 4,000억 원을 투자해 2017년 1인당 국민소득 3만 달러 달성이라는 목표가 제시되었다. 또한, R&D 투자를 통해 신규 일자리를 64만 개 창출하는 성과지표도 언급됐다.

같은 날 발표된 '기초연구진흥종합계획(2013~2017)'에 따르면 정부는 R&D 중 기초연구 투자 비중을 2012년 35.2% 수준에서 2017년 40%로 확대할 예정이다. 기초연구 양적 성과가 질적 경쟁력 향상으로 연계돼 창조경제를 실현할 뛰어난 인재 육성과 선도적 지식을 창출하는 데 초점을 맞추고 있다.

이들 계획들은 현 정부가 출범하면서 줄곧 이슈가 되었던 창조경제 개념 논란을 정리하는 데 도움을 줄 것으로 보인다. 그간 과학기술정책 관련 계획들과의 가장 큰 차이점으로는 연구개발부터 신산업 그리고 일자리 창출에 이르기까지 과학기술혁신 전 주기를 처음으로 포괄했다는 점에서 찾고 있다. 이전에는 기술 개발 자체 역량 제고와 인력 양성에 중심을 두었지만, 이번에는 과학기술 기반의 일자리 확대로 목표 범위를 넓혔음을 강조하고 있다.

지금까지 기초연구에서 산출된 원천기술을 응용연구를 거쳐 사업화로 이어지게 하는 연결고리에 대해서는 늘 의견이 분분했다. 분야별로도 입장 차이가 크다. 그렇지만 최근의 각국 동향은 늘어나는 R&D 투자 규모를 여하히 사업화시켜 경제성장과 일자리 창출에 기여토록 하는가에 관심이 모아지고 있다. 이런 차원에서 얼마 전 발표된 관련 계획들은 그 중요성이 남다르다.

현재 세계 경제는 저성장 기조에서 벗어나지 못하고 있으며 경기불안도 계속되고 있다. 유럽의 재정위기 지속, 미국과 일본의 양적 완화, 중국의 성장률 저하 등이 이를 반증한다. IMF에서는 세계 경제가 미국, 유로존, 신흥국 간 三分(three-speed recovery)되어 고르지 않은 성장 흐름을 나타낼 것으로 관측하고 있는데 이는 글로벌 위기가 장기화되면서 우리 경제의 대내외 환경 또한 불확실성이 유지될 것임을 시사한다.

결국, 단기적으로는 적극적인 경기 대응으로 잠재수준 이상(분기별 전기비 1% 이상)의 성장 추세를 회복하는 것이 시급하며 중장기적으로는 우리 경제의 성장잠재력을 제고시키는 노력이 절실한 시점이다.

이와 관련하여 다음의 평가결과를 주목할 필요가 있다. 우리나라의 경우, 유럽의 대표적 경영대학원인 프랑스 인시아드(INSEAD)가 발표한 '2012년 세계 혁신지수(Global Innovation Index 2012)'에서 전체 141개국 중 21위를 차지했다. 2011년 16위에서 다섯 단계나 떨어졌다. 그 원인으로 혁신에 대한 투자(16위)는 많은 데 비해 성과(24위)가 이에 미치지 못하는 것으로 지적됐다. 지금의 비효율성이 극복되지 않는 한 연구개발 투자의 대폭 확대가 기대만큼 낙관적인 결과를 만들어내지 못할 것이라는 점을 웅변하는 것이다.

요즈음 국제과학비즈니스벨트 사업에 대한 공방이 유감스러운 것은 바로 이 때문이다. 그간의 관련 계획들과는 다르게 과학기술혁신 전 주기를 포괄하면서 양적 확대와 동시에 효율화를 기반으로 실질적인 경제성과를 거둘 수 있도록 진일보한 플랜을 작성했음에도 불구하고 바로 그 임무를 최 일선에서 담당할 과학 벨트 사업이 논란에 휩싸이면서 우려를 낳고 있다는 점이다.

특히 기능지구에 대해서는 여전히 거점 지구라는 본류에서 파생된 지류 정도로 생각하는 수준이다. 그러나 창조경제 실현을 위해서는 과학기술혁신 전 주기에서 전반이 아닌 후반, 즉 기술 사업화를 통해 투자의 효율성을 제고하면서 창업과 일자리를 창출하는데 정책적 방점을 둬야 한다. 저성장과 경기 침체가 이어지고 기초체력마저 떨어지고 있는 현 상황을 타개할 확실한 대안이 기능지구라는 점을 간과해서는 안 된다.

이 같은 접근방법을 토대로 그간 지지부진했던 과학 벨트 특별법 개정에 의한 법적 근거 마련, 거점지구에 비해 미미했던 기능지구에 대한 예산규모 확대, 기능지구 사업을 전담할 추진체계 구축 등 현안들이 조속히 매듭지어질 수 있도록 힘을 모아야 할 것이다.

삼성전자의 성공에서 배운다

삼성전자는 금년도 1분기 매출액이 52조 8,680억 원으로 지난해 같은 기간 대비 16.78% 증가했다. 또한, 영업이익은 8조 7,794억 원으로 54.32%, 당기순이익은 7조 1,549억 원으로 41.73% 증가하면서 어닝 서프라이즈를 기록하였다.

스마트폰 시대를 연 애플을 넘어서서 세계 1위를 달리고 있으며 IM(IT · 모바일) 부문의 30%대 성장을 기반으로 놀라운 성공 스토리를 쓰는 중이다. 그렇지만 사상 최대의 이익 잔치에도 불구하고 삼성전자 내부에서는 향후 미래에 대한 불안감이 확산되고 있다.

얼마 전 우리나라의 한 경제지는 삼성전자의 경쟁력을 해부하면서 부품에서 완제품까지 수직계열화, 뛰어난 공정기술, 세트와 부품의 결합이라는 독특한 사업구조를 장점으로 꼽았다. 반면 영업이익 70%를 차지하는 스마트폰 사업으로의 쏠림현상, 하드웨어에 비해 미흡한 소프트웨어 경쟁력 등을 해결해야 할 과제로 들었다.

세계 시장은 늘 1등 기업을 주목한다. 기대에 못 미치는 조짐이 보이면 가차 없이 평가절하하면서 기업 가치를 재산정한다. 일부 외국 신용평가사와 증권사의 우려가 표출되면서 삼성전자 주가가 폭락했던 최근 상황에서 확인해 볼 수 있다.

국제 신용평가사 피치는 삼성전자에 대해 민첩한 적응자이긴 하지만 진정한 혁신자는 아니라고 진단했다. 이제는 전에 존재하지 않았던 제품이나 시장을 개척하는 창조적 혁신 능력을 입증해야 한다고

지역 살리기, 거침없이 피보팅하라

압박한다. 대표적인 외국계 증권사인 JP모건은 삼성전자의 스마트폰 기종이 저가에서 고가까지 다양할 뿐만 아니라 시장에서 대적할 경쟁 상대가 없다는 점은 인정한다. 그러나 앞으로의 실적이 하락할 것으로 감지되자 올해 판매 추정치를 낮추는 부정적 보고서를 낸 바 있다. 이렇게 1등 기업은 국내외 관련 기관들의 엄정한 평가과정을 거쳐 새롭게 부상하기도 하고 속절없이 무너지기도 한다.

1993년 이건희 회장의 '신경영' 선언은 삼성전자 내부에 변화와 혁신의 경영철학을 강도 높게 추진하는 계기를 주었으며 그 이후 급속히 성장해 왔다. 금년에 '신경영 20주년'을 맞으면서 이건희 회장은 1등이라는 '자만'과 싸워야 한다는 화두를 던지고 있다.

이건희 회장은 2010년에도 '앞으로 10년 안에 삼성을 대표하는 사업과 제품은 대부분 사라질 것'이라며 제2의 신경영 선포에 가까운 위기론을 거론한 적이 있다. 세계 최고의 IT 기업 중 하나인 Microsoft의 창업자 빌 게이츠는 'Microsoft도 18개월이면 망할 수 있다'고 언급했었다. 이것이 치열하게 무한경쟁 시대를 사는 기업들의 현주소다.

결국, 삼성전자는 신수종 사업 발굴과 육성을 통해 포트폴리오를 다양화하는 '포스트 신경영'을 펼칠 것으로 예상된다. 피치가 지적한 것처럼 반도체, 디스플레이 등 핵심아이템이 갖고 있는 변동성을 줄이면서 창조와 혁신을 바탕으로 미래 산업, 즉 태양 전지, 자동차 전지, 발광다이오드(LED), 바이오 제약, 의료기기 등에 지속적인 관심을 둘 것이다. 또한, 소프트웨어 역량 강화에도 집중할 것으로 보인다.

최근 정부는 '창조경제 실현계획'을 발표했다. 이를 위해 창의성이 정당하게 보상받고 창업이 쉽게 되는 생태계 조성, 벤처·중소기업의 창조경제 주역화 및 글로벌 진출강화, 신산업·신사업 개척을 위한 성장동력 창출 등에 향후 5년간 약 40조 원의 예산이 투입된다.

충북의 미래 먹거리는 정부 정책 변화와 기업환경의 조합에서 찾아야 한다. 10여 년간 전략 산업 육성사업을 통해 구축된 반도체, 바이오, 전기전자융합 부품, 차세대 전지 등의 집적 효과와 신규로 지역 특화산업으로 선정된 전력에너지부품, 금속가공, 기능성 화장품, 바이오·한방식품 등을 잇는 견고한 가치사슬에서 글로벌 1등 기업을 만드는 것이 중요하다. 지역 내 산학연협력 DNA는 기업현장의 니즈(needs)는 물론 욕구(wants)까지 충족시키는 비타민이 되어야 한다. 모든 것이 연결되는 현실을 토대로 창조적 혁신을 창출해 나가는 '커넥티베이트(Connectivate = Connect+Innovate)'의 모범지역으로 충북이 우뚝 서야 할 것이다.

삼성전자의 사례에서 보듯 이유 없는 명성은 없다. 1등을 쫓기만 해서는 1등이 되지 못하며 진정한 고수는 위기라 쓰고 기회라 읽는다고 한다. 충북을 창조 지역으로 도약시키기 위해서는 차별화되고 실천적인 접근방법이 필요하다. 그런 충북의 활기찬 미래를 기대한다.

예술, 기술을 만나다

사회가 빠르게 변하면서 새로운 트렌드를 설명하는 신조어들이 자주 등장하곤 한다. 이 중 하나가 '데카르트 마케팅'이다. 원래는 기술(Technology)과 예술(Art)의 합성어로서 정확한 발음은 테카르트지만 프랑스의 유명한 철학자이자 수학자인 데카르트와 발음이 비슷해 데카르트로 불리고 있다.

데카르트 마케팅은 유명 예술가나 디자이너의 작품을 제품에 적용하여 소비자의 감성에 호소하고 브랜드 이미지를 높이는 마케팅 전략을 의미한다. 제품을 고를 때 기능 못지않게 예술이 결합된 디자인을 중요시하는 소비계층인 '아티젠(Artygen: Arty Generation)'이 늘면서 데카르트 마케팅이 기업들의 주요 관심사가 된 것이다.

이를 두고 명품 브랜드에 고급 이미지를 더한 '하이 프레스티지 전략(High Prestige Strategy)'이라 일컫기도 한다. 자칫 지루해질 수 있는 일상 제품에 생명을 불어넣으면서 예술 가치를 느끼게 할 수 있어 전방위로 확산되는 양상이다.

국내에서 이 같은 방법으로 선보인 가전제품들이 기존 상품보다 10~15% 이상 또는 두 배 정도 비싼 가격이었다는 점을 감안하면 매력적인 시장 확대방안인 셈이다. 주변에서 쉽게 접할 수 있는 예로 편의점이나 마트에서 볼 수 있는 우유 시리즈를 들 수 있다. 마네, 모네, 르누아르 등 인상주의 작가들의 유명 작품이 팩에 새겨져 있다.

얼마 전 L전자는 유명예술가의 디자인을 제품에 적용하는 보편적 데카르트 마케팅 방식에서 벗어나 IT 제품을 통해 작품을 감상하고 창작의 도구로 활용하는 색다른 '모니터 디지털 갤러리'를 열었다. 이렇듯 마케팅 전략도 하루가 다르게 진화하고 있다.

또 다른 용어로 '퍼플오션(Purple Ocean)'을 들 수 있는데 그간 널리 회자되었던 '레드오션'과 '블루오션'의 합성어다. 모든 기업들은 새로운 수요를 창출하고 고수익을 올릴 기회의 장인 블루오션을 소망한다. 그러나 그곳은 위험부담과 비용이 수반된다. 따라서 기존 제품에 새로운 서비스를 제공하거나 판매방식을 달리하거나 아니면 각기 다른 기존 제품의 장점을 상호 보완하면서 시장을 개척하게 되는데 이것이 퍼플오션 전략이다. 사례로는 기존 시장에서 인지도와 품질이 검증된 '오렌지 주스' 브랜드를 활용해 '아이스크림'을 출시한다든지 장수 제품에 쓰이는 맛의 종류를 다변화하는 등 여러 가지 전략이 구사되고 있다.

상기한 두 용어의 공통점을 찾는다면 발상의 전환이다. 전혀 새로운 것이 아니라 기존의 제품 또는 시장에서 독창성을 가미하는 차별화가 특징이다. 현장의 작은 발상에서부터 과학적 발명까지 모두가 창조적 활동이다. 창의성은 발명가나 R&D 종사자 등 특정 유형의 사람에게만 발현되는 것이 아니라 조직의 타 부서 인력이 기존과 다른 시각에서 획기적인 혁신을 만들어내기도 한다. 3M에 입사한 후 흑백 TV가 컬러TV로 바뀌는 흐름을 감지하고 컬러복사기를 개발한 고졸 출신 TV 수리공 조셉 위스(Joseph Wiese)가 자주 인용된다.

이처럼 다양한 통섭을 통해 새로운 가치를 추구해나가고자 하는 노력이 지역에서도 나타나고 있다. 오창과학산업단지 내 한 지역 거점 기관에서 운영하고 있는 갤러리가 그 예다. '사람은 예술에 영감을 받아 창의로워지고 그 예술은 기술을 만나 확장된다'는 CEO의 운영철학이 만들어낸 결과물이다. 작년 10월 오픈한 이래 '소통과 교감', '행복이 가득한 민화와의 만남'이라는 주제의 서양화, 민화 전시회가 개

지역 살리기, 거침없이 피보팅하라

최되었고, '道(길에서 길을 묻다)'라는 주제의 공예전시회가 요즘 열리고 있다.

무미건조한 산업과 기술의 현장에 예술이 접목되면서 풍성한 상상력과 영감을 발산하고 있다. 이와 관련하여 '기능적 가치인 기술과 인간적 가치인 예술이 융합될 때 선진국이 된다.'라는 국내 한 산업정책 전문가의 주장을 다시 새겨 볼 필요가 있다.

인간과 기술의 소통방식을 바꾼 혁명가 애플의 前 CEO 스티브 잡스, 최고의 이야기꾼이면서 기술자 '아바타'의 제임스 캐머런 감독 그리고 문화와 예술이 함께하는 산업단지 프랑스의 소피아 앙티폴리스 등은 지식융합 시대의 대표적 아이콘이다. 우리나라에서는 인문과 과학, 예술에 능했던 통섭형 인물로 세종대왕, 정약용 등이 꼽힌다. 이러한 사고의 전환이 충북을 창조형 인재 육성의 산실과 명품 지역으로 이끄는 소중한 자양분이 되길 희망한다.

충북이 창조경제로 가는 길

창조경제 실현을 위한 시작은 순탄치 않아 보인다. 창조경제에 대한 개념 논란 때문이다. 얼마 전 정부조직법 개정안이 최종 타결되고 이를 책임질 미래창조과학부가 출범하면서 그 논쟁이 더욱 거세지고 있다.

그렇지만 중앙정부의 각 부처 업무보고에는 '창조'가 포함된 사업들이 속속 등장하고 있다. 국책연구기관들도 발 빠르게 움직이고 있다. '창의', '미래', '창조' 관련 부서를 신설하고 세미나, 포럼 등을 통해 창조경제 연구에도 한창이다. 재계도 올해 경영 전략에 어떤 내용을 담아야 할지 고심 끝에 금년도 투자계획을 발표한 바 있다.

각 지역에서도 개념 논란에 갇힌 창조경제의 돌파구를 찾는 다양한 시도가 이어지고 있다. 대전시는 '창조경제 전진기지 구축'을 선언하고 엑스포과학공원 부지에 '미래창조과학단지' 조성을 내세우고 있다. 경제수도를 주창하는 인천시는 경제자유구역의 첨단산업과 도화지역 제물포 스마트타운 벤처를 결합시켜 '미래창조과학경제기지'를 만들 계획이다. 경기도는 새 정부 핵심부처인 미래창조과학부의 과천 입주에 맞춰 도내에 과학기술단지를 조성하고 수원, 성남, 안산, 시흥 4개 도시를 '경기연구개발특구'로 지정하는 방안을 중앙정부에 건의할 예정이다.

이렇듯이 창조경제는 쉽지 않은 주제가 틀림없다. 그 실현은 단기 과제라기보다 패러다임 변화라는 장기적 성격을 가지고 있고, 정의는 달라도 이를 달성하는 방법으로 언급되는 '소통', '융합', '상생' 등은 각 참여 주체들의 자발적 참여, 상호 이해, 공정한 경쟁과 그에 따른 합리적인 보상이 전제되어야 하는 까닭이다.

2001년 '창조경제'라는 저서를 쓴 영국의 경영 전략가 존 호킨스는 이에 대해 단순한 또 다른 사업영역이 아니고 어디까지나 방법상의 개념임을 강조한다. 창조경제론의 근원지인 영국에서도 그 성과에 대한 평가가 엇갈리고 있다. 문화예술의 영역에서 사회 전 산업으로 확장되는데 상당한 장벽이 있다는 지적도 있다.

지역 살리기, 거침없이 피보팅하라

주목해야 할 것은 창조경제의 속편 격인 '창조적 생태계: 생각하는 일이 적절한 직업이 되는 곳(Creative Ecologies: Where Thinking is a Proper Job)'이다. 유연한 사회에서는 새로운 아이디어 즉, 생각한 것이 곧바로 직업으로 연결될 수 있다는 점이다. 기존의 정해진 직업 구분으로는 가늠할 수 없는 일자리가 창조경제에 의해 만들어질 수 있음을 의미한다. 이제 우리 지역이 창조적 생태계로서 적합한지 점검해 보아야 할 때다.

최근 한 민간연구기관이 발표한 자료에 따르면 우리나라 창조경제 역량지수는 OECD 31개국 중에서 20위에 그치고 있으며 G7 국가들과의 차이는 더 큰 것으로 나타났다. 이 지수는 창조경제를 구성하는 인적자본과 혁신자본, ICT 자본, 문화자본, 사회적 자본 등을 종합한 것으로 그중에서 ICT 자본과 혁신자본은 OECD 31개국 평균보다 높았다. 특히 ICT 자본은 전체 국가 중 1위로 평가됐다. 결국, 창조경제 실현을 위해서는 강점인 ICT 자본과 혁신 자본을 보다 강화하고 미흡한 문화 자본, 인적 자본 및 사회적 자본의 경쟁력을 보완해야 한다는 시사점을 얻을 수 있다.

현재 화두가 되고 있는 창조경제와 같은 시스템 변화는 그 목표를 미리 정하기가 어렵다. 또한, 하드웨어나 소프트웨어 중 하나의 날개로 날 수 없고, 기업 또는 정부의 역할만으로 완성될 수는 없다.

정보통신기술을 각종 산업과 융합하면서 성장 동력과 일자리를 만드는 것은 물론 시장의 몫이다. 반면 창의력을 바탕으로 한 중소 · 벤처기업의 창업을 유도하고 중소 · 대기업 간 상생 구조를 정착시키는 법 · 제도 · 인프라스트럭처 마련은 정부의 과제다. 하지만 창조경제에서는 이렇게 기업의 경제적 가치와 정부의 사회적 가치 생산으로 구분하던 이분법적 사고에서 벗어나 이들을 공유하는 '임팩트 비즈니스(Impact Business)'로 전환해야 한다.

우리 지역도 창조경제 실현을 위해서 공통 이젠다 및 성과지표 발굴, 각자의 강점을 극대화하고 공유하기 위한 세부전략 작성, 지속적인 의사소통, 모든 과정을 책임 있게 관리할 수 있는 창구 단일화 등 집단적 임팩트 창출에 매진하여야 한다.

과학 비즈니스 VS 비즈니스 과학

제18대 박근혜 대통령의 취임을 계기로 국정 패러다임의 큰 변화가 예고되고 있다. 과학기술과 ICT로 일자리를 창출하고 창조경제를 실현하겠다는 박근혜 대통령의 철학은 5대 국정 목표와 21개 추진 전략, 140개 세부 과제로 구체화되었다.

창조경제는 과학기술과 산업 그리고 문화와 산업이 융합하고, 산업 간의 벽을 허문 경계선에서 꽃을 피우는 것이며 기존의 시장을 단순히 확대하는 방식에서 벗어나 융합의 터전 위에 새로운 시장과 일자리를 만드는 것이라고 취임사에서 밝힌 바 있다. 그 중심에 과학기술과 IT 산업이 있다.

특히 '창의와 혁신을 통한 과학기술 발전' 전략 안에는 국제과학비즈니스벨트를 국가 신성장 거점으로 육성하는 과제가 포함되어 있어 주목된다. 국제과학비즈니스벨트를 연구개발특구와 연계해 기초과학부터 첨단비즈니스를 연결하는 새로운 성장동력으로 삼겠다는 것이 골자다. 이를 뒷받침하기 위해 전주기 R&D 지원체계 구축, 과학·문화·산업이 융합되는 지식 생태계 조성, 청주가 포함된 천안·세종의 기능지구에 과학−비즈니스 연계 역량 강화 등이 추진될 계획이다.

새 정부가 과학기술을 중심으로 하는 국정 운영을 강조하면서 국제과학비즈니스벨트는 그간 지지부진했던 추진상황의 우려를 떨쳐내고 역할과 기능이 더욱 부각될 것으로 전망된다. 청주지역 기능지구는 의약 바이오 분야로 특화되어 있으며 응용연구개발 인프라가 잘 갖춰져 있다. 이에 보완하여 거점지구와의 협력시스템 마련과 연구성과 사업화를 위한 역량 강화가 시급한 과제로 등장하고 있다.

최근 국내외적으로 과학 비즈니스에 대한 관심이 부쩍 높아졌다. 과학적 연구결과가 사업화되어 새로운 제품과 서비스를 만들어내고 새로운 산업으로 각광받는 경우가 나타나고 있는 까닭이다. 그런데 보다 근본적으로 살펴보아야 할 것은 과학 비즈니스에 있어서 과학과 비즈니스 간의 정합성 문제다.

세계적으로 유명한 기술경영학자 개리 피사노(Gary P. Pisano, 하버드비즈니스스쿨) 교수는 '과학 비즈니스(Science Business)'라는 저서에서 이와 관련된 많은 시사점을 주고 있다. 여기서 생명공학은 과학 비즈니스의 대표적인 사례로 꼽는다. 또한, 생명공학 산업은 25년이 넘도록 비즈니스의 융합이라는 뿌리 깊은 중요한 실험을 선도해 왔다고 주장한다.

과학 비즈니스는 과학을 창출하고 이로부터 가치를 확보하고자 하는 기업들의 연합으로 정의된다. 과학 비즈니스를 담당하는 기업들은 과학의 진보와 창출에 매우 적극적으로 참여하는데 궁극적으로 과학 비즈니스의 성공은 과학의 질적 수준에 의해 결정된다.

그렇지만 과거 생명공학 산업의 실적은 기대와는 달리 성공적이지 못했다는 지적을 받고 있다. 그 이유는 생명공학의 과학기반 비즈니스가 갖는 세 가지 특수한 기능적 요건을 간과했기 때문이다. 먼저 생명공학은 심오하고 지속적인 불확실성으로 위험을 관리하고 보상해 주는 메커니즘이 필요하다. 둘째, 상당히 복잡하고 이질적인 특징은 다양한 분과학 및 전문영역을 통합하는 메커니즘을 필요로 한다. 셋째, 과학적 진보의 급속한 흐름으로 인해 누적적 학습의 메커니즘이 요구된다. 따라서 생명공학을 기초로 한 사업화는 내재된 특징을 조직화하고 관리하는 비즈니스 과학을 반드시 염두에 둬야 한다. 무분별한 기존 관행과 프로세스의 적용으로는 양호한 결과를 거둘 수 없다는 것이 중론이다.

결국, 의약 바이오 분야를 토대로 한 청주 기능지구의 성과는 과학을 응용하는 다른 첨단산업과는 다르게 독자적인 비즈니스 전략과 모델, 조직구조, 제도적 구성에 대한 적절한 디자인을 통해 확대될 것이다.

현재 세 곳의 기능지구와 관련해서 '혁신 기업 신사업 창출 R&D 사업'이 진행되고 있고 인프라로서 'SB(Science-Biz) 플라자 구축·운영 방안'이 논의 중이다. 이제 청주의 경우 그 특성을 감안한 과학사업화 아이템 발굴, 연구 성과물의 후속연구 확산, 다학제 간 연구지원, 비즈니스모델 개발, 외부연구단 유치, 사업화 전문회사와의 협업 등 세심한 대안을 준비해야 할 시점이다.

충북경제자유구역의 비상을 꿈꾼다

지난해 9월의 예비 지정에 이어 금년 2월 4일 본 지정으로 충북경제
자유구역 확정 절차가 마무리되었다. 어렵게 성사된 대규모 프로젝트
인 만큼 소기의 성과를 창출해야 하는 과제도 안게 되었다.

우리나라에서 경제자유구역에 대한 기대는 남달랐다. 2003년 8월
지정된 인천 · 부산 진해 · 광양만권, 2008년 5월 대구 경북 · 황해 ·
새만금 그리고 2013년 2월 충북과 강원에 이르기까지 외국 기업 및
외자 유치를 통해서 지역 경제를 한층 성장시키고자 하는 열망은 모
두 같았다.

하지만 지정 초기의 부푼 희망과는 달리 타 지역 경제자유구역의 그
간 성과는 미미하다. 외국인 투자 실적이 부진한 데다 일부 사업지구
는 사업 시행자조차 선정하지 못하고 있다. 실제로 상당수 경제자유
구역이 구조조정 대상으로 전락했고 상황이 심각해지자 정부는 이 가
운데 일부를 해제하겠다고 나섰다.

심지어 경제자유구역의 적절성 여부에 대해 의구심을 나타내기도
한다. 경제자유구역이란 외국인 투자를 유치하기 위해 외국 기업에
세금과 법 · 제도상 혜택을 주는 일종의 특별지구다. 우리나라는 무역
규모만 1조 달러를 넘을 정도로 개방경제를 지향하는 국가인데 그런

나라에서 정부가 특정 지역을 경제자유구역으로 선정하는 것 자체가 시대에 뒤떨어졌다는 주장이다. 경제자유구역이 3곳에서 8곳으로 늘면서 희소가치가 떨어지고 공급과잉이라는 비판도 제기된다.

경제자유구역의 문제점은 이미 오래전부터 노출되어 있는데 얼마전 충북과 강원이 지정되는 시점을 계기로 타 지역에서 동시다발적으로 반감을 내비치고 비판적 여론을 조성하는 것은 결코 바람직하지 않다.

지역 발전 전략에서 성장거점(Growth Pole) 구축은 아직도 중요한 의미를 담고 있다. 성장의 시발점인 선도산업 및 기업 등은 강한 추진력을 갖고 있어서 연관 부문의 성장을 촉진시킨다. 이러한 성장은 경제의 다른 부문으로 파급되어 경제 전반의 선순환 발전을 유도하게 된다. 여기에는 일괄적 규제개혁이 여의치 않다 보니 특정 지역만이라도 규제를 완화해 외국인 투자를 유치, 성장의 동력으로 삼겠다는 정책적 의도를 포함하고 있다.

타 지역 사례는 성장 거점 전략에 의한 것이라기보다는 특성화 방안이 오히려 명확하지 않거나 중복되기 때문에 생긴 결과라 할 수 있다. 과도한 개발 욕심도 문제를 야기시키는 동인으로 작용하였다.

총사업비 규모면에서 2003년 지정된 인천이 36조 8천억 원, 부산진해와 광양만권은 각각 15조 원이었고 2008년의 대구 경북은 7조 원, 황해 6조 5천억 원 등이다. 이번에 지정된 충북이 1조 9천억 원, 강원 1조 3천억 원임을 감안할 때 엄청난 규모에 해당한다. 또한, 기존 경제자유구역은 모두 해안에 위치했고 특성화 분야가 IT · BT 등 첨단산업과 물류 · 관광 등에서 겹치고 있어 차별화가 쉽지 않았을 것이다.

하루빨리 지금의 논란에서 벗어나 충북경제자유구역의 사업목표를 어떻게 달성할 것인지 지역 전체의 혜안을 모아야 한다. 그리고 타 지역의 진척상황을 면밀히 살펴보고 이를 반면교사로 삼아야 할 것이다.

우선은 지정 이후 급속히 확산되고 있는 경제자유구역청의 입지, 정원배분 논란 등에 대한 슬기로운 해법이 필요하다. 인천경제자유구역청과 일선 지자체 간 도시 관리 업무 이관 협상이 답보상태에 빠져 있다는 점도 감안해야 한다. 청주지역의 수질오염총량제 또한 현안이다. 특히 타 지역 경제자유구역의 구조조정 과정을 주목해야 한다.

충북경제자유구역은 타 지역과 비교해 내륙형이라는 입지적 조건에서 차별성을 갖는다. 더욱이 '친환경 BIT 융복합비즈니스 허브' 구축의 3개 권역은 박근혜 당선인이 공약한 '국제과학비즈니스벨트 기능지구 활성화와 첨단산업 집중 육성', '충북 내륙의 교통인프라 확충 및 청주국제공항 경쟁력 강화 지원' 등에 의해 뒷받침되고 있어서 더욱 긍정적이다. 실현 가능한 사업 규모라는 점도 강점이다. 새 정부의 '창조경제'와 신수도권 중심에 충북이 자리매김할 수 있는 호기를 맞고 있다. 지역의 잠재 가치를 극대화하는 역량 발휘가 절실한 때다.

새 정부의 지역 산업 정책에 거는 기대

얼마 전 발표된 여론조사에서 박근혜 당선인의 국정 수행 관련 질문에 대해 잘 할 것이라는 긍정적 답변이 64.4%로 나타났다. 이는 부정적 전망(27.7%)을 크게 앞서는 것으로 대선 이후 박근혜 당선인에 대한 국민들의 기대가 높아지고 있음을 증명한다.

저성장 기조의 세계 경기 흐름 속에서 소규모 개방경제의 특징을 갖는 우리나라가 처한 난제는 한두 가지가 아니다. 그중에서도 일자리 창출과 양극화 해소는 최우선 순위에 해당한다. 일자리 부족 문제는 소득과 소비 감소로 이어지면서 거시경제의 선순환을 방해하고 결국 소득 양극화를 심화시킨다. 이번 대선을 통해 확연히 드러난 세대 갈등의 중심에 이들이 자리하고 있다.

지역 차원에서도 마찬가지다. 국가적 경제 회생의 전초기지가 되어야 할 지역 경제가 추동력 약화를 면치 못하고 있다. 지난 10여 년간 추진된 지역 산업 정책의 직·간접적 성과가 가시화되고는 있으나 같은 기간 수도권의 일자리가 연평균 1.83%씩 증가한 반면 비수도권은 불과 0.48% 증가에 그쳤다. 최근 3년 동안 창업 기업의 62%가 수도권에 소재할 정도로 지역의 창업실적은 저조하다. 기존 기업의 고용 확대에 의한 것보다 창업을 수단으로 새로운 일자리를 창출하는 미국, 일본 등의 사례와 비교할 때 우려되는 대목이다.

이와 관련해 '제18대 대통령선거 새누리당 정책공약' 자료집에서는 지역균형발전이 우리나라가 한 단계 더 도약하고 국민 모두가 100% 행복하기 위한 필수조건임을 밝히고 있다. 그동안 수도권 규제 등 관련 정책이 시행되었지만, 수도권의 인구 및 경제력 집중현상은 여전하다고 진단한다. 따라서 정책적 패러다임을 전환해 각 지역이 각자 스타일로 발전해가면서 그 총합이 국가발전으로 이어지게 해야 한다

　　　　　　　　　　　지역 살리기, 거침없이 피보팅하라

는 점을 강조하고 있다.

해법으로는 중앙정부 중심의 지역 산업 정책을 투 트랙(Two Track)
으로 전환해 중앙정부는 장기적·광역적 관점에서 미래 성장동력산
업 육성에 주력하고 지자체는 지역 산업, 지역 인재, 지역 과학기술
의 3가지 핵심축이 유기적으로 연계되는 정책추진을 약속하고 있다.

이러한 공약이 어떻게 구체화될지는 아직 미지수다. 인수위원회가
본격적으로 활동하면서 공약 내용을 다듬고 새 정부 출범과 함께 해
당 부처에서 정책적 실천력을 여하히 확보하는가에 달려있다. 실행력
이 담보될 수 있도록 중지를 모아야 할 시점이다.

우선적으로 지역 산업 진흥을 위한 체계적 시스템 구축이 선결되어
야 한다. 중앙정부가 끌고 나가는 획일적인 지역 정책은 부처 간 중복
과 낭비를 초래할 것이라고 새누리당 공약집에 언급된 만큼 여러 중
앙 부처의 지역 관련 사업과 재원을 일원화해서 추진할 수 있도록 지
역 단위 컨트롤 타워 구축이 필요하다. 그래야 3가지 핵심축이 제대
로 작동될 수 있다.

또한, 자율적인 지역 산업 정책 추진을 위해서는 예산 확보가 관건
이다. 자체 세입 부족으로 재정 자립도가 하락하고 수도권과 비수도
권 간 재정 격차가 확대되고 있는 현실에서 특색 있는 지역 만들기가
매우 어렵다. 따라서 지역의 자체재원을 확충하고 재량으로 쓸 수 있
는 국비 지원책이 마련되어야 한다. 이것이 지역의 자율성을 근간으
로 권한과 책임을 강화하는 방법이다.

한편 지금까지 많은 자금이 투입되어 이미 조성된 물리적 인프라(특
화센터, 지역혁신센터 등)가 맞춤형 지역 발전 전략 실행의 거점이 되

어야 한다. 소중한 산업 혁신의 하드웨어를 기반으로 지역 기업에 대한 투자 촉진, 창업 및 성장 지원 등 소프트웨어를 강화하는 방향 정립이 바람직하다. 특히 일자리 창출 효과가 큰 분야를 대상으로 예비 창업자를 발굴·육성하는 연계 프로그램 활성화도 모색되어야 할 것이다.

새로운 정부의 출범은 국민들에게 부푼 기대와 희망을 갖게 한다. 우리나라 경제구조를 중소기업 중심으로 전환하고 불공정·불합리·불균형 등 3불 해소를 통해 중소기업인과 소상공인의 어려움을 해결해 나가겠다고 선언하였다. 지역의 중소벤처기업인들에게는 단비와 같은 메시지임에 틀림없다.

'중산층 70% 재건 프로젝트' 공약의 핵심인 민생안정은 지역 특화산업 육성으로 일자리를 만들어가는 지역 산업정책에서 시작됨을 간과해서는 안 될 것이다.

전자제국 일본으로부터의 교훈

최근 일본 언론의 관심이 전자산업 위기에 집중되고 있다. 일본 전자업체 3인방이라 불리는 소니, 파나소닉, 샤프의 국제신용등급이 모두 투자부적격 수준으로 추락했기 때문이다. 국제신용평가회사 피치는 지난달 22일 소니의 신용등급을 세 단계 낮췄고 지난 8월에는 샤프를 6단계 하락시킨 바 있다.

지역 살리기, 거침없이 피보팅하라

피치는 일본 빅3 가전업체들이 미국, 유럽 등 선진시장에서 TV 수요가 대폭 줄어든 데다 삼성전자, LG전자 등 한국기업들과의 경쟁에서 고전을 면치 못했다고 평가했다. 대규모 적자가 이어지는 것도 원인이다.

그렇지만 이 위기는 어제오늘의 얘기가 아니다. 작년 말에도 비슷한 상황이 연출됐다. 2010년 말 매출이 축소되고 손실 규모가 커지는 상황에서도 소니는 2011년에 삼성전자를 따라 잡겠다고 장담한 바 있다. 그러나 결과는 삼성전자 판매량의 절반에 머물렀다.

일본 전자산업의 위기에 대해 한 유력 일간지는 '삼성은 팔리는 액정이 좋은 액정'이라고 생각하지만, 샤프는 '좋은 액정은 팔릴 것'이라고 인식한다면서 사고의 전환을 촉구하고 있다. 자국 시장에 안주한 일본 전자업계를 향해 비판도 거세지고 있다.

무너지는 전자대국 일본을 보면서 10년 간격으로 일본을 따라간다는 한국경제가 반면교사로 삼아야 할 교훈이 무엇인지 꼼꼼히 살펴야 할 시점이다. 바이오산업과 함께 IT산업에 강점을 가지고 있는 충북도 눈여겨볼 필요가 있다.

충북은 제조업이 강한 지역이다. 통계청이 발표한 2010년 말 기준 경제총조사 결과를 보면 제조업 사업체 비중은 전국 대비 2.8%에 그치고 있지만, 매출액 비중은 4.1%를 차지하고 있어 상대적으로 규모의 경제를 이루고 있다. 또한, 영업이익률은 전국 2위를 기록하면서 지역 기업의 영업활동에 대한 수익성이 매우 높다.

산업 중분류 상으로는 전자부품, 컴퓨터, 영상, 음향 및 통신장비 제조업의 매출액이 가장 많아서 우리나라 산업구조와 유사하다. 세분류 상으로 매출액이 가장 많은 업종은 평판 디스플레이, 전자집적회로, 기타 자동차 부품 제조업 순이다. 우리 지역은 IT 기반 제조업이 주축을 이루고 있으며 수익성 높은 알짜 기업이 많다는 것으로 요약된다. 한때 세계를 주름잡던 일본 전자업계의 현재 동향이 남 일처럼 여겨지지 않는 이유가 여기에 있다.

제조업의 활력이 떨어지고 국내 경제에 미치는 파급효과가 약화되면서 제조업보다는 서비스산업 육성을 강조하는 목소리가 커지고 있다. 하지만 요즘 미국 등 금융 중심 선진국들이 제조업의 중요성을 재인식하면서 자국 내 제조업 기반의 재구축, 즉 제조업 르네상스를 외치고 있는 점을 주목해야 한다. 대표적인 나라가 오바마 대통령이 기회 있을 때마다 제조업의 영화를 되찾자고 주장하는 미국이다. 생산재 수출형 경제구조를 갖고 있는 독일도 유로존 재정위기 속에서 순항 중이다. 이렇듯 충북의 양호한 제조업 기반은 큰 장점이다.

우리나라 IT 제조업은 2010년 사상 최대인 1천539억 달러를 수출하면서 세계 5위로 도약했다. 그러나 소수의 주력 품목(메모리, 패널, 휴대폰) 편중, 취약한 장비·부품 산업, 대기업 위주의 성장 등 당면 과제도 안고 있다. 여기에 노동집약적 업종의 중·저급 기술을 바탕으로 비약적인 발전을 하고 있는 중국과 소재·부품·장비 분야에서 아직도 건재한 일본을 상대로 힘겨운 시장쟁탈전을 벌이는 상황이다.

향후 IT산업 경쟁력의 핵심은 융합을 통한 새로운 가치창출이 될 것으로 예상된다. 특정산업에서 자신의 강점을 토대로 비교우위를 추구하던 기존 경영방식은 다양한 산업들을 연결하면서 창조적 변화를 유도하는 생태계 경쟁으로 전환되고 있다. 세계 IT 시장은 정체하고 있

지역 살리기, 거침없이 피보팅하라

지만, IT와 타 산업 간 융합시장이 고성장 추세를 보이는 것이 그 증거라 할 수 있다. 우리 지역의 튼실한 IT 제조업과 연계할 수 있는 확실한 수익창출원 발굴에 매진하여야 한다.

예로서 헬스케어 같은 고령화 산업은 '제품'과 '서비스' 그리고 '미디어', '통신' 등 4가지 가치사슬을 결합하면서 기존 사업의 포트폴리오를 재정비하여야 한다. 일본 전자산업의 추락현상은 지금처럼 급변하는 세계경제의 높은 파고 속에서 언제든지, 어디서든지 재현될 수 있다는 점을 반드시 유념해야 할 것이다.

스티브 잡스 따라 하기

최근 미국에서는 지난해 사망한 애플 창업자 스티브 잡스의 경영 스타일을 모방하는 기업 최고경영자들이 늘고 있다. 월스트리트저널(WSJ)은 잡스 사망 이후 등장한 전기 '스티브 잡스'를 교과서로 해서 확산되는 학습 열풍을 보도하고 있다.

월스트리트저널은 지난해 경영자로서 무대를 떠나는 스티브 잡스에 대해 대중을 사로잡는 뛰어난 프레젠테이션의 달인이자 탁월한 영업맨이었고 인간과 기술의 소통 방식을 바꾼 혁명가로 묘사한 바 있다.

그의 수많은 어록들도 회자되고 있다. '끊임없이 실패의 위험을 감수하는 사람만이 예술가로 살아갈 수 있습니다. 밥 딜런과 피카소는 언제나 실패의 위험을 감수했습니다'(포천, 1998년). '나는 무덤에서 이나라 최고 부자가 되는 일 따위는 하고 싶지 않습니다. 매일 밤 잠자리에 들 때마다 우리는 정말 놀랄만한 일을 했다고 말하는 것, 그것이 나에게 중요합니다'(월스트리트저널, 1993년도). '디자인은 어떻게 보이느냐가 아니라 어떻게 작동하느냐의 문제입니다'(와이어드, 1996년).

언제나 더 혁명적인 변화에 끌린다고 했던 스티브 잡스는 불가사의한 실적을 남겼다. 세계 곳곳에서 지금도 1분당 362개의 제품이 팔리고 주가가 3년 만에 300% 치솟았으며 최근 6개월간 60% 올랐다. 시가총액은 경제 규모 세계 20위인 사우디아라비아의 국내총생산과 맞먹고 지난해 말 현재 보유현금은 미국정부가 가진 현금을 추월했다. 그런데 판매제품은 다섯 종류뿐이다.

스티브 잡스를 닮고자 하는 열기는 미국의 경영인들에게만 국한되지 않는다. 전 세계 모든 국가와 기업인들의 표본이 되고 있다. 애플신화를 일구어낸 스티브 잡스의 경영철학과 하드웨어, 소프트웨어, 콘텐츠까지 장악한 비즈니스모델이 관심사항이다.

스티브 잡스는 현실적 리더십의 소유자로 분류된다. 조직 장악과 분명한 원칙을 위주로 하는 성과 중심의 경영관을 가지고 있어서 직원들의 생각을 존중하고 배려하는, 존경받는 이상적 리더십과는 대비된다. 부하 직원에게 권한을 위임하는 리더가 아니라 중요한 것일수록 직접 챙겨서 그 과정 하나하나에 자신의 철학을 불어넣었다. 명확한 목적의식과 책임감, 위대한 제품을 향한 철저한 고민, 미래에 대한 확신 등이 지금의 애플을 탄생시켰다.

한편 애플의 산업 생태계 간 상생적 네트워크는 독자적으로 매진하는 것보다 고객 관점에서 솔루션을 함께 찾아가는 전략으로 주목받고 있다. 일명 플랫폼 리더십으로 산업생태계의 협력자들과 수익을 배분하는 비즈니스모델을 선도함으로써 보완재에 의한 간접적 네트워크 효과를 극대화하였다. 또한, 공장 없는 애플은 모든 제품생산을 아웃소싱하고 있는데 수많은 협력기업에 대한 치밀한 밀착관리가 아니면 불가능한 일이다. 이 같은 탁월한 부품 공급망 구축은 전 세계 전자산업계를 뒤흔들고 있다.

스티브 잡스의 영향력은 지금도 진행형이다. '인문학과 기술이 만나는 지점에 애플이 존재한다'고 했던 그의 언급은 미국 기업들이 인문·사회·과학적 소양을 겸비한 다재다능한 인재들을 찾는 유행을 낳고 있다. 애플은 당분간 독주하면서 막강한 시장권력을 유지할 것으로 보인다. 분명 여기에는 함부로 따라할 수 없는 애플만의 방식이 존재한다.

그렇다면 '생명과 태양의 땅 충북' 건설이라는 지역의 미래비전도 특성화된 전략과 이를 뒷받침하는 열정, 집중력 등이 조화를 이룰 때 가능할 것이다. 스티브 잡스를 벤치마킹하는 수준이 아니라 그를 뛰어넘는 지역의 글로벌 비즈니스 리더 발굴 및 육성, 애플의 비즈니스 에코시스템보다 더욱 강력하고 차별화된 지역 산업 육성과 기업 지원 체계 구축에서 해법을 찾아야 한다.

비전 달성을 위해서는 우선순위의 명확화, 효과적인 자원배분, 구체적인 실행체계 등이 핵심 요소다. 무엇보다도 전 세계의 산업, 기술, 지역에서 일어나는 변화에 대해 끊임없이 고민하는 적극적 관찰자가 반드시 필요하다. 더불어 미래 큰 그림의 성공 가능성에 대한 확신을 공유하는 노력도 병행되어야 한다.